普通高等院校师范教育专业核心课程精品教材

小学全科教师教学技能研训

主　编　徐　东　段雪玲

副主编　席　林　杨　兰

西南交通大学出版社

·成　都·

图书在版编目（CIP）数据

小学全科教师教学技能研训 / 徐东，段雪玲主编.
成都：西南交通大学出版社，2025.6　——ISBN 978-7
-5774-0476-9

Ⅰ. G625.1

中国国家版本馆 CIP 数据核字第 20254VY223 号

Xiaoxue Quanke Jiaoshi Jiaoxue Jineng Yanxun

小学全科教师教学技能研训

主编　徐　东　段雪玲

策划编辑　罗在伟　孟　媛　赵思琪
责任编辑　郭发仔
责任校对　左凌涛
封面设计　墨创文化

出版发行　西南交通大学出版社
　　　　　（四川省成都市金牛区二环路北一段 111 号
　　　　　西南交通大学创新大厦 21 楼）
邮政编码　610031
营销部电话　028-87600564　028-87600533
网址　　　https://www.xnjdcbs.com
印刷　　　四川玖艺呈现印刷有限公司

成品尺寸　185 mm×260 mm
印张　　　17.25
字数　　　350 千
版次　　　2025 年 6 月第 1 版
印次　　　2025 年 6 月第 1 次
定价　　　48.00 元
书号　　　ISBN 978-7-5774-0476-9

前言

　　小学全科教师是基础教育不可或缺的组成部分，培养小学全科教师源于现实需求，是促进学生全面发展的重要举措，也是小学教育与时俱进的必然要求。新时代小学全科教师不仅需要掌握跨学科知识和教学技能，还需要具备将不同学科知识融合统整的课程整合能力。他们应能独立胜任多门学科的教学任务，并致力于培养学生的综合素质。

　　2012年教育部等五部委在《关于大力推进农村义务教育教师队伍建设的意见》中强调：要多渠道扩充农村优质师资来源，扩大小学全科教师培养规模。随后，《教育部关于实施卓越教师培养计划的意见》《中共中央 国务院关于全面深化新时代教师队伍建设改革的意见》《教师教育振兴行动计划（2018—2022年）》等政策相继出台，强调要为乡村小学培养、补充全科教师。2024年8月，中共中央、国务院《关于弘扬教育家精神 加强新时代高素质专业化教师队伍建设的意见》明确指出要"提高教师学科能力和学科素养"，强调要"将学科能力和学科素养作为教师教书育人的基础，贯穿教师发展全过程"。

　　知识与能力的协调发展是现代教育追求的目标之一。随着教师教育专业化水平的日益提升，教学技能的培养与训练要求也不断提高。在新形势下，师范生应该具备哪些教学技能、怎样培养教学技能已经成为教师教育的重心。教学技能是指教师在教育教学活动中，为实现教学目标、提升学生学习效果而运用的专业能力与技巧。它是教师职业素养的核心组成部分，贯穿在教学设计、课堂实施、师生互动、评价反馈等教学全过程。教师是教学活动的基本要素，在教学过程中，其教学技能的发挥程度将直接影响教学活动的性质和人才培养的质量。加强教学技能训练，有利于提高教师的专业素质，增强教师的专业能力。提高小学全科教师的教学技能，能更好地激发学生的学习兴趣，增强学生学习的主动性和积极性，使学生有效学习，最终实现教育的良性发展。

本教材正是为了适应这一现实需要而编写的。本教材以《教师教育课程标准（试行）》《小学教师专业标准（试行）》《义务教育课程方案和课程标准（2022年版）》为依据，着眼于师范生解决实际教学问题能力的训练与提高，结合小学全科教师的特点，从通识教学技能和学科教学技能两个方面入手，培养小学全科教师应该掌握的技能和素养。通识教学技能部分涵盖小学全科教师教学技能的五个核心模块：教学基本原理、教学设计、课堂教学实施、课堂组织与管理以及教学反思。学科教学技能则聚焦小学主要学科领域，包括语文、数学、英语、音乐、体育与健康以及美术等学科的教学技能培养。教材坚持培养实践型、应用型人才的理念，立足学生学习与发展需要，将理论知识与实践案例相融合，加强技能实训内容。本教材内容科学合理、结构清晰、案例典型，体例设置丰富、灵活、新颖，具体特色如下。

第一，强化课程思政的育人价值。教材编写注重价值观引领，挖掘和拓展课程的育人价值，形成特色鲜明、优势突出、交叉互补的教材内容体系，实现课程思政与立德树人相结合。

第二，实现学科的跨界和课程的整合。教材涵盖通识基础技能和学科基础技能体系，注重培养小学全科教师基本的教学技能，实现各学科之间的融合，提升小学全科教师的横贯力、思维力、实践力和创新力，促进小学全科教师综合能力的发展，提升乡村学校教育服务效能。

第三，创新教材编写体例。教材按照"学—训—研"的模式编写，学，即理论知识的学习，主要包括教学技能的阐述；训，即强化训练，突出技能的习得和练习；研，即在学习理论和练习技能的基础上，开展案例分析、学术沙龙，培养问题意识和创新意识。

第四，突出实践性、操作性。教材编写紧扣基础教育实际，吸纳近年来有关教师教学技能理论与实践训练的成果，突出教材的实践性和操作性，强调师范生教学技能的系统训练。通过大量的案例分析、示范训练和训练项目达到理论联系实际的目的，帮助师范生实现从理论到能力的转化，提高其教学能力。

第五，推动教材形态多元。以新形态教材形式呈现内容，注重资源的应用性和实用性，形成电子课件、习题库、案例库、拓展阅读资料、教学视频、微课、说课等课程教学资源，打造"纸质教材+数字化资源+在线课程"协同互补的新形态教材体系。形成教材、文本和网络技术相互交叉、相互融合、相互支撑的立体化、网络化、互动化教学方式，体现以学生为中心的教学理念。

　　本教材由徐东、段雪玲担任主编，席林和杨兰担任副主编，飞丽花、杨相英、赵卫民、袁薇薇、周梅、易长江、王亚梅参与编写。具体编写分工如下：第一章和第二章由徐东撰写，第三章由席林和飞丽花撰写，第四章由杨兰撰写，第五章由段雪玲撰写，第六章由杨相英撰写，第七章由赵卫民撰写，第八章由袁薇薇撰写，第九章由周梅撰写，第十章由易长江撰写，第十一章由王亚梅撰写。在教材编写过程中，我们参阅了大量已有研究成果，在此向作者表示诚挚的感谢！在引文出处方面，我们力求全面详尽注录，但难免会有疏漏之处，我们恳请作者原谅并给予反馈，以便在修订时补上。

　　当然，由于编者的学术视野与学术能力有限，本教材难免存在不足之处，敬请广大同仁和同学在使用中多提宝贵意见，以便我们下一次修订完善。

作　者
2024.12

目录

上篇　通识教学技能

上 篇

通识教学技能

第一章 小学全科教师教学技能概述

学习目标

1. 掌握小学全科教师的含义与构成，了解小学全科教师的发展和培养，理解小学全科教师专业发展的特点；
2. 了解小学全科教师的历史演进过程，掌握教师教学技能的含义和特点；
3. 熟悉小学全科教师教学技能的基本分类。

学习重难点

帮助学习者认识小学全科教师的含义和专业发展特点，引导他们对小学全科教师教学技能形成初步认识。

案例破冰

点亮山区教学点的年轻人①

雨后山上有蘑菇，山脚小河能抓蟹；夏夜抬头繁星满天，低头蛙声一片……在樵冠宇的描述里，乡村教学点就像一幅炊烟袅袅的水墨画。爱运动、爱看书、爱和学生嬉笑打闹的他，打破了乡村教学点习惯的宁静，一时间欢笑声、打球声、读书声飘荡在校园上空……

2017年8月，从重庆第二师范学院小学全科教师专业毕业的樵冠宇来到教学点，担任五年级教学任务，教语文、体育、道德与法治课。此外，他还要教附属幼儿园的音乐课，负责大课间及科技兴趣小组活动。

在樵冠宇的组织带领下，教学点的大课间活动十分丰富：兔子舞、篮球、排球、长绳、短绳，井然有序、十分热闹。

"小学全科教师专业的学习，让我像一个全能战士。毕业时我相信'我能做好那一个'，如今我想说'我能做更好的那一个'。"面对未来，樵冠宇信心满满。

"全科教师什么都会、什么都能做。"丰都县地税希望小学校长林清华说，"农村学校需要这样的教师。"

---

① 重庆第二师范学院.新闻中心：https://www.cque.edu.cn/info/1349/13954.htm（2018/6/24）。

第一节　小学全科教师概述

随着社会经济的发展和教育改革的推进，社会对高质量教育的需求越来越明显。为适应社会需求，我国不断完善教师教育体系，并持续推进教师教育改革，以提高教师培养的质量和水平。为了实现这个目标，教育部于 2014 年 8 月 18 日发布了《关于实施卓越教师培养计划的意见》。该计划旨在全面提升教师培养的质量，并重点探索小学全科教师的培养模式，以培养能够胜任小学多学科教育教学的卓越小学教师。为了解决农村小学教师短缺问题，教育部等五个部门于 2018 年 2 月 11 日发布了《教师教育振兴行动计划（2018—2022 年）》，明确提出为乡村小学培养、补充全科教师的目标。自卓越教师培养计划实施以来，小学教育对教师规格的要求主要是全科性。2021 年 4 月 2 日，教育部办公厅发布了《小学教育专业师范生教师职业能力标准（试行）》，明确了小学教育专业师范生教师职业能力标准，这也是认定教师资格的重要依据。小学全科教师应具备哪些教学技能以及如何培养小学全科教师的教学技能，已成为高等师范院校面临的一个现实课题。

一、小学全科教师的含义

小学教育是基础教育的根基，是学生成长发展的根本，小学教师是履行小学教育教学工作职责的专业人员，小学全科教师是当前我国基础教育以及教师教育改革的关键。那么，什么是小学全科教师？作为一个新概念，目前学者对小学全科教师的界定见仁见智。有学者认为小学全科教师是为了满足农村小学生全面发展的需要，主要从农村教育的角度来界定小学全科教师。有的学者认为农村小学全科教师指的是能胜任小学各门课程教学任务的农村小学教师。[1]有的学者认为小学全科教师是多专多能的教师，而不是所有学科均衡发展的教师。[2]有的学者则将小学全科教师与分科教师进行对比，认为其应具备扎实的教育教学基础、合理的学科知识结构，能够胜任国家规定的小学各科教学任务，并参与教育研究与管理。[3]总之，小学全科教师是指能够胜任国家规定的小学各学科教学工作的专业教师。他们不仅具备跨学科的教学能力，掌握教育教学基本理论和实践技能，形成合理的知识结构，还能参与学校管理和教育研究工作。这类教师的特点在于其教学能力的综合性和专业发展的全面性。

---

① 黄俊官.论农村小学全科教师的培养[J].教育评论，2014（6）：60-62.
② 张莲.农村全科型小学教师培养模式探究[J].教学与管理，2014（2）：8-10.
③ 田振华.小学全科教师的内涵、价值及培养路径[J].教育评论，2015（4）：83-85.

这个界定有三层意思：

第一，小学全科教师具有小学开设的所有课程的专业知识。从词源上看，"全"是"整个、遍"的意思，"科"是指"科目"，即教学科目。整合来看，"全科"是指学科知识体系相对比较完整。所以我们说"全科"，不是指对所有学科知识都能够系统地掌握，而是要求小学教师应该知识面广、基础扎实、适应性强。

第二，小学全科教师具有小学开设的各门课程的教学知识与教学技能。我们知道，教学知识关注什么是教学、如何进行教学，教学技能关注如何把教学知识转化为教学行为方式。所以，丰富的教育教学知识以及娴熟的教学技能是小学全科教师都应该具备的。特别乡村小学的全科教师所教的课程可能是小学各科课程，那么各科的教育教学知识和教学技能，小学全科教师就应该都具备。

第三，小学全科教师具有从事小学管理和研究的能力。小学教学管理是教师从事教学最起码的条件，而具有研究自己课堂和教学的能力，则能提升教学的有效性和课堂的有序性，最终达到提高教学质量的目的。[1]

二、小学全科教师的培养

（一）国外小学全科教师的培养[2]

许多西方发达国家的小学教师基本上都是全科教师，它们对全科教师的培养已经处于成熟阶段，具体表现如下。

第一，专业标准引领教师教育，兼顾师范性和学术性。国外关于小学教师的任职都制定了相关的标准，包括职前标准、在职标准。从教师的专业水平角度又将标准分为职前教师标准、初任教师标准、成熟教师标准、优秀教师标准和专家教师标准。在这些标准的导引下，国家对小学教师的培养更加关注教育性和专业性，要求所有的学生、教师在接受教育期间，不仅要学习相关的课程，还要学习和学科相关的专业课程，从而凸显师范性和学术性，为他们实际从事教育教学打下专业基础。

第二，注重综合课程的学习和跨学科知识的掌握。西方发达国家不仅要求小学教师对本专业知识掌握得精深，还要求掌握知识的综合性和广博性。实际上，它们要求教师在掌握本专业知识的同时，至少要修习一门其他专业课程的知识。英国规定在小学教育发展过程中实施全科教育，"培养教师跨学科教学的能力"。美国要求"准备从事初等教育者要学习涵盖初等教育学科的所有科目"。实际上，西方发达国家要求教师在具体的教

---

① 刘桂影.卓越教师培养研究——以小学全科教师为例[M].中国社会科学出版社，2018:25.
② 刘桂影.卓越教师培养研究——以小学全科教师为例[M].中国社会科学出版社，2018:06.

学过程中能够胜任小学各科的教学，是因为他们采用的是包班制教学制度。

第三，强化师范生的教育实践体验。在对小学教师培养的过程中，西方发达国家关注在学教师对理论知识的学习与教学实践的体验，即坚持理论与实践相结合对小学教师进行培养。英国的师范生在校四年的每一年都有不等时间的小学教学实践体验。美国和澳大利亚的高校要求学生从一年级开始每年都要有一段时间的浸入式教育实习，直到毕业为止。

第四，关注对小学教师特殊教育素养的培养。西方发达国家小学采用的是"全纳教育"，小学中存在不少残疾学生。所以，在小学教师培养过程中，强调对教师进行特殊教育知识和技能的培养，使他们将来能够顺利进行特殊教育。

（二）国内小学全科教师的培养

我国对小学全科教师的培养还处于探索阶段，相关基本理论的研究还比较薄弱。目前，一些地方和高校在进行全科教师培养的实践探索。

第一，对小学全科教师培养机制和模式的探索。有的研究者提出应强调农村小学全科教师一体化协同培养机制，注重构建师范院校引领、区县政府主导、教研机构助推、区县小学积极参与的人才培养机制。[①]有的研究者主张，针对小学全科教师明显的职业性，小学全科教师的培养应注重三个方面，即用综合课程的方式培养学生的通识知识和专业知识、全方位培养小学全科教师的专业能力和专业技能、全方位实现教育实践包括教育观察、教育见习和教育实习。[②]

第二，对小学全科教师培养路径的探索。有的学者提出保证优质生源、探索培养模式、健全评估体系等培养路径。有的学者提出明确培养定位、科学论证程序、建立高校和基地联合培养机制等方法。有的学者提出从树立教育理念、开展多样化课程、构建大学—小学—政府联合培养模式等。还有的学者认为小学全科教师的培养应从职前和在职两个方面考虑小学全科教师的培养问题。[③]

第三，对小学全科教师培养制度和方案的探索。目前，小学全科教师制度体系建设还存在许多需要完善的地方，包括小学全科教师管理制度、培养程序性制度以及监督保障类制度等。我们需要建立具体化、合理化、常态化、信息化的小学全科教师培养管理和监督保障制度，推动小学全科教师培养工作高效、平稳地进行，这是目前的首要任务。

---

① 肖其勇.农村小学全科教师协同培养机制探索[J].中国教育学刊，2015（5）：81-85.

② 黄正平.关于小学教师培养模式的思考[J].教师教育研究，2009（4）：7-12.

③ 朱纯洁，朱成科.农村小学全科教师的特质结构及培养路径探析[J].教学与管理，2015（10）：12-14.

三、小学全科教师专业发展的特点

教师专业发展是指教师在个人专业领域不断成长和发展的过程，包括接受新知识、增强专业能力、从新手到专家的阶段性提升。一个小学全科教师从进入师范院校到成为一名成熟的专家型或学者型教师，需要不断学习、实践、创新和超越。小学全科教师专业发展具有融合性、实践性和发展性的特点。[①]

（一）融合性

小学全科教师专业发展的主要特点之一是融合性。小学生对事物的认知是整体和综合的，因此教师应该将学生所处的生活和自然世界的知识融合展示，使教学设计呈现出主题化、全景化、立体化的特点，帮助学生从整体上认识事物和思考问题。这种教学方法要求不同学科知识相互跨越和融合，促进学生综合能力的发展。

（二）实践性

小学全科教师专业发展的另一个特点是实践性。他们的教学应以问题为中心，帮助小学生分析和解决现实问题，并组织各种课内外活动，设计有趣的教学活动和游戏，引导小学生在活动、游戏和小组合作中学习、体验知识和技能。

（三）发展性

小学全科教师的专业发展还具有发展性的特点，这是因为随着现代信息技术和教育的深度融合，教学目的、内容、方法和组织形式正在发生变革。因此，小学全科教师不仅需要具备传统课堂教学设计和实施的基本能力，还需要突破传统教育理念的束缚，将智能化、数字化和网络化的技术设备融入课堂，实现高效能的教学实践。

第二节　小学全科教师教学技能概述

教学是学校教育的中心工作和表现方式，通过在特定教学环境中完成教学任务、促进学生发展等教育实践活动来实现教学目标。教师在教学过程中采用基本操作规程和方法来确保任务完成和教学质量的提高。作为小学全科教师，应该掌握和提高全科教学技能。

---

① 江净帆，田振华，等. 小学全科教师人才培养研究[M].科学出版社，2019:33.

一、小学全科教学的历史演进过程

教学活动是在一定的组织形式下完成的，随着社会历史的发展和进步而不断变化发展，全科教学对应的教学组织形式是分科教学。在原始社会，由于社会生产力水平低下和文化生活匮乏，教育活动主要在生产劳动和社会生活中进行，未形成严格意义上的教学组织形式，最初的教学形式是父母教子，依靠口耳相传的方式传递生产、生活经验。

由于社会生产力的提高，教育逐渐从社会生活和生产劳动中分离出来，出现了学校这样的专门教育机构。这时的学校教学主要采用个别教学，如中国、古埃及、古希腊等国都盛行个别教学，孔子、苏格拉底、柏拉图、亚里士多德等人都是著名的私学大师。

在封建社会稳定发展的过程中，受教育者的数量和范围不断扩大，学校教育内容的增多导致班组教学组织形式的出现。班组教学是从个别教学过渡到班级教学的中间形式，在中国的宋、元、明、清时期的书院和各种官学教学中，以及欧洲中世纪末期的学校教育中，都存在这种教学组织形式。

随着现代资本主义的兴起，为适应资本主义生产的需要，各国开始普及义务教育，扩大教育规模，出现了班级教学这种提高教学效率和教育质量的有效教学组织形式。我国京师同文馆最早采用班级教学。1904 年，"癸卯学制"明确肯定了班级教学，并开始在全国推广。

20 世纪初，针对班级授课制的不足，西方国家在教学组织形式上推陈出新，朝着多元化、综合化、个别化方向发展，先后出现了分组教学、不分级制、设计教学法、程序教学、道尔顿制、文纳特卡制、特朗普制（灵活的课程表制）、活动课时制、选科制与全科教学等多种教学组织形式。尤其是 20 世纪 50 年代以来，全科教学在小学教学组织形式中逐渐占据主导地位，并且主要以包班制全科教学或者小班化全科教学的形式出现。

在后来的发展中，关于全科教学和分科教学孰优孰劣的讨论已至少持续了半个多世纪。实施和认同包班制全科教学的学校或研究者认为，包班制全科教学充分考虑了学生的成长、发展与学习的整体性发展，并且全科教师与学生有充分的接触时间，可以更好地了解每个学生的需要。它在增强学科综合性、教学个性化以及教学时间自主选择性等方面具有分科教学所不具备的优势，对学生人际关系的发展、学生自我理解和自尊的发展具有促进作用。而分科教学因不同的学科由不同的专业教师担任，学生经验的完整性和教学活动的连续性难以得到保证。随着教学由以教为中心向以学为中心转变，重视学生的个体差异和个性发展，成为教学组织形式变革的核心问题。2001 年，美国加利福尼亚州颁布了《全科教学资格认证学科要求的项目质量和有效性标准》，全科教学资格证书的持有者才能胜任全科教学。[①]

---

① 咸富莲.农村小学全科教学有效性研究[M].科学出版社，2020:29.

我国实际意义上的全科教学是在小班化教学的基础上逐步展开的。小班化教学在20世纪80年代被引入中国，北京、上海、天津和南京最早开始实验，90年代中期逐渐得到推广。小班化教学为实现全科教学奠定了基础。在教育改革中，包班制度大大促进了小学全科教学的实施。2018年，教育部等五部委联合印发了《教师教育振兴行动计划（2018—2022年）》，通过公费定向培养、到岗退费等多种方式，为乡村小学培养补充全科教师，为乡村初中培养补充一专多能教师，以助推乡村教育振兴。同时，教育部还出台了《关于实施卓越教师培养计划2.0的意见》，旨在培养素养全面、专长发展的卓越小学教师。湖南、重庆、山东等省份积极探索培养全科师范生，提高了乡村教师的素质和数量，缓解了乡村教师短缺问题，有效促进了乡村小学教育的发展，改善了乡村教育生态。

总体而言，国内小学全科教学的发展存在以下特点：第一，越来越重视学生的学。古代的个别教学和今天的小班化教学、全科教学，均着眼于学生的学。第二，相对国外而言，我国的教学组织形式改革相对较为保守，过分强调教师集体讲授或学生自学，不利于学生的全面发展。第三，教学内容的综合性逐渐增强。学科分化到一定程度后，开始走向新的综合，尤其在科学综合化思潮和全人教育理念的影响下，全科教学内容强调学科知识与学生经验、社会生活之间的联系，强调不同学科间的整合、融合。①

二、教师教学技能的基本概念

教学技能是教师最基本的职业技能，是教师为完成某种教学任务而采取的一系列行为方式。它是教师在特定教学情境中，基于教育理论指导，整合专业知识和实践经验，通过系统化、可操作的教学行为方式，有效促进学生学习发展并达成教学目标的动态能力系统。教师的教学技能有三个层面。第一层面是技术层面，主要包括基本的操作规程和方法要领，可以通过学习掌握和应用。第二层面是能力层面，是指教师对技术层面的要求和要领的主观掌握和应用，形成熟练的教学能力。第三层面是教学艺术层面，是指教师在掌握和熟练运用各种教学技能的基础上，进一步总结和积累教学经验，提升综合素质和教育修养，从而形成独特的个人风格的教学境界。这是课堂教学技能的最高境界，虽然不是每个教师都能轻易达到，但是每个教师都应该追求这个目标。

三、教师教学技能的特点

教学活动是极为复杂而富有创造性的活动，教学技能作为复杂的高级技能既有一般职业技能的特点，也有较强的专业特征。归纳起来主要有以下几点。

---

① 咸富莲.农村小学全科教学有效性研究[M].科学出版社，2020:35.

（一）教学技能的操作性

课堂教学技能不同于一般的抽象理论，学习并掌握了这些技能，就可以直接运用于课堂教学实践，解决教学中的实际问题，提高教学效果。优秀教师正是充分运用好教学技能的作用，遵循学生身心发展特点以及一系列教学规律，引导学生高效地开展学习。

（二）教学技能的专业性

教学技能是具有强烈专业性的，尽管有一些通用规律和方法，但不同学科之间有很大的不同，教师的教学技能也因此各不相同，并且不同学科之间的教学技能通常是不可互换或替代的。特别是对于小学全科教师而言，由于教学对象、教学内容和教师个性等因素的不同，需要掌握教授各门学科的教学技能，以便将学科知识、能力与学生联系起来。

（三）教学技能的综合性

教学活动是一个系统化结构，具有整体性和综合性的特征。教学技能是各种教学行为方式的综合运用和体现。在实际教学过程中，教师需要根据教学目标等要求将各种教学技能进行有效组合和运用，发挥各种技能的优势。如果只是单纯而完全孤立地使用某一种教学技能，就很难提高教学效果。

（四）教学技能的层次性

教师在掌握和运用教学技能方面，存在一定的层次。这个层次可以分为从开始运用到熟练掌握，再到运用技能的技巧，最终达到技能艺术化的境界。只有在教学技能的科学性与艺术性相结合的情况下，教师的教学活动才能达到卓越的水平，产生优秀的教学效果。

四、小学全科教师教学技能的分类

教学活动是一个多样化、多层次的复杂过程，每个教学环节需要使用不同的教学技能，而且同一种教学技能可以用于不同的教学环节。不同的教学技能之间相互交织，同时受不同观点和立场的影响，人们可以基于不同标准和角度对教学技能进行分类。根据小学全科教师专业发展的特点和课程学科性质，以及教学组织形式、新课程标准要求和教学过程模式改革的实际情况，我们把小学全科教师教学技能分为专业教学技能和学科教学技能两大类。

（一）专业教学技能

2021年4月2日，教育部颁布了《小学教育专业师范生教师职业能力标准（试行）》。这个标准旨在培养符合新时代小学教育目标的教师，这些教师应该具有理想信念、道德情操、扎实学识和仁爱之心。这个标准强调师德师风是第一标准，同时细化对师范生实践能力的要求，并且基于师范生的实际水平，强调提高教育教学能力素质，以适应教育现代化的要求。标准也注重与时俱进、积极创新。

小学教育专业师范生教师职业能力标准（试行）

一、师德践行能力

1.1 遵守师德规范

1.1.1【理想信念】

学习贯彻习近平新时代中国特色社会主义思想，深入学习习近平总书记关于教育的重要论述，以及党史、新中国史、改革开放史和社会主义发展史内容，形成对中国特色社会主义的思想认同、政治认同、理论认同和情感认同，能够在教书育人实践中自觉践行社会主义核心价值观。

树立职业理想，立志成为有理想信念、有道德情操、有扎实学识、有仁爱之心的好老师。

1.1.2【立德树人】

理解立德树人的内涵，形成立德树人的理念，掌握立德树人途径与方法，能够在教育实践中实施素质教育，依据德智体美劳全面发展的教育方针开展教育教学，培育发展学生的核心素养。

1.1.3【师德准则】

具有依法执教意识，遵守宪法、民法典、教育法、教师法、未成年人保护法等法律法规，在教育实践中能履行应尽义务，自觉维护学生与自身的合法权益。

理解教师职业道德规范内涵与要求，在教育实践中遵守《新时代中小学教师职业行为十项准则》，能分析解决教育教学实践中的相关道德规范问题。

1.2 涵养教育情怀

1.2.1【职业认同】

具有家国情怀，乐于从教，热爱教育事业。认同教师工作的价值在于传播知识、传播思想、传播真理，塑造灵魂、塑造生命、塑造新人；了解小学教师的职业特征，理解教师是学生学习的促进者与学生成长的引路人，创造条件帮助学生自主发展。

领会小学教育对学生发展的价值和意义，认同促进学生全面而有个性地发展的理念。

1.2.2【关爱学生】

做学生锤炼品格、学习知识、创新思维、奉献祖国的引路人，公正平等地对待每一名学生，关注学生成长，保护学生安全，促进学生身心健康发展。

尊重学生的人格和学习发展的权利，保护学生的学习自主性、独立性和选择性，关注个体差异，相信每名学生都有发展的潜力，乐于为学生创造发展的条件和机会。

1.2.3【用心从教】

树立爱岗敬业精神，在教育实践中能够认真履行教育教学职责与班主任工作职责，积极钻研，富有爱心、责任心，工作细心、耐心。

1.2.4【自身修养】

具有健全的人格和积极向上的精神，有较强的情绪调节与自控能力，能积极应变，比较合理地处理问题。

掌握一定的自然和人文社会科学知识，传承中华优秀传统文化，具有人文底蕴、科学精神和审美能力。

仪表整洁，语言规范健康，举止文明礼貌，符合教师礼仪要求和教育教学场景要求。

二、教学实践能力

2.1 掌握专业知识

2.1.1【教育基础】

掌握教育理论的基本知识，能够遵循小学教育规律，结合小学生认知发展特点，运用教育原理和方法，分析和解决教育教学实践中的问题。

2.1.2【学科素养】

掌握主教学科的基本知识、基本原理和基本技能，理解学科知识体系的基本思想和方法。了解兼教学科的基本知识、基本原理和基本技能，并具有一定的综合运用学科知识的能力。

熟悉常见的儿童科普读物和文学作品，具有一定的阅读理解能力、语言和肢体语言表达能力。

2.1.3【信息素养】

了解信息时代对人才培养的新要求。掌握信息化教学设备、软件、平台及其他新技术的常用操作，了解其对教育教学的支持作用。具有安全、合法与负责任地使用信息与技术，主动适应信息化、人工智能等新技术变革积极有效开展教育教学的意识。

2.1.4【知识整合】

了解学科整合在小学教育中的价值，了解学习科学相关知识，以及所教学科与其他学科、与小学生生活实践的联系。具有一定的跨学科知识，能指导综合性学科教学活动。

了解融合教育的意义和作用，掌握随班就读的基本知识及相关政策，基本具备指导随班就读的教育教学能力。

2.2 学会教学设计

2.2.1【熟悉课标】

熟悉拟任教学科的课程标准和教材，理解教材的编写逻辑和体系结构，合理掌握不同学段目标与内容的递进关系，具有依据课标进行教学的意识和习惯。

2.2.2【掌握技能】

具备钢笔字、毛笔字、粉笔字、简笔画、普通话与相关学科实验操作等教学基本功，通过微格训练学习，系统掌握导入、讲解、提问、演示、板书、结束等课堂教学基本技能操作要领与应用策略。能依据单元内容进行整体设计，科学合理地依据教学目标及内容设计作业，并实施教学。

2.2.3【分析学情】

了解分析小学生学习需求的基本方法，能根据小学生已有的知识水平、学习经验和兴趣特点，分析教学内容与学生已学知识的联系，预判学生学习的疑难点。

2.2.4【设计教案】

准确把握教学内容，理解本课（单元）在教材中的地位以及与其他课（单元）的关系，能根据课程标准要求和学情分析确定恰当的学习目标和学习重点，设计学习活动，选择适当的学习资源和教学方法，合理安排教学过程和环节，科学设计评价内容与方式，形成教案与学案。

了解小学综合课程和综合实践活动的基本知识，能根据教学要求和学生兴趣进行教学设计。

2.3 实施课程教学

2.3.1【情境创设】

能够创设教学情境，建立学习内容与生活经验之间的联系，激发学习兴趣，引导学生积极参与学习活动。

2.3.2【教学组织】

基本掌握教学组织与课堂管理的形式和策略，能够科学准确地呈现和表达教学内容，根据小学生课堂反应及时调整教学活动，控制教学时间和教学节奏，合理设置提问与讨论，引导小学生主动学习和探究学习，达成学习目标。

2.3.3【学习指导】

依据小学生认知特点、学习心理发展规律和个体差异，指导学生开展自主、合作、探究性学习，注重差异化教学和个别化指导，引导小学生体验学习的乐趣，保护小学生的求知欲和好奇心，培养小学生的广泛兴趣、动手能力和探究精神。

知道不同类型的信息技术资源在为学生提供学习机会和学习体验方面的作用，合理选择与整合信息技术资源，为学生提供丰富的学习机会和个性化学习体验。

能够运用课堂结束技能，引导学生对学习内容进行归纳、总结，合理布置作业。

2.3.4【教学评价】

树立促进学生学习的评价理念，理解教育评价原理，掌握试题命制的方法与技术。能够在教学实践中结合作业反馈等实施过程评价，初步运用增值评价，合理选取和运用评价工具，评价学习活动和学习成果。

能够利用技术工具收集学生学习反馈，跟踪、分析教学与学生学习过程中存在的问题与不足，形成基于学生学习情况诊断和改进教学的意识。

三、综合育人能力

3.1 开展班级指导

3.1.1【育德意识】

树立德育为先理念，了解小学德育原理与方法，掌握小学生品行养成的特点和规律，能有意识、有针对性地开展德育工作，帮助学生养成良好行为习惯。

3.1.2【班级管理】

基本掌握班集体建设、班级教育活动组织的方法。熟悉教育教学、小学生成长生活等相关法律制度规定，能够合理分析解决教学与管理实践相关问题。

基本掌握学生发展指导、综合素质评价的方法。能够利用技术手段收集学生成长过程的关键信息，建立学生成长电子档案。能够初步运用信息技术辅助开展班级指导活动。

熟悉校园安全、应急管理相关规定，了解小学生日常卫生保健、传染病预防、意外伤害事故处理等相关知识，掌握面临特殊事件发生时保护学生的基本方法。

3.1.3【心理辅导】

关注学生心理健康，了解小学生身体、情感发展的特性和差异性，基本掌握心理辅导方法，能够参与心理健康教育等活动。

3.1.4【家校沟通】

掌握人际沟通的基本方法，能够运用信息技术拓宽师生、家校沟通交流的渠道和途径，积极主动与学生、家长、社区等进行有效交流。

3.2 实施课程育人

3.2.1【育人理念】

具有教书育人意识。理解拟任教学科课程独特的育人功能，注重课程教学的思想性，有机融入社会主义核心价值观、中华优秀传统文化、革命文化和社会主义先进文化教育，培养学生适应终身发展和社会发展所需的正确价值观、必备品格和关键能力。

3.2.2【育人实践】

理解学科核心素养，掌握课程育人方法和策略。能够在教育实践中，结合课程特点，挖掘课程思想政治教育资源，将知识学习、能力发展与品德养成相结合，合理设计育人目标、主题和内容，有机开展养成教育，进行综合素质评价，体现教书与育人的统一。

3.3 组织活动育人

3.3.1【课外活动】

了解课外活动的组织和管理知识，掌握相关技能与方法，能组织小学生开展丰富多彩的课外活动。

3.3.2【主题教育】

了解学校文化和教育活动的育人内涵和方法，学会组织主题教育、少先队、社团活动，对小学生进行教育和引导。

四、自主发展能力

4.1 注重专业成长

4.1.1【发展规划】

了解教师专业发展的要求，具有终身学习与自主发展的意识。根据基础教育课程改革的动态和发展情况，制定教师职业生涯发展规划。

4.1.2【反思改进】

具有反思意识和批判性思维素养，初步掌握教育教学反思的基本方法和策略，能够对教育教学实践活动进行有效的自我诊断，提出改进思路。

4.1.3【学会研究】

初步掌握教育教学科研的基本方法，能用以分析、研究小学教育教学实践问题，并尝试提出解决问题的思路与方法，具有撰写教育教学研究论文的基本能力。

掌握专业发展所需的信息技术手段和方法，能在信息技术环境下开展自主学习。

4.2 主动交流合作

4.2.1【沟通技能】

具有阅读理解能力、语言与文字表达能力、交流沟通能力、信息获取和处理能力。

掌握基本沟通合作技能与方法，能够在教育实践、社会实践中与同事、同行、专家等进行有效沟通交流。

4.2.2【共同学习】

理解学习共同体的作用，掌握团队协作的基本策略，了解小学教育的团队协作类型和方法，具有小组互助、合作学习能力。

我们主要结合《小学教育专业师范生教师职业能力标准（试行）》中强调的师德践行能力、教学实践能力、综合育人能力和自主发展能力要求，将小学教师的专业教学技能分为教学设计技能、导入技能、提问技能、讲解技能、板书设计技能、演示技能、结束技能、课堂组织与管理技能、教研技能等九大核心技能。这些技能也是教师的教学基本功。

（二）学科教学技能

教育部《基础教育课程改革纲要（试行）》规定：小学阶段以综合课程为主。小学低年级设品德与生活、语文、数学、体育、艺术（或者音乐、美术）。小学中高年级设品德与社会、语文、数学、科学、外语、综合实践活动、体育、艺术（或者音乐、美术）。

根据《基础教育课程改革纲要（试行）》的规定，我们的学科教学技能主要涉及语文教学技能、数学教学技能、美术教学技能、音乐教学技能、体育与健康教学技能、英语教学技能等八大学科技能，以满足乡村小学全面开设培养目标所规定的各门课程，以及教师要承担所有科目或大部分科目教学的需要。

📝 本章小结

全科教师已经成为世界范围内基础教育改革的重要内容，西方发达国家对全科教学与分科教学组织形式进行了长期的探索和实践，全科教师培养已处于成熟阶段，且在芬兰、美国、法国等西方发达国家得到广泛应用。在我国，小学全科教师的发展尚处于探索阶段。小学全科教师需要掌握专业教学技能和学科教学技能，这些技能具有操作性、专业性、综合性和层次性等特点。教学技能是教师专业能力中最基本的职业技能，也是教师专业素养的重要组成部分。只有掌握最基本、最核心的技能和具体学科专业的教学技能，小学全科教师才能提高教学效率、提高教学质量，达到教学目标，实现教师教书育人的人生价值。

📝 学习研究

乡村全科教学需要具备什么样教学能力的小学全科教师？

目前我国乡村小学教师在整个教师队伍中占有相当大的比例。许多研究表明，乡村教师中存在着老龄化现象严重、数量严重短缺、素质参差不齐、学科结构分配不合理等问题，因此，培养具备综合能力的乡村小学全科教师是解决我国乡村教育诸多问题的关键。小学全科教师不仅能任教小学语文、数学、英语等课程，还能任教计算机、音乐、美术、体育等课程，打破学科分科界限，实现课程整合并实施融合教育，极大地解决乡村学校教师结构性短缺问题。而且，乡村小学全科教师往往怀揣着对乡村教育的热爱之情，他们不仅能适应乡村学校小规模的教学环境，还能够对学生开展全景式教育，进而有效改善乡村教育的整体生态。那么，结合乡村全科教学的需求，小学全科教师应具备哪些教学能力呢？

课后思考题

1. 如何理解小学全科教师的含义？小学全科教师专业发展有何特点？
2. 什么是教师教学技能？教师教学技能具有哪些特点？
3. 谈一谈小学全科教师应具备哪些教学技能，如何提升教学技能。

第二章　小学全科教师教学设计技能

学习目标

1. 理解教学设计的内涵；
2. 了解教学目标分类，掌握教学目标表述，理解教学目标设计的要求；
3. 了解课程标准，明确教学内容设计的要求；
4. 掌握教学策略设计的要求；
5. 了解教学计划设计的依据，掌握学期教学计划的要求；
6. 掌握教案的构成要素，并能按照要求编写教案。

学习重难点

本章重点阐述了教学设计层面各种教学技能的基本内涵、要求、方法、理论，引导学习者对教学设计中的各类教学技能进行综合运用。能结合小学教材进行具体案例分析，指导学习者设计教案，并对其展开分析和评价。

案例破冰

课堂设计是教师进行教学的"底色"，决定了课堂教学的深度、高度和广度[①]

什么样的课堂设计才能让学生学得快乐、教师教得轻松、真正实现课堂的高效？这是教师每次在进行教学设计时都要面对的问题。在现实教学中，我们都有这样的体验：如果一节课的课堂教学设计得很糟糕，即使教师使尽浑身解数，课堂效果也会不尽如人意；反过来，如果一节课设计好了，即使教师讲解水平一般，课堂基本能达到预期效果。所以，课堂设计是教师进行教学的"底色"，决定了课堂教学的深度、高度和广度。

好的教学设计应该让学生学得"有用"且"有趣"。所谓"有用"，是指让学生建立对知识真实的体验和理解，能感受到知识的价值；所谓"有趣"，就是让学生能感受探究的过程，在经历知识产生的过程中产生真实的"理智美"。

---

① 杜小波. 高效课堂:https://mp.weixin.qq.com/s/mOPMWKkBnZfAD5c3zpYGFQ（2018/4/11）.

教学过程是师生之间积极互动的过程。为了确保教学活动能够达到预期目的，减少随意性和盲目性，必须对教学过程进行科学设计。教学设计是整个教学系统的规划，为教学过程的展开和推进提供蓝图。它不仅为教师和学生之间的有效互动提供了保证，而且为学生的主动发展提供了条件，是教师教学准备工作的一个组成部分。

教学设计是以促进学习者的学习为根本目的，运用系统观点和方法分析教学问题，确定教学目标，设计教学策略，并对教学结果作出评价的计划过程和操作程序。一般来说，教学设计有四个基本要素：第一，确定教学目标是什么；第二，为达到预期目标，应选择哪些知识和经验；第三，如何组织有效的教学；第四，如何获取必要的反馈信息。这四个要素规定了教学设计的基本框架，涵盖教学目标、教学内容、教学策略和教学评价。因此，我们的教学设计技能主要包括五个技能：教学目标设计技能、教学内容设计技能、教学策略设计技能、教学计划设计技能和教案设计技能。

第一节　教学目标设计技能

教学目标是指教学活动所期望实现的结果，即通过教学活动，学生在身心方面所产生的预期变化。它具有指导、评价和激励教学过程的作用，是教学活动成功开展的必要条件。由于教学活动存在多样性和层次性，教学目标也存在多个层次，如课程目标、单元目标和课时目标等。课程目标是指课程本身要实现的具体目标和意图，是整个课程所要达到的总体结果。单元目标是对课程中各个组成部分的具体要求，即单元教学活动所要实现的结果。而课时目标则是对单节课的具体要求，即在单位课时内教学活动所要达到的目标。

教学目标设计是对教学活动预期所要达到的结果的规划，是教学设计的重要环节。我们主要从教学目标的分类、教学目标的表述和教学目标设计的基本要求三个方面来了解教学目标设计技能。

一、教学目标的分类

分类是为了对教学所要达成的结果进行准确的描述和定义，以帮助教师更好地理解和实现教学目标。教学目标分类通常是对学生行为结果的分类。教育部制定的《基础教育课程改革纲要（试行）》提出了三个维度的目标分类：知识与技能、过程与方法、情感态度与价值观。布卢姆和他的同事们共同研究的"教育目标分类学"，被认为是比较科学、合理、细致的分类方法，他们把教学目标分为认知领域、情感领域和动作技能领域三类，与《基础教育课程改革纲要（试行）》的目标要求基本是一致的（见表 2-1）。

表 2-1　各领域教学目标分类结构表

层次 ＼ 领域	认知领域	情感领域	动作技能领域
第一级水平	知识	接受	模仿
第二级水平	领会	反应	操作
第三级水平	运用	价值评价	精确
第四级水平	分析	组织化	连接
第五级水平	综合	个性化	
第六级水平	评价		

（一）认知领域

在认知领域，教学的主要目的和任务是帮助学生掌握知识并形成理性、系统思维的能力。教学的目标包括对知识的回忆或再认，以及形成理性能力和技能。根据智力特性的复杂程度，认知学习分为由低往高发展的六个层次，包括知道、领会、运用、分析、综合和评价。

（1）回忆（知道）。回想起先前学习的知识，包括具体事实、结构和科学过程等。这是认知学习的最低水平。

（2）理解（领会）。理解知识的意义，包括转换、解释、推断或预测。这是达到最低水平目标的学习方式。

（3）应用（运用）。将所学的知识应用于新的情境，包括概念、原理、方法和理论的应用。这是较高水平的学习方式。

（4）分析。将复杂的材料分解成简单的部分，并理解它们之间的联系。这包括鉴别各部分和分析它们之间的关系，认识其中的组织原理。

（5）综合。重新组合所学知识的各个部分，形成一个新的知识整体。这需要一定的创造力。

（6）评价。评价材料价值的能力。这是最高水平的认知学习结果，超越了原始学习内容。

在上述六个认知目标中，除第一层次只需对信息作简单的记忆外，其余五个层次都属于智力技能的范畴，反映了从具体的智力水平到抽象的智力水平的转变。因此，应该注重培养学习者的智力技能。

（二）情感领域

在情感领域，教学的主要目的和任务是培养学生端正的态度和正确价值观。它涉及对事物的注意、重视、态度及价值观等目标。可分为五级。

（1）接受。这是指学习者愿意注意某件事或某个活动。

（2）反应。这是指学习者积极参与某种活动，并以某种方式做出响应，表现出较高的兴趣。

（3）价值评价。这是指学习者将某种对象、现象或行为与一定价值标准相联系，自发表现出某种兴趣和关注。

（4）组织化。这是指学习者遇到多个价值观念时，将价值组织成一个系列，确定它们之间的关系，并接受某些占优势的价值。

（5）个性化。这是指内在的价值体系变成了学习者的个人品格，即形成了自己的人生观、世界观。

（三）动作技能领域

在动作技能领域，教学的主要目的和任务是强调获得的技能及其熟练程度。动作技能领域涉及某些肌肉运动技能对材料和客体的某种操作或协调运动目标，可分为四级。

（1）模仿。这是指学习者重复已展现过的动作。

（2）操作。这是指学习者独立完成动作。

（3）精确。这是指学习者准确地完成动作。

（4）连接。这是指学习者有效、和谐地完成动作，体现了协调的技能。

在学习的过程中，通常会遇到认知领域、动作技能领域和情感领域的目标成分问题，但大多会以其中一个领域的目标为主要关注点。例如，学习某个学科的时候，通常主要关注的是认知领域中的智力技能目标，但是学生的态度和兴趣问题也一直是学习过程中不可忽视的。

二、教学目标的表述

在设计教学目标时，目标表述是至关重要的一步。不同教学目标取向的表述要求不同。在通常情况下，非行为目标的表述比较简单，只需要符合常规的语言规范即可。但行为目标的表述比较复杂。行为目标需要使用具体的、可观察、可度量的行为动词来描述，同时需要注意目标的条件和程度。

（一）教学目标表述的要素

一个规范、明确的教学目标的表述，需要包括四个要素：

第一，行为主体。这是指学习者，目标描述的是学生的行为而不是教师的行为。

第二，行为动词。用来描述学生所形成的具体、可观察、可测量的行为。

第三，行为条件。这是指影响学生学习结果的特定限制或范围。

第四，表现程度。用来评价学生学习结果所达到的程度。

例如："小学一年级学生用心算解一位数的加法，在 1 分钟内，10 道题至少答对 8 个。"这个教学目标的表述就包括四个要素，即行为主体是"小学一年级学生"，行为动词是"心算"，行为条件是"1 分钟内"，表现程度是"10 道题至少答对 8 个"。

另外，针对情感领域的教学活动，我们有时明确规定了学生应参加的活动，但不明确要求学生从这些活动中学到什么、获得什么，这时我们就往往要采用表现性目标陈述方式。

例如，爱国主义教育方面的一个表现性目标可以这样陈述："学生能认真观看学校组织的具有爱国主义教育意义的影片，并能在小组会上分享自己的观后感。"

（二）行为动词的选用

行为动词是合理表达教学目标的关键，与教学目标的类型和层次紧密联系。我们结合三个领域的教学目标，列举了一些具体的行为动词，供参照使用。

1. 知识性目标（见表 2-2）

表 2-2　知识性目标

认知领域教学目标	行为动词
知识	定义、回忆、识别、记住、谁、何事、何时、哪里、何时、列举、识别、背诵、复习、命名、描述、再现
理解	描述、比较、对比、用自己的话、解释主要思想
应用	应用、分类、采用、选择、利用、举例、解决、多少、哪一个、是什么、展现、转化、做出、解释、教授、证明、画图、记录
分析	支持、分析、为什么、总结、对比、排序、推断、调查、分类、得出结论、识别动机或原因、找出证据、证明等
综合	预测、产生、对比、设计、发展、综合、构建、提高、发生什么、解决、创造、设想、假设、结合、估计、发明
评价	判断、辩论、决定、评估、估计、给出观点、哪一个较好、是否同意、是否最好、证实、评价、选择、主张、得出

2. 情感性目标（见表 2-3）

表 2-3　情感性目标

情感领域 教学目标	行为动词
接受	听讲、知道、看出、注意、选择、接受、赞同、容忍等
反应	陈述、回答、完成、选择、列举、遵守、记录、听从、称赞、欢呼、表现、帮助等
价值评价	接受、承认、参加、完成、决定、影响、支持、辩论、论证、判别、区别、解释、评价、继续等
组织化	讨论、组织、判断、使联系、确定、建立、选择、比较、下定义、系统阐述、权衡、选择，制定计划、决定等
个性化	修正、改变、接受、判断、拒绝、相信、继续、解决、贯彻、要求、抵制、正视等

3. 技能性目标（见表 2-4）

表 2-4　技能性目标

动作技能领域 教学目标	行为动词
模仿	模拟、尝试、学习、练习、分解、解剖、使用、移动等
操作	学会、表演、展演、加工、使用、制作、搭建、安装、开发、测量、完成、绘制等
精确	熟练掌握、熟练操作、熟练使用、改善、增进、发展、提高、增强等
连接	灵活运用、适应、发现、寻求、探究、迁移、联系等

三、教学目标设计的基本要求

（一）教学目标的明确性

教学目标的明确性非常重要，因为它们指导教学活动，控制教学过程，并用于评估学生的学习成果。具体而明确的教学目标可以帮助教师和学生更好地组织和实施教学活动，并且可以作为评估教学成果的标准。相反，模糊和抽象的目标无法发挥导向和评估的功能。教学目标的明确性要求同时考虑可观察到的学习结果和相应的评估标准。

（二）教学目标的完整性

教学目标的完整性是指在表述目标时，既要包含具有质和量规定性的行为目标，也要注意描述学生内部的心理过程和情感领域目标，因为它们对学生的全面发展非常重要。这些目标之间应该结构合理、相互关联，以发挥整体效应。

（三）教学目标的弹性

教学目标的弹性是指对于不同层次的学生应有不同的学习目标，教师需要针对不同学生的需要和能力设置适当的目标。此外，教学目标还应该能够根据教学过程中的变化及时调整。

四、教学目标设计技能训练

（一）训练目标

（1）理解教学目标技能的含义。
（2）懂得和掌握教学目标的重要作用和基本要求。
（3）能针对学生的实际情况，结合教学目标设计的要求制定科学合理的教学目标。

（二）训练程序

1. 理论学习

通过教学目标设计的学习，应掌握以下教学目标设计技能理论知识：
（1）理解教学目标设计技能的含义。
（2）懂得教学目标设计的重要作用。
（3）掌握教学目标设计的基本要求。

2. 训练要求

（1）训练要求。通过对课程总目标、单元目标、教学内容、学生情况的分析，能科学地确定某一课时的教学目标。
（2）训练示范。

小学数学中两位数加法运算的教学目标设计

1.研究课程标准，分析课程内容，得到以下信息：这一单元的学习是小学数学运算（整数运算、四则运算、分数运算、小数运算）的基础，学生必须能进行熟练运算；两位数的加法是整数运算中多位数加法的一种；此单元的教学必须在一位数加法的基础上进行；此单元的基本内容有四种形式：①个位数相加之和小于 10，十位数相加之和小于 10（如 12+23=）；②个位数相加之和小于 10，十位数相加之和大于 10（如 65+71=）；③个位数相加之和大于 10，十位数相加之和小于 10（如 34+29=）；④个位数相加之和大于 10，十位数相加之和大于 10（如 74+49=）。四种形式中，①最简单，④最难。

2.分析学生已有的状态：①认知方面，已经学过一位数的加法，懂得数位的概念，并能正确地指出数位；②情感意志方面，对数学课有良好的态度，但注意力集中的时间短；③个别差异方面，部分学生在学习一位数加法时已经形成较强的迁移能力，学习速度较快，部分学生在学习过程中会出现障碍，大部分学生能顺利完成学习任务。

3.确定教学目标的分类：该单元主要是认知领域的学习，情感领域的目标在于继续保持学生的学习兴趣，动作技能领域的目标是能够熟练计算两位数的加法。

4.列出教学目标：①掌握两位数加法的运算步骤，能独立地进行两位数加法的运算，正确率100%；②初步了解进位原理，给出三位数相加的例子（如 123+456=）时，学生能指出在同一数位上的数，能相加的数有几组（1 和 5 能否相加）；③能进行简单的只需要进一次位的三位数相加计算；④掌握进位原理，给出任何一个多位数都能指出正确的算法。①②是全体学生要达到的目标，能力强、有兴趣的学生可达到③④的目标。

点评：通过"小学数学中两位数加法运算的教学目标设计"这个案例，我们可进一步明确教学目标设计的要求。

第一，教师通过研究课程标准，分析课程内容，得到这一单元学习的基本情况，知道此单元的基本内容有四种形式，其中①最简单，④最难。通过分析，教学目标清晰，导向明确，教学可围绕教学目标顺利开展。

第二，教师分别从认知、情感、个性差异等方面分析学生已有的状态，了解顺利完成学习任务的基础和条件。教师根据上述分析，确定了认知领域、情感领域和动作技能领域的综合性教学目标，体现了教学目标的完整性，彼此相互联系，确保教学目标的实现。

第三，教师将可观察和测量的具体教学目标一一列出，使教学目标更为准确、具体、可行。这体现了教学目标的明确性，可检测、可量化。同时，有全体学生要达到的目标，也有能力强、有兴趣的学生可达到的目标，充分体现出了教学目标的弹性。

3.训练内容

第一，目标分解训练。根据目标分解原理，结合所学专业选择小学教材中某一课时的教学进行目标分解练习。

第二，目标归类与表述训练。根据要求对上述分解的教学目标进行归类并表述，展开讨论评议。

4.训练评价

在进行教学目标设计技能训练评价时可以参考表 2-5。

表 2-5　教学目标设计技能训练评价表

项目：　　　　　　　　　　　　　　　　　　日期：

评价指标	评价成绩	参考权重
1. 符合课标要求的教学内容		20
2. 具有认知、情感、技能三维目标		20
3. 体现课程思政育人功能		10
4. 突出课程的重点和难点		20
5. 能激励学生行为的变化		10
6. 行为动词表述准确		10
7. 具体可操作性、可评价		10
总评：A：优秀（90 分及以上）　B：良好（75～90 分） 　　　C：合格（60～75 分）　　D：不合格（60 分以下）	总成绩：	

改进意见：

第二节　教学内容设计技能

　　教学内容是为了达到教学目标，要求学生系统学习的知识、技能和行为经验的总和。它由教师和学生对课程内容、教材内容和教学实践的综合加工构成。教学内容的设计是教师根据课程标准准确理解和分析教材，合理选择和组织教学内容，并合理安排教学内容的表达或呈现的过程。教学内容设计是教学设计中的关键环节，也是涉及师生认知、教学方法、教育观念和教学理念等多方面的教学活动。教学内容设计的质量高低直接影响教学活动的成败。

一、精准解读课程标准

（一）课程标准

　　课程标准是一种教学指导性文件，用于规定某一学科的课程性质、课程目标、内容目标和实施建议。《义务教育课程方案（2022 年版）》指出："国家课程标准规定课程性质、课程理念、课程目标、课程内容、学业质量和课程实施等，是教材编写、教学、考试评价以及课程实施管理的直接依据。"课程标准反映了国家意志，是国家教育意志在课程层面的表现，是国家教育标准的重要组成部分。简而言之，课程标准是一种带有法律性质的课程活动纲领和准则，是教师教学活动的直接依据。

　　基础教育课程标准是一个纲领性文件，规范国家的基础教育课程运作，同时也是教育行政部门推进课程改革行动的指导性文件。在世界各国，基础教育课程改革甚至整个基础教育改革几乎都是从制定或修订课程标准开始的。二十多年来，我国基础教育改革所取得的实质性进展也源于对课程标准的研制和修订。2022 年版课程标准修订重点强化并凸显了人的因素，将课程目标指向核心素养，促进基础教育课程从学科立场向教育立场转型，更加注重"培养什么人"以及"怎么培养人"的问题。同时，新课程标准包括内容、活动、质量三个维度，从教师和学生的角度解决了关于教育内容、教育活动、培养目标等问题。

（二）解读课程标准的基本要求

　　教师应以课程标准为指导，按照其基本精神和规定方向，准确了解本学科的课程体系和基本内容，明确该学科在能力培养、思想教育和教学方法上的基本要求，采用特定的方法和过程设计实施教学，以培育核心素养为目标，达到教学的目的和要求。

第一，深入领会课程标准的核心思想。课程标准反映了课程的性质、价值和功能，主要包括"课程性质、课程理念、课程目标、课程内容、学业质量和课程实施"等六个主要方面。其中，课程性质回答了这门课程的类型、育人价值和教育意义是什么；课程理念阐述了课程改革的立场、方向和观点；课程目标则是对学生在学习这门课程中应达到的发展水平和最终结果的设定和期望；课程内容包括这门课程规定的学习范围和对象；学业质量则是学生在学完阶段性内容后的学业成就表现；课程实施则是指根据这门课程标准进行的教材编写、教学、评价和考试等活动。深刻理解每门课程标准的核心思想，有助于指导教学实践并提高教学质量。

第二，熟悉课程标准所规定的教学内容以及所要求达到的程度。新的课程标准强调三位一体的内容标准、活动标准和质量标准。内容标准是课程标准的主体，是核心素养的知识载体，强调每门课程的"学科大观念"。活动标准是课程标准的落地，是知识转化为核心素养必须要经历的过程与程序，包括教学理念、教学提示、教学建议和教学案例等。质量标准增强了课程标准的完整性，是学习必须达成的水平和成果，包括内容单位质量标准、学段质量标准和义务教育质量标准三个层次。充分理解和掌握课程标准的核心素养和三个标准，可以帮助教师熟悉知识体系，明确教学任务，达到教学的目的和要求。

第三，了解相近学科的课程标准。按照《义务教育课程方案（2022年版）》的规定，各门课程应该在不少于10%的课时中设计跨学科的主题学习。这个规定强调了各门学科之间的内在联系，推动了"学科大观念"和"学科实践"的创新。了解并熟悉相关学科的课程标准，注重课程的综合性和跨学科性，可以保证各门学科的紧密联系和学生学习的前后衔接，是小学全科教师必备的基本素养。

二、认真钻研课程教材

课程教材是依据课程标准编写，师生实现教学目标、完成教学任务的主要工具和基本依据。一般而言，课程教材包括教科书和教学参考资料。教师要出色完成教学任务，提高教学质量，必须认真研究和分析教材。

（一）正确认识和理解教学内容

教师要对教材进行三个层面的分析和理解：懂、透、化。首先，教师需要"懂"教材最基本的内容，并注重其与学生经验和社会生活的关联，加强课程内容的内在联系，探索主题、项目、任务等内容组织方式。其次，教师需要"透"教材，即不仅要懂，还要能够熟练运用，围绕学生的学习活动经历，整合教学策略、情境素材和学习活动，强化学科实践方式，让学生在情境中、活动中、操作中、应用中和体验中学习。最后，教师需要"化"教材，即体现课程思政，深度挖掘各门课程的独特育人功能，注重本课程对促进学生一般发展的贡献，凝练各门课程培育的核心素养，充分将教师的思想感情和教科书的思想元素融合在一起，以实现更好的教育效果。

（二）具体处理教学内容

第一，要弥合差距。教材上安排的教学内容，从整体上来看是与学生的认识水平、年龄特征相一致的，但是，具体到各个学校、各个班级、各个学生，就会出现差距。为此，教师要吃透"教材"，吃透"学生"，把两头了解清楚，使教学目标更加明晰。

第二，要精选教学内容。教材的处理一般可按全书、各部分单元、章节等层次进行。一般选择的教学内容，应是基础的知识和基本的技能，能激起学生的学习兴趣，激发学生的求知欲，有利于培养学生的科学态度和应用能力。

第三，要注重生成性教学内容。人类社会的高速发展和现代信息技术快速发展的趋势，极大地影响着人类科学文化知识的更新迭代，教学内容也必然面临着更大的不确定性和更多的可能性。因此，需要教师在教学实践中不断学习反思，适时调整，注重教学内容的生成性，汲取新的知识和信息。

（三）阅读教学参考资料

阅读有关教学参考资料是钻研教科书的重要补充，目的是拓展教师知识背景的宽度，深化对教学内容的理解，充实和丰富教学内容，使教师站得更高、看得更远，不受教科书本身的局限和束缚，能得心应手地驾驭教材，同时又增强教师的应变能力。教师要在充分钻研教科书的基础上阅读有关教学参考资料，注重平时知识经验的积累，而且要理解、消化和吸收，使之成为自己的思想认识，并从实际情况出发，选择运用。

三、确定与把握教学内容的重点、难点和疑点

重点是指教材中心内容和内在联系的关键部分，包括基本概念、基本原理、基本定律、重要方法和公式等，它们是学习后续内容的基础，具有常用性和应用性。

难点是指教材中学生难以理解、教师难以传授的内容。学习上的困难通常来自学生对问题的不理解。

教学的疑点分为两类：一类是学生的疑问，即学生在学习过程中遇到的难题；另一类是教师有意设疑，即提出问题让学生思考、领悟和探究。

因此，教师在备课时应该先通读教材，熟练掌握全部内容，了解教学内容的结构体系，分清重点和难点，对基础知识和基本技能进行整合排序。同时，在准备每一堂课时，教师还要按教学要求具体安排所讲的内容、实验、习题等。

四、教学内容设计技能训练

（一）训练目标

（1）掌握教学内容设计技能的要求与基本方法。
（2）能根据教学材料进行科学的教学内容设计。
（3）能对自己或他人教学内容设计的能力进行较为合理和公正的评价。

（二）训练程序

1. 理论学习

通过系统学习，应掌握以下教学内容设计技能理论知识：
（1）理解课程标准对于教学内容设计的功能作用。
（2）懂得教学内容设计的基本要求。
（3）掌握教学内容设计的方法。

2. 训练示范

《草船借箭》文本解读[①]

一、教材分析

这篇课文是根据我国著名古典历史小说《三国演义》中有关"草船借箭"的情节改写的。草船借箭的故事发生在东汉末年，曹操、刘备、孙权各据一方，所建政权称为魏、蜀、吴三国。当时曹操刚刚打败刘备，又派兵进攻孙权，于是刘备和孙权联合起来抵抗曹操。刘备派诸葛亮到孙权那里帮助作战。诸葛亮"草船借箭"的故事就是在孙、刘联合抗曹的时候发生的。课文写周瑜由于妒忌诸葛亮，要诸葛亮在十天内造好十万支箭，借此陷害他。诸葛亮同周瑜斗智，用妙计向曹操"借箭"，挫败了周瑜的暗算，表现了诸葛亮有胆有识，才智过人。

本文是统编版五下第二单元的第一篇课文，本单元的语文要素为"初步学习阅读古典名著的方法"。与本单元其他三篇选文语言以古代白话为主的形式不同，本文是经过改

---

① https://mp.weixin.qq.com/s?__biz=Mzg4NjYzMjM5Nw==&mid=2247484244&idx=1&sn=fe66729f4b cc6e2ee1d63e88acb0bc69&chksm=cf97f9f6f8e070e0e6f1ad190133a55a6d8bee1c8c79027a235ec5476 3f056180f5d08a1c475&mpshare=1&scene=23&srcid=0220jHLxLRltZgjX6JAkGWNg&sharer_sharet ime=1676885706494&sharer_shareid=0764df1980bd018f91ac3cb55586fd62#rd.

写后的现代文，学生理解起来不存在困难，这样的安排可能也是为了在减轻学生学习负担的前提下，提高学生学习名著的兴趣。课文结构严谨，故事以"借"为主线，按事情发展顺序进行叙述：先写了草船借箭的原因；接着写了诸葛亮做草船借箭的准备；然后重点写了草船借箭的经过；最后写了事情的结果——诸葛亮如期交箭，周瑜自叹不如。故事的起因、经过、结果叙述得清清楚楚。文中的许多内容还前后呼应，如结尾与开头照应。这样严谨的结构，极大增强了故事的完整性和严密性。《三国演义》全称《三国志通俗演义》，是一部长篇历史小说，作者是明朝的罗贯中。《三国演义》是中国古代长篇章回小说的开山之作，是中国古代四大名著之一，与《西游记》《水浒传》《红楼梦》齐名。

此文的教学价值在于激发学生对《三国演义》、对中国古典名著的阅读兴趣，为学生今后领略古典文学之美、发现中国古典名著之价值埋下种子。

二、本篇教学解读的核心思想

抓住重点语句感悟人物形象，从而体验阅读名著的乐趣。

三、故事中人物的性格特点

周瑜：心胸狭窄、阴险狡诈、嫉贤妒能、不顾大局。

诸葛亮：神机妙算、顾全大局、豁达大度、足智多谋、有胆有识、知人善用。

鲁肃：忠厚守信、顾全大局。

曹操：生性多疑、小心谨慎。

四、文本解读

周瑜对诸葛亮心怀妒忌。（批注：课文开门见山，交代了故事的起因。概括诸葛亮挺有才干、周瑜妒忌诸葛亮的事实。"妒忌"正是周瑜与诸葛亮发生矛盾的起因，为故事的展开埋下了伏笔）

有一天，周瑜请诸葛亮商议军事，说："我们就要跟曹军交战了。水上交战，用什么兵器最好？"（批注：明知故问，引出弓箭，目的在于把造箭的任务交给诸葛亮）诸葛亮说："用弓箭最好。"（批注：这是周瑜设好的圈套，明里共商军事，暗里设陷阱害人。他明知故问，意欲加害诸葛亮，表现了他的险恶用心。而诸葛亮的简洁回答，表现了他的胸有成竹。）周瑜说："对，（'对'字显出周瑜明知故问，但诸葛亮的回答又正中下怀）先生跟我想的一样。现在军中缺箭，想请先生负责赶造十万支。这是公事，希望先生不要推却。"（批注：周瑜妒忌诸葛亮的才能，故设下造箭的圈套，以"公事"的名义强加给诸葛亮，不容反驳，意欲加害诸葛亮）诸葛亮说："都督委托，当然照办。不知道这十万支箭什么时候用？"周瑜问："十天造得好吗？"（批注：明知十天造不好，故意发问）诸葛亮说："既然就要交战，十天造好，必然误了大事。"周瑜问："先生预计几天可以造好？"诸葛亮说："只要三天。"（批注：成竹在胸，内心早有计划）周瑜说："军情紧急，可不能开玩笑。"（批注：激将诸葛亮发誓）诸葛亮说："怎么敢跟都督开玩笑？我愿意立下军令状，三天造不好，甘受重罚。"（一方面诸葛亮顾全大局，为了维护蜀、吴联盟和战胜曹操的十万大军，所以不和周瑜计较。另一方面诸葛亮对于向曹操借箭的计划早就成竹在胸，所以他欣然地立下了周瑜想置他于死地的"军令状"，表现出诸葛亮的足智多谋）周瑜很高兴，叫诸葛亮当面立下军令状，又摆了酒席招待他。（批注：周瑜知道在当时，三天肯定造不出十万支箭，既已立下军令状，完不成是要杀头的。周瑜以为他的计谋要成功了，所以很高兴。这是奸计得逞的高兴）诸葛亮说："今天来不及了。从明天算起，到第三天，请派五百个军士到江边来搬箭。"诸葛亮喝了几杯酒就走了。

（批注：本段刻画人物的特色就在于语言的描写，诸葛亮的成竹在胸，周瑜的包藏祸心都在开头的一段对话中体现得淋漓尽致。诸葛亮为顾全联吴抗曹的大局，不计个人得失。周瑜看似在征求询问诸葛亮的意见，表示对诸葛亮的尊重。实际上他的话语中充满杀机，用心险恶）

（批注：为什么周瑜如此费尽心机地要惩罚诸葛亮呢？在三国时期，曹操率八十万大军想要征服东吴。孙权、刘备便打算联手伐魏。孙权手下有位大将叫周瑜，智勇双全，可是心胸狭窄，妒忌刘备手下诸葛亮。相传周瑜曾说："既生瑜，何生亮？"）

鲁肃对周瑜说："十万支箭，三天怎么造得成呢？诸葛亮说的是假话吧？"周瑜说："是他自己说的，我可没逼他。我得吩咐军匠们叫他们故意迟延，造箭用的材料不给他准备齐全。到时候造不成定他的罪，他就没话可说了。你去探听探听，看他怎么打算，回来报告我。"

鲁肃见了诸葛亮。诸葛亮说："三天之内要造十万支箭，得请你帮帮我的忙。"鲁肃说："都是你自找的，我怎么帮得了你的忙？"诸葛亮说：你借给我二十条船，每条船上要三十名军士。船用青布幔子遮起来，还要一千多个草把子，排在船的两边。（批注：诸葛亮为借箭所做的准备，船和军士是借箭的必备条件，将船用青布幔子遮起来，是伪装。船两边放草把子，是为了收箭）我自有妙用。（批注：表现了诸葛亮的胸有成竹）第三天管保有十万支箭。不过不能让都督知道。（批注：识人，诸葛亮知道鲁肃忠厚守信，又顾全大局，值得信赖，才向他借的船，从这里可以看出诸葛亮有计谋、有胆略，知人善任。文章的故事背景是诸葛亮、周瑜此时联合抗曹，鲁肃在《三国演义》里，为人忠厚老实，此时为了自己国家的安危，联合抗曹心诚，所以诸葛亮相信鲁肃，所以请他帮忙）他要是知道了，我的计划就完了。（批注：说明诸葛亮了解周瑜，如果让周瑜知道了，必定设法阻挠，计划就可能落空。知人，了解人）

鲁肃答应了。他不知道诸葛亮借船有什么用，回来报告周瑜，果然（批注：说明诸葛亮深知鲁肃为人忠厚老实、诚实可信）不提借船的事，只说诸葛亮不用竹子、翎毛、胶漆这些材料。周瑜疑惑起来，说："到了第三天，看他怎么办！"

鲁肃私自拨了二十条快船，每条船上配三十名军士，照诸葛亮说的，布置好青布幔子和草把子，等诸葛亮调度。第一天不见诸葛亮有什么动静；第二天，仍然不见诸葛亮有什么动静；（批注：可见诸葛亮胸有成竹，运筹帷幄）直到第三天四更时候，（批注：因为这时候正是大雾漫天，看不清对方的最佳时机，非常有利于我方作战，"直到"二字，表明大雾漫天并非巧合，是诸葛亮知天文而作出的判断。也是诸葛亮明知周瑜刁难，却立下军令状的原因之一）诸葛亮秘密地把鲁肃请到船里。鲁肃问他："你叫我来做什么？"诸葛亮说："请你一起去取箭。"鲁肃问："哪里去取？"诸葛亮说："不用问，去了就知道。"诸葛亮吩咐把二十条船用绳索连接起来，朝北岸开去。（批注：便于统一行动，又避免走散，又不留空当，使受箭面积大）

这时候大雾漫天，江上连面对面都看不清。（批注：选择这样的天气，说明诸葛亮精通天文、气象，预测准确）五更时分，船已经靠近曹军的水寨。诸葛亮下令把船头朝西，船尾朝东，一字摆开，又叫船上的军士一边擂鼓，一边呐喊。鲁肃吃惊地说："如果曹兵出来，怎么办？"诸葛亮笑着说："雾这么大，曹操一定不敢派兵出来。我们只管饮酒取乐，雾散了就回去。"（批注：全文都是"诸葛亮说"，而此处却用了"诸葛亮笑着说"，这一笑，笑出了诸葛亮的自信、笑出了诸葛亮的大度、笑出了诸葛亮的胸有成竹、笑出了诸葛亮的运筹帷幄、笑出了诸葛亮的神机妙算，笑出了诸葛亮的英雄本色。可以说这一笑值千金。品出语言之美、语言之妙，也品出了人物的内心世界）

曹操得知江上的动静后，就下令说："江上雾很大，敌人忽然来攻，必有埋伏，我们看不清虚实，不要轻易出动。拨水军弓弩手朝他们射箭便是。"（批注：抓住了曹操谨慎、多疑的性格特点，诸葛亮深知曹操疑心重，在看不清虚实的情况下，不会轻易出动）然后，他又派人去旱寨调来六千名弓弩手，到江边支援水军。一万多名弓弩手一齐朝江中放箭，箭好像下雨一样。诸葛亮又下令把船掉过来，船头朝东，船尾朝西，仍旧擂鼓呐喊，逼近曹军水寨受箭。（批注：考虑周全、安排巧妙，这样既能两面受箭又可保持船体平衡，也便于箭满后顺风顺水地返回，省去掉头时间，诸葛亮过人的智慧可见不凡）

到雾散时，诸葛亮下令返回。船两边的草把子上都插满了箭。诸葛亮吩咐军士们齐声高喊"谢谢曹丞相的箭"。曹操知道上了当，可是诸葛亮那边船轻水急，已经驶出二十多里，要追也来不及了。（批注：显示了诸葛亮用丰富的天文、地理知识，不伤一兵一卒顺利借到箭）

二十条船靠岸的时候，周瑜派来搬箭的五百个军士已经等在江边了。每条船有五六千支箭，二十条船总共有十万多支。鲁肃见了周瑜，告诉他借箭的经过。周瑜大吃一惊，长叹道："诸葛亮神机妙算，我真比不上他！"（批注：从周瑜的长叹中，也反衬出诸葛亮过人的才干和神机妙算，心服口服。诸葛亮没有呼风唤雨的本领，但他知天时、懂地理、识人心）

（批注：在本文教学时，要引导学生紧扣文中关键语句，反复诵读、反复涵咏、反复品味，要引导学生将平面化的语言转化为主题鲜活的人物形象，让文字中的诸葛亮走到学生眼前，走到学生心中）

点评：此案例是教学内容设计的成功案例。教师从文本解读的角度呈现了精读教材、深层次剖析和领会教学内容的全过程，精准体现了课标对学生掌握"初步学习阅读古典名著的方法"的要求。教师对重点语句的批注，生动、具体、深刻地描述了故事中人物的性格特点，让学生对故事的发生、发展过程及人物形象有了直观的感受，在较短时间内获得了相应的知识和方法，从而体验阅读名著的乐趣。学习该案例的教材内容分析示范，能让我们清晰地了解如何对教材进行分析和处理，培养相应的教学内容设计技能。

3. 训练内容

（1）根据自己感兴趣的学科对某一段教学内容进行分析处理。

第一，通览教材，研究课程标准，研读教材，多渠道搜集教学资源，全面理解教学内容。

第二，精读教材，分析教学的具体要求，明确教材的内在特征和学科的基本构架，领会教材的知识结构，把握教材的重点、难点、关键点。

第三，精细加工，注重教材语言的转换，对教材内容进行取舍增补、调整和再加工。

（2）根据选择的教学内容编写一份对其进行分析处理设计的解读文本。

（3）开展自我评议，同学互评，教师点评，并根据评议意见，修改完善文本解读，熟练掌握并运用教学内容设计的技能。

4. 训练评价

在进行教学目标设计技能训练评价时，可以参考表2-6。

表2-6　教学内容设计技能训练评价表

项目：		日期：
评价指标	评价成绩	参考权重
1. 依据教学目的恰当分析处理教学内容		10
2. 对于教学内容的分析处理符合课程标准		20
3. 准确构建教学内容的知识体系，确定知识点		20
4. 准确分析把握教材的重点、难点和关键点		20
5. 依据学生的需要与实际能力恰当处理教学内容		20
6. 能对教材进行适当加工和创新		10
总评：A：优秀（90分及以上）　B：良好（75~90分） 　　　C：合格（60~75分）　D：不合格（60分以下）	总成绩：	
改进意见：		

第三节　教学策略设计技能

明确教学目标、教学内容等之后，我们接下来要考虑的就是采用什么样的教学策略和选择什么样的教学资源来达到教学目标。

一、教学策略

教学策略指的是在特定情境下，为达到教学目标和适应学生的认知需求所采用的教学程序设计和特定的教学措施。通常，教学策略由教学程序、教学方法和教学环境这些基本要素构成。

教学程序，就是以什么样的顺序开展教学活动。教师要在有限的时间里，用符合学生认知规律和发展规律的最佳顺序，开展教学活动。

教学方法，就是以什么方式、途径、手段开展活动。教学方法决定着学生的主体作用和教师的主导作用如何充分发挥、教学重点和教学难点如何解决、如何使活动获得最大的效益。

教学环境，主要是指在什么样的条件下开展活动。教学过程强调营造最适合开展活动的物质和社会心理条件，在潜移默化中调动师生情感，开发学生潜能，实现教学过程的整体优化。

从某种意义来看，教学是在特定时间、特定空间里，以师生交互作用的方式达到预期教学目标的过程。因此，教学程序、教学方法、教学环境是构成教学策略缺一不可的要素，良好的教学策略是三要素的最佳组合。教学策略设计技能相应地就体现在对教学程序、教学方法和教学环境的选择和设计上，主要解决"如何教"和"如何学"的问题。

二、教学程序的选择和设计

教学程序是指一个特定的教学策略所包含的一系列步骤。在教学活动中，教师和学生按照特定的顺序完成不同的任务，这就构成了教学程序。为了确保达到预期目标，选择和设计教学程序需要安排教学的实施步骤、阶段划分和时间分配，以取得有计划、分阶段教学的效果。

我国常用的教学程序有传递—接受程序、引导—发现程序、示范—模仿程序、情境—陶冶程序等。[①]

（1）传递—接受程序。它的基本过程是：激发学习动机→复习旧课→讲授新课→巩

---

① 陈晓慧.教学设计[M].电子工业出版社，2005:136-163.

固运用→检查。

（2）引导—发现程序。它主要是根据杜威、布鲁纳等人先后倡导的问题→假设→推理→验证→结论的过程提出的。

（3）示范—模仿程序。它的基本过程是：定向→参与性练习→自主练习→迁移。

（4）情境—陶冶程序。它主要适用于情感领域的教学目标，基本过程是：创设情境→参与各类活动→总结转化。

一般来说，教学程序既要符合教学内容的逻辑顺序要求，又要符合学生认识与发展过程的有序性要求。

三、教学方法的选择与设计

（一）教学方法选择与设计的步骤和要求

教学方法是师生为实现教学目的和教学任务，在教学活动中所采取的行为方式的总称。教学方法的选择是否恰当，直接影响教学质量。教学方法的选择与设计并无严格的程序，需要反复构思筛选。教师在选择教学方法时，应遵循以下步骤和要求。

第一，明确制约教学方法选择的要素。教学方法的选择主要受教学目标、教学任务、教学进度、教学时间、学生的年龄特征和知识基础、教师自身特点、教学设施、教学媒体的现状以及各种教学方法自身的优点和不足等因素制约，教师在设计过程中应对各种要素进行选择和优化组合。

第二，广泛了解和采用有关的教学方法，从中考虑和选择最佳的教学方法。传统的小学教学方法主要有四大类：一是以语言传递为主的教学方法，主要包括讲授法、谈话法、讨论法和读书指导法等；二是以直观感知为主的教学方法，主要包括演示法、参观法等；三是以实际训练为主的教学方法，主要包括实验法、练习法、作业法和实践活动法等；四是以情感陶冶为主的教学方法，主要包括欣赏教学法、情景教学法等。在现代教学过程中，探究法、任务驱动法、合作教学、翻转课堂以及信息技术融入教学过程，丰富发展了教学方法。教师收集了解到的教学方法越多，就越有利于进行优化选择。

第三，贯彻启发式教学思想，促进学生培养独立思考问题的能力。启发式教学的本质在于调动学生学习的积极性，引导学生积极思考，促使学生由被动学习变为主动学习，为全面发展提供良好的条件。启发式教学的形式不是固定的，无论选择与采用什么教学方法，只要能启发学生主动思考，就属于启发式教学法。

第四，对各种可供选择的教学方法进行比较，主要比较各种教学方法的特点、适用范围、优越性和局限性等。在教学实践中，要注重教学方法运用的综合性、灵活性、创造性。

（二）教学方法选择与设计技能训练

1. 训练目标

（1）掌握教学方法选择的基本依据和要求。

（2）能根据教学任务和教学内容的需要，灵活运用教学方法。

（2）能对自己或他人选择运用的教学方法作出相应的评价。

2. 训练程序

（1）理论学习。通过系统学习，应掌握以下教学方法选择与设计的理论知识：

第一，懂得小学常用的教学方法和要求。

第二，坚持启发式教学方法的指导思想。

第三，掌握选择与运用教学方法的基本依据。

（2）训练示范。

"求平行四边形的面积"的两则教学设计

教学设计一：

连接 AC，因为三角形 ABC 与三角形 CDA 的三边分别相等，所以，这两个三角形全等。三角形 ABC 的面积等于 1/2 底乘以高，所以，平行四边形 ABCD 的面积等于底乘以高，命题得到证明。随后，教师列举很多不同大小的平行四边形，要求学生求出它们的面积，结果每个问题都正确解决了。下课前，教师又布置了十几个类似的问题作为家庭作业。

教学设计二：

教师引导学生分析问题，即如何把一个平行四边形转变成一个长方形，然后组织学生自主探究，并获得计算平行四边形面积的公式。

在两则教学设计中，教师选择与运用的教学方法有何不同？这两种教学方法对学生的学习有什么样的影响？

在第一则教学设计中，教师采用的是讲授法这种以语言传递为主的教学方法，注重教师运用口头语言系统连贯地向学生传授知识、技能，发展学生的智力。在案例中，教师主要是运用讲授法讲解平行四边形面积的计算方法，充分发挥了教师的主导作用，但忽视学生的主动性和积极性，学生被动地接受知识。同时，教师布置大量练习，这种练习属于简单重复、机械训练的学习方法，忽视了学生的个体差异和想象力，会降低学习的兴趣和热情。

在第二则教学设计中，教师采用的是发现法这种以引导探究为主的教学方法，强调让学生自己主动发现问题、解决问题并掌握原理。认知心理学认为，学生是知识的发现者，应充分发挥自身的主动性和积极性，引导学生主动独立地探究学习，培养学生的创新精神和实践能力。

点评：教学设计一采用的讲授法有利于发挥教师的主导作用，教学设计二采用的发现法有利于培养学生的学习能力。"教学有法，但无定法"，选择和采用教学方法必须以启发式教学作为选择和运用教学方法的指导思想，充分关注学生的参与性，激发学生学习的兴趣和动机，促进学生知识和能力的发展。

3. 训练内容

（1）选择一段教学材料，根据新课程标准，遵循启发性原则，选择与运用教学方法。

第一，教学方法应根据具体的教学目的和任务而定，可以一种方法为主、其他几种方法为辅。

第二，根据课程性质和教材特点、学生年龄特征，以及教学时间、设备、条件情况等具体情况，充分发挥自己的特长，进行权衡取舍，合理选择与运用教学方法。

（2）对选择与运用的教学方法进行说课和微课训练，并进行自我评议和小组讨论，根据评议意见进行修改调整和试教，直到熟练掌握并能正确合理运用教学方法。

4. 训练评价

在进行教学方法选择与设计技能训练评价时，可以参考表 2-7。

表 2-7 教学方法选择技能训练评价表

项目：		日期：
评价指标	评价成绩	参考权重
1. 有助于实现具体的教学目标		15
2. 立足于学生现有的基础与认识水平		15
3. 适合教材内容的内在逻辑和特点		15
4. 激励学习兴趣和学习动机		15
5. 基于现有设备条件、空间条件与时间条件		10
6. 能充分体现教师的教学能力和风格		10
7. 能发挥教学方法的整体性功能		10
8. 可检查和评价学习效果		10
总评：A：优秀（90分及以上）　B：良好（75~90分） 　C：合格（60~75分）　D：不合格（60分以下）	总成绩：	
改进意见：		

四、教学环境的选择与设计

教学环境是指在教学过程中对教学的发生、存在和发展产生制约和控制作用的多维空间和多元因素的环境系统。教学环境是一种特殊的育人要素，其最基本的功能是为学生营造学习氛围，激发学生的学习兴趣。教学环境有广义和狭义之分。广义的教学环境是指影响学校教学活动的全部条件，包括特定的社会环境和自然物质环境，对教学活动起一定的制约作用。狭义的教学环境特指班级内影响教学的全部条件，包括班级规模、座位模式、班级气氛、师生关系等。狭义的教学环境由师生关系环境和教学物质因素构成，两者相互依赖、相互渗透并和谐统一。在这两方面内容中，师生关系环境占主导地位。

在教学环境的选择与设计中，应注意以下要求。

第一，创设优美的教室环境。教室是学生学习的主要场所，外观造型应有一定的审美效果，要有良好的通风、采光、照明条件，要保持适当的温度，无噪声。室内设计和色彩运用要恰当，教学用具及课桌椅的规格要符合教学和卫生要求，造型与摆放形式要便于适应教学活动的需要。

第二，创设探究的学科环境。教室一般有日常生活区、感官区、数学区、语文区、文化艺术区等五大功能区，应利用功能区设置奥妙有趣、激励探索所需的设施和空间，展现书籍、实验仪器、科学发展成就等，激发学生认识世界、感受世界、崇尚科学的兴趣。

第三，创设和谐的人际关系环境。积极开展小班规模教学，建立尊师爱生的良好氛围，树立团结友爱、积极向上的优良班风和课堂气氛，增强班级的向心力、凝聚力和群体意识。

第四，创设健康的成长环境。教学环境的创设应以学生的身心特点和发展需要为立足点和出发点，以学生的生命成长、知识成长和智慧成长为目标，使儿童在其生活和学习的空间范围内自由、快乐、主动、健康地成长，满足学生追求成长成才的需要。

"靠边站"的讲桌

原因之一：讲桌靠边移后，教师站在学生面前少了一种依靠，大多数教师会感到不自在，要改变这种不习惯的状况，势必导致教师尽量缩短站在学生面前滔滔不绝地讲授的时间，并且在学生中间寻找较为缓和、能平衡心态的位置。这样一来，教师就会无意识地走到学生中间去。

原因之二：讲桌靠边移后，教师没有了高高在上的心理，在课堂上没有了批改作业的位置，不得不走到学生旁边批改作业，无意之中增加了个别辅导学生的时间。这样，就为增进师生情感创造了良好的条件。

原因之三：讲桌靠边移后，似乎拆除了师生间交流的障碍物，师生间双边互动随意了许多，教师和学生都减轻了心理压力，有利于师生间的充分交流和合作，使课堂效益得到了提高。

第四节　教学计划设计技能

教学计划是教师进行教学活动的具体方案，是在明确教学目标、了解学生、研究教学内容，选择教学策略等的基础上由教师制订的，是具体落实教学目标、教学理念的行动方案。一般意义上的教学计划是指教师的教学计划，是教师完成教学任务的具体实施方案。教学计划可以帮助教师有计划地实施自己的想法，合理完成教学任务，也便于分析总结自己的教学工作，积累经验，改进不足，提高教学能力。因此，制订教学计划十分必要。我们主要从教学计划设计的依据、内容方法和结构三个方面了解教学计划设计技能。

一、教学计划设计的依据

教学计划设计的依据主要有以下几点。

（一）依据正确的教学思想和教学原则

设计教学计划要努力体现以生为本、德育为先、因材施教，使每个学生都得到全面发展，体现学生的主体地位，着眼于提高学生的素质，重视培养能力、发展智力等。

（二）依据课程标准及学校对教学的要求

课程标准是教学工作的指导性文件，规定课程性质、课程目标、内容目标、实施建议，这些都必须不折不扣地执行。同时，也要考虑学校每学期对教学工作的相关要求，如教学改革方面的要求等。

（三）依据学生的实际情况

学生是学习的主体，教学计划设计必须符合学生的实际情况，才能使计划建立在切实可行的基础上。

（四）依据课程教材

教科书是根据课程标准的要求编写的，是教师进行教学的依据，也是学生获取知识的重要工具。教学参考书是指导教师教学的重要参考资料，其中对教材的分析、重点和难点的处理、时间的分配、教学方法建议等，可以帮助教师把握教材的编写意图、特点，加深对教材的理解。

二、学期教学计划的内容及其设计的方法

教学计划按一定的教学时间来划分，可分为学期教学计划、单元教学计划和课时教学计划（教案）。在这里，我们主要介绍学期教学计划。学期教学计划是指教师在开学前或开学初对所教课程做出的一个学期的全面安排和全程计划，是完成一个学期教学目标所确定的工作范围和教学进度实施方案。一般来看，学期教学计划主要包括教学基本情况、教学目标、主要措施和教学进度等四个部分内容。[①]

（一）教学基本情况

教学基本情况主要是指本学期的教育教学指导思想、班级学生情况和课程教材情况等。

第一，教育教学指导思想。这是指教师应当遵循的教育教学理念。例如，关注每个学生的情感，激发学习兴趣，尊重差异，注重过程评价，促进学生发展等。

第二，学情分析，包括对学生学习起点状态和潜在状态两方面的分析。学情分析要考虑学生已有的知识基础、认知结构、情感和发展需要，以及学生在知识、技能、过程、方法、情感、态度和价值观方面能够达到什么程度和状态。此外，还需要考虑学生的学习习惯，适合采用哪种学习方法完成学习任务（是探究式还是合作式），以及在课堂教学动态中，对某一问题可能会有什么反应、教师应怎样应对等。

第三，教材分析。教师需要对整本教材进行简明扼要的分析，掌握教材中的基础知识、基本技能、重点、难点、能力培养侧重点，以及教材单元之间的联系等。这可以通过通读全册教材和教师用书来完成。

（二）教学目标

教学目标是教学过程中需要达到的目的和要求。它应结合课程标准，并以具体的条文形式写出思想教育、知识教学、基本技能培养等方面需要达到的目标。例如，在实施"双基"教育时需要达到的目标和要求，智能培养需要达到的目标和要求，以及思想品德教育需要达到的目标和要求等。这些目标应当是明确、具体、可操作的，并且应当考虑到学生的实际情况和能力水平。

[①] 薛彦华，白枚.小学教师专业技能训练[M].北京师范大学出版社，2016:33.

（三）主要措施

教学措施是实现教学任务和教学目标的方法和手段，也是学期教学计划的主要组成部分。在选择教学措施时，应该考虑以下几个方面：

首先，要更新教学概念，改进教学方法。这包括教师应该如何改进自己的教学方法，指导学生的学习方法，采用先进的教学手段，根据学生的不同情况进行分类推进。教师还应该考虑备课、上课、批改作业、辅导和考核等措施，以调动全班学生的积极性。

其次，要强化教学研究，加强协作和交流。教学措施建立在教师对教学大纲、教科书和学生三方面熟悉的基础上，教学措施必须体现教师对大纲和教材的准确理解以及对学生情况的深入分析。因此，教师应该加强集体教研、协同交流，取长补短，共同提高教学质量。

最后，要完善信息反馈机制，及时改进教学。教师应该充分重视教学活动的反馈信息，善于从中了解学生学习情况，及时抓住有利时机，迅速有效地处理存在的问题，调整教学程序，并采取最切实际的教学方案，以获得最佳的教学效果，提高教学效率，优化教学活动。

（四）教学进度安排

教师应该结合课程标准和学校安排，考虑学生的实际情况，制定全学期的授课时间、复习和考试时间表，并编制进度表。进度表应该包含周次、教学日期、课时数、教学内容安排、实际完成进度和备注等内容。

三、教学计划设计的结构

教学计划设计的结构一般分为标题、正文、结尾三个部分。

第一，标题部分。应写出计划的单位、时间、内容。

第二，正文部分。这是主体部分，但要根据教学计划的类别不同，适当进行调整。

第三，结尾部分。也就是计划的落款部分，要交代计划制订者和日期。

第五节　教案设计技能

教案是教师为进行课堂教学而设计的教学方案，也被称为课时计划。它是在前期准备工作的基础上，经过周密策划和设计，制订出关于课堂教学的具体实施方案，这也是教师教学设计的最后一个环节。因此，每位教师在授课前都应该编写教案，以便规范教学过程，提高教学质量和效率。

这里，我们主要从教案编制的目的、教案的构成要素和教案设计的基本方法三个方面来了解教案设计技能。

一、教案编制的目的

教案编制的主要目的是规范教学过程，保证教学质量，提高教学效率。具体来说，教案编制的目的包括以下能内容。

第一，明确教学目标。编制教案可以帮助教师明确教学目标和任务，确保教学的针对性和实效性。

第二，组织教学内容。教案可以帮助教师按照科学的教学原则，有条理地组织和安排教学内容，确保教学的系统性和连贯性。

第三，指导教学过程。教案可以成为教学的指导书，帮助教师掌握教学进度、保证教学的逻辑性和连贯性，避免教学漏洞和失误。

第四，提高教学效果。教案可以帮助教师对教学过程进行反思和总结，不断完善和提高教学效果。

综上所述，教案编制是教学工作中不可或缺的一环，对于提高教学质量和效率具有重要的作用。

二、教案的构成要素

一个科学、完整的教案一般包括以下内容。

（1）教学课题及授课时间、班级等。

（2）课时教学目标及基本要求。明确本节课的教学目标，包括知识、技能、态度等方面的目标。

（3）教学的重点、难点及处理方法简述。确定本节课的教学重点和难点，以便在教学中更加注重重点和难点的讲解。

（4）教学内容。具体列出本节课的教学内容，包括知识点、技能点和相关的案例或实例。这是教案的核心部分，一般应包括引言、阐述分析和推导问题、总结三个方面。

（5）教学方法。选择适当的教学方法，包括讲授、示范、讨论、实验、探究等方法，并说明各种方法的运用原则。

（6）教学手段。选用适当的教学手段，包括教学工具、多媒体教学、教学软件等。

（7）教学过程。按照教学目标和教学内容设计出教学过程，包括导入、讲授、练习、巩固等环节。这个过程应注意教师的教学活动、学生的行为及其时间的分配。教师在授课中的板书、讲解、演示、提问、强化等活动，应在教案上写明。教师还要预想到学生的学习活动，准确把握学生的初始能力和一般特征等。同时，还需要注明每个教学活动的时间长度，将教学形式结构化。

（8）教学评价。确定适当的教学评价方法，包括测验、测试、考查、实验等，以检验学生的学习效果。

（9）课后分析。在教学结束后进行反思和总结，回顾教学过程和教学效果，以便帮助教师及时总结每节课的得失和成败，为下一次教学做好准备，这是提高教学水平的有效措施。

三、教案设计的基本方法

由于学科、教材性质、教学目的和课程类型的差异，教案并没有固定的形式。编写教案的基本方法有文字表达法、列表法和卡片提示法。因此，教案主要包括文字表达式教案、表格式教案和卡片式教案等基本格式。

（一）文字表达法

文字表达法是指教师在备课时主要使用文字形式来表达备课的结果。这种方法可以编写成详细教案和简略教案两种形式。

详细教案是将教学过程中的教学内容、教学步骤和教学方法都详细地写出来，类似于讲稿。简略教案则只写出教学内容的要点、主要教学步骤和主要教学方法，类似于讲课提纲。

教案是详写还是略写，应根据教师的个人经验和教学经验来决定，一般建议编写详案。

（二）列表法

列表法是指教师按照教学要求，制作"教案设计表"，根据课时的教学内容进行设计。这种方法简洁明了，方便教师熟练掌握教学内容，避免教学失误。这里，我们提供一份常见的"教案设计表"样稿，见表2-8。

表 2-8 教案设计表

课题名称		
教材分析		
学情分析		
教学目标		
教学重点、难点		
教法、学法		
教学手段		
板书提纲		
教学过程	教师活动（教学任务、内容及实现方式）	学生活动（学习任务及完成途径）
课外作业		
教学评价		
教学反思		

（三）卡片提示法

卡片提示法是指教师在课堂教学中使用卡片，将教案纲要、重点、难点、容易忘记的内容以及需要补充的内容写在卡片上，以便自己在课堂上进行提示和提醒。卡片提示主要分为两种形式：一种是教案纲要提示，另一种是教学内容提示和补充资料。

四、教案设计技能训练

（一）训练目标

（1）理解和掌握教案编制的目的和基本要素。
（2）根据课程标准和教学任务编制详细教案。
（3）能对自己或他人设计的教案作出合理的评价。

（二）训练程序

1. 理论学习

通过系统学习，应掌握以下教案设计的理论知识：

（1）理解和领会教案编制的目的。

（2）懂得教案的构成要素和基本要求。

（3）掌握教案编制常用的方法。

2. 训练示范

荷　花

【教学目标】

1. 知识与能力：理解"冒""挨挨挤挤"等词语，用"有的……有的……有的……"句式说一段话，培养学生正确、流利、有感情地读课文的能力；背诵第2~4自然段。

2. 过程与方法：教给学生抓住重点词语理解课文内容的方法，以及读书要展开联想的方法。

3. 情感态度和价值观：培养学生读书的兴趣以及喜欢荷花、热爱大自然的情感。

【教学重点】

熟悉语言，理解课文内容。

【教学难点】

提高学生的审美情趣，使学生培养喜欢荷花、热爱大自然的情感。

【教学课时】

两课时。

【教学过程】

第一课时

一、情境导入，激发兴趣

1. 板书"花"字。我们在生活中见过什么花呢？

我们生活在鸟语花香的世界中，万紫千红的鲜花给我们的生活平添了很多的快乐。有一种花，诗人杨万里这样说："接天莲叶无穷碧，映日荷花别样红。"周敦颐更是赞美它："出淤泥而不染，濯清涟而不妖。"它是花中君子。这节课我们一起来学习"荷花"。（播放有关荷花的视频）

2. 板书课题。指导"荷"字书写。

3. 生活中你见到的荷花是什么样的？观看视频，学生谈感受。

请同学们静静地欣赏一段视频。看完以后，大家再来交流交流，你看到了怎样的荷花。

二、初读课文，巧攻字词

想知道作者笔下的荷花是什么样的吗？打开课本，咱们到课本中去看看荷花。请同学们自由大声地读读课文。

1. 学生自读课文，提出自读要求：

（1）读准字音，读通句子；

（2）遇到难读的句子多读几遍。

2. 同学们读得这么认真，相信荷花池里的词语一定难不倒大家。

课件出示词语（在荷叶上的荷花上出示词语：挨挨挤挤、莲蓬、舞蹈、翩翩起舞）。

（1）师生合作读词。

（2）指导读音：莲蓬（轻声）

（3）指导书写："蹈"，注意笔画顺序，第十五笔是横折，示范写。

（4）理解词语：挨挨挤挤、翩翩起舞。想象画面，似乎看见了什么？

（5）连词成句。

挨挨挤挤的荷叶上，荷花仿佛在翩翩起舞呢。

指名读，谈感受。引导欣赏美。

三、精读课文，深刻感悟

（一）课文从哪几方面描写了荷花的美？

1. 请同学们快速浏览第1至3自然段，思考：课文从哪几方面描写了荷花的美呢？

颜色、香味、姿态（板书）

2. 你觉得哪个方面描写得最美？默读课文第1至3自然段，边读边画出你认为描写得最美的句子，多读几遍，把自己的感受和体会写下来。

3. 交流反馈

颜色：

香味：

姿态：

（1）学习荷花的特点。（阅读课文第2自然段）

这一自然段有几句话？（6句）描写了几种姿态的荷花？（3种）请3位同学分别读出这些句子。用一个词概括这种姿态的荷花。

（半开、全开、未开）板书

（2）小组合作交流。

不同姿态的荷花一朵有一朵的姿势，你最喜欢哪一种？

学生交流自己喜欢的荷花姿态，并说出喜欢的理由。

出示：这么多的白荷花，一朵有一朵的姿势。

同学们展开你们想象的翅膀，还有哪些姿势的荷花？

（3）指导朗读。

这么多的白荷花，一朵有一朵的姿势。看看这一朵，很美；看看那一朵，也很美。老师忍不住想读读他们了。师范读，指名读。

（4）齐读。

（二）学习"荷叶"

1. 俗话说：好花还需绿叶配。学习"荷叶"的绿、多、圆。怎样的荷叶是挨挨挤挤的呢？

2. 体会"冒"。

（1）出示：白荷花在这些大圆盘之间冒出来。

读一读，体会体会。

（2）作者在这里为什么选择使用"冒"字？请同学们先用心读一读前后几句话，体会体会：荷花从挨挨挤挤的荷叶之间怎么样长出来，才可以叫作冒出来？指导朗读。

（3）指导背诵。

在这些挨挨挤挤的荷叶之间冒出来了哪些姿态的荷花呢？我们一起用第2自然段的语言来说一说。

3. 小练笔。

这些美丽的白荷花从大圆盘之间冒出来想要做些什么？又想说些什么呢？一人写一句，根据多名学生的回答编成一首小诗。

四、结束全文，布置作业

第二课时

一、经典诵读，引入新课

诵读有关荷花的古诗。

师：刚才我们吟诵的这几首诗都写到了荷花，同学们想看荷花吗？

二、感受画面，唤起美感

（课件出示：荷花的图片）

请欣赏，待会儿请用一个词或一句话或一句诗来形容一下你看到的荷花。

生交流。

三、品词析句，发现"美"

（一）自读课文

1. 师：你们是这样看荷花的，作者又是怎样看荷花的呢？下面我们随着叶圣陶爷爷的脚步，一起去公园的荷花池畔看一看。把课本翻到第6页，自由读文章第一、二自然段。老师先教大家一个读书的好方法：边读边想象，使文字变成画面浮现在脑海里。（学

生自由读）

2. 师：作者笔下的荷花带给你什么感受？（美）

（二）细读课文

美在哪里？（生交流）

1. 香气——美

（1）第一自然段。

板书：闻：香。

（2）师：闻到这花香，叶圣陶爷爷是怎么做的？（赶紧跑去）

（3）师：读得多好，跑得真快。

（4）师：急啊！迫不及待，我们齐读这一段好吗？

2. 荷叶——美

过渡：红花还需绿叶扶，花美，那么叶子呢？

荷叶挨挨挤挤的，像一个个碧绿的大圆盘。（板书：看）

（1）师：这句话写出荷叶的什么特点？板书：叶：碧绿、大。

（2）你们在生活中见到过挨挨挤挤的现象吗？

师：作者说荷叶挨挨挤挤，说明荷叶很多、荷叶很挤，很茂盛。

板书：多

（3）师：谁能读出这个词的意思来？练练。

（4）再读读这句话。

3. 荷花——美

（1）白荷花从这些大圆盘之间冒出来。请一生上黑板写"冒"字。

① 自己用心读一读前后几句话，体会一下，你觉得怎样长出来才可以叫冒出来。

② 师：你觉得还可以用哪个词来写"冒"出来的荷花？

那你觉得哪个词用在这里最好呢？

③ 师：一个"冒"字，不但把白荷花写活了，而且使白荷花变得更美了。齐读这一句。

（2）姿态美。

课件出示：有的……有的……有的……

① 师：作者在这写了几种姿态的荷花？分别是哪几种呢？

生：三种，展开两三片花瓣儿的，全展开的，还有花骨朵儿。

② 逐个出示三种姿态的荷花的图片，读读相对应的句子。

板书：花：有的……有的……有的……

③ 师：相信你们看过画面会读得更好。荷花是那样美，谁能把它读得很美很美呢？

（指名读）

（生自由练习朗读"有的……有的……有的……"）男女生分读。

④ 打开课本，自由读读第二自然段，试着背下来。填空背诵第二自然段。

（3）姿势美。

① 师：这么多的白荷花，一朵有一朵的姿势。看看这一朵，……（生：很美）；看看那一朵，……生：也很美。

② 课件出示：如果把眼前的一池荷花看作一大幅活的画，那画家的本领可真了不起。（学生齐读）。

③ 师：这画家是谁啊？（生：大自然）

④ 师：是啊！只有神奇的大自然才能画出如此美的画卷。

板书：一幅活的画

齐读第3自然段。

看我读。（师有感情地范读第3自然段）

⑤ 师：第2自然段是作者低头看荷花，是近处看荷花，是仔仔细细地一朵一朵地看。第3自然段是抬头向远处看，是整体地看，读书不但要读出词句的美，还要领会作者是怎么观察的、怎么写的。我们今后观察事物也要整体看，同时还要细心地局部地看。要注意观察的方法。

⑥ 师：叶圣陶爷爷写得很细腻、很真实、很动人。这两自然段我们要读熟了，记住了，以后写花、写植物就不发愁了，快把这两自然段背下来。

4. 感受——美

（1）师：闻着扑鼻的香味，看着那千姿百态荷花，欣赏着这美不胜收的画卷，我忽然觉得自己仿佛就是一朵荷花……（播放音乐）把学生带进这如梦如幻的世界。

（2）师：我是荷花吗？

生：不是。

师：是啊！所以只是"仿佛"。（板书：想：仿佛）

（3）师：这一自然段写得很美，是"我"陶醉了，是"我"的想象，怎样读好呢？怎么读能让人觉得如痴如醉呢？（指名读）

师：这一自然段他读的感觉真像做梦一样。（掌声响起）文章因为有丰富想象而美丽！

（4）课件出示图：蜻蜓和荷花、小鱼和荷花。

蜻蜓在飞行时有什么快乐？小鱼昨夜做什么好梦了？

师：还会有别的小动物和荷花交流吗？课件出示：

青蛙和荷花；小鸭和荷花。

他们在干吗？

提供句式，说话训练。

（5）师引读：过了好一会儿，我才记起我不是荷花，我是在看荷花呢。

四、练笔训练，巩固写法

夏天到了，汾湖公园里的荷花开了，看，这一朵荷花躲在大荷叶下面，好像怕似火的骄阳把它娇嫩的皮肤晒坏了；这几朵荷花在微风中翩翩起舞，荷叶在为它们伴舞呢。请你用"有的……有的……有的……"的句式把这段话说完整。

五、推荐书目，课外阅读

课下读一读《叶圣陶童话》。

六、布置作业，巩固练习

【板书设计】

$$
\text{荷花（叶圣陶）}\begin{cases}\text{闻：香}\\\text{叶：多、碧绿、大}\\\text{看：活}\\\text{花：有的……有的……有的……}\\\text{想：仿佛 画}\end{cases}
$$

【教学反思】

在教学第2~3自然段时，充分利用课文中的两幅精美插图，让学生图文对照通过观察图画，品读课文，点燃他们情感的火花。在教学第3自然段时，结合第2自然段安排了背诵训练。在反复品读欣赏后，荷花的美跃然纸上。图文对照，学生会情不自禁地发出感叹。这一背诵环节，不仅加深了学生对课文语言文字美的品味，而且帮助学生积累了优美词汇，使学生更好地抒发情感。在教学第4、5自然段作者的想象部分时，我采用师配乐范读的教学方法，让学生在意境中感受荷花的美，并把自己当成一朵荷花，朗读时融入自然的情感。

点评：该教案是一个较为完整规范的详细教案。第一，结构完整，基本包含教案编写的构成要素；第二，教学目标表述清晰，基本体现了系统化教学设计的理念；第三，突出教学的重点和难点，符合学生的年龄特点和接受能力；第四，教学过程思路非常清晰，环节安排较为合理，整个教案紧扣主题，各教学环节衔接自然；第五，课堂提问精心设计，能启发学生思考；第六，能对课堂教学实施情况及时总结和反思，对应教学目标，注重学生学习兴趣的养成。该案例有助于我们加深理解教案设计技能。

3. 训练内容

（1）选择一段教学材料，根据新课程标准和教材及学生实际情况进行一节课的教学设计，编写详细的教案，并谈谈自己的设计理念与具体思路。

（2）进行微型教学实践，就教案设计的优劣进行自我分析、小组讨论和教师点评，根据评议意见修改完善教案，多次试教，直到熟练掌握并能正确运用教案设计技能。

4. 训练评价

在进行教案设计技能训练评价时可以参考表 2-9。

表 2-9　教案设计技能训练评价表

项目：　　　　　　　　　　　　　　　　　　日期：		
评价指标	评价成绩	参考权重
1. 教案结构完整、规范		15
2. 教学目标明确		15
3. 教学过程清晰、可实施		15
4. 教学重点突出、难点分散		10
5. 教学方法、手段适当		10
6. PPT 合理、板书规范		15
7. 文字简洁流畅		10
8. 有创意		10
总评：A：优秀（90 分及以上）　B：良好（75~90 分） 　C：合格（60~75 分）　　D：不合格（60 分以下）	总成绩：	
改进意见：		

📋 本章小结

教学设计是规划整个教学系统的过程，是教师教学准备工作的组成部分。它包括五个技能：教学目标设计、教学内容设计、教学策略设计、教学计划设计和教案设计。教学目标设计指规划教学活动所要达到的结果；教学内容设计包括准确掌握课标、分析教材、合理选择和组织教学内容，以及安排教学内容的表达或呈现；教学策略设计涉及教学程序、教学方法和教学环境的选择和设计；教学计划设计是完成教学任务的具体实施方案；教案设计是针对每节课进行的教学方案设计。

通过教学设计，教师能够全面掌握教学活动的基本流程。根据教学情景的需求和学生的特点，教师可以设定恰当的教学目标。基于课程标准，教师应选取并优化教学策略，运用高效的教学方法，营造积极的教学氛围，并执行切实可行的评估计划。这些措施有助于确保教学活动的顺畅进行，进而提升教学质量。

📋 学习研究

如何做好课程教学设计

教学要讲究方法，要引起学生的兴趣，要掌控课堂氛围。教学设计的目标是通过教学内容的高度提炼、教学方式方法的合理有效运用、教学过程的精心安排，深入浅出，旁征博引，把复杂的问题讲得通俗易懂，便于理解。教学设计通过基础信息的分析、教学环节及活动的设计、教学反思与评价的促进，打破以教师的"教"为主的传统课堂，转变为以学生的"学"为主的课堂，让每堂课都深入人心，让学生站在教师的肩膀上看世界。

那么，如何设计生动有趣的高质量的课程教学呢？要达到这一目标，我们必须真正地站在学习者的角度来思考问题，强化知识的无形渗透，让学习者充分体验知识的形成过程，加强学法的指导，激发学习者的创造性思维和求知欲望，这样才能使学习者"知其然，知其所以然"，从而达到提高教学质量、培养有创造力的优秀人才的目的。

......

教学设计是一门严谨的学问，既要有知识传授的科学性，又包含知识的艺术再创造性。教学设计作为连接教学理论与教学实践的桥梁，是针对学生的学习需要，从教学思想、教学内容、教学方式方法以及教学过程的科学性和整体性出发，有目的、有计划地制定最优教学方案的系统决策过程。课程教学设计的质量总体体现了教师对教学思想、教学内容、教学方法的理解和把握，反映了教师对教学内容达到懂、透、化的程度，是教师主导作用的最充分体现。

文章链接：https://mp.weixin.qq.com/s/DSkuPo1N-wJBhvCAFmhuiQ。

课后思考题

1. 什么是教学设计？

2. 结合实际教学案例谈谈如何更好地整合教学三维目标。

3. 你对《义务教育课程方案（2022年版）》了解多少？

4. 谈谈你对教学环境作用的理解。

5. 尝试分析一份学期教学计划，进行判断和思考。

6. 结合自己的专业，选择小学某一门课程的内容，进行教学设计并撰写教案，并在小组内进行陈述。要求依据课程标准，阐明教学目标、教学内容、教学程序、教学方法与学习方法、教学评价等要素的设计情况，并进行互评和修订。

第三章　课堂教学基本技能

学习目标

1. 识记小学课堂导入技能、课堂提问技能、课堂讲解技能、课堂演示技能、板书设计技能和课堂结束技能的含义和作用，理解这六种技能的实施原则。

2. 掌握课堂导入技能、提问技能、讲解技能、课堂演示技能、板书设计技能和课堂结束技能的方法、技巧和基本类型。

3. 熟悉这六种技能的实施要点，并运用于实际课堂教学中。

学习提示

本章主要介绍课堂提问、课堂导入和课堂讲解技能的含义、作用，重点介绍了课堂导入、课堂提问和课堂讲解的类型和实施原则，运用案例帮助学生理解相关知识。在此基础上，提供训练目标、训练内容和评价标准，帮助学生掌握课堂导入、课堂提问和课堂讲解技能。

案例破冰

张老师是一名经验丰富的小学教师，今天，张老师讲授的内容是小学数学课程"比较分数的大小"。上课后，张老师没有直接讲内容，而是亲切地说，同学们，你们喜欢听故事吗？原来还在凌乱中的小学生全部异口同声地回答：喜欢。于是老师开始绘声绘色地讲起了故事：一天，唐僧师徒四个在取经的路上，又累又渴。猪八戒费了好大的劲找来一个大西瓜，孙悟空说："太好了！我们切开，每人吃四分之一。"猪八戒一听不高兴了，他说："西瓜是我费好大劲找来的，我要多吃，我不吃四分之一，我要吃六分之一"。孙悟空一听高兴了，连忙切下一个西瓜的六分之一递给猪八戒，猪八戒一看更不高兴了，"猴哥，你又欺负我了，明明我要多吃，你却给我更少？""同学们，到底是一个西瓜的四分之一大呢还是六分之一大呢？同学们今天我们一起学习比较分数的大小就知道了"。

点评：良好的开端是成功的一半。课堂教学的导入，犹如乐曲的引子、戏剧的序幕，能够酝酿情绪，集中学生的注意力，带有渗透主题和带入情境的任务。精心设计的导入，能抓住学生的心弦，立疑激趣，促使学生情绪高涨，进入求知欲的兴奋状态，从而获得良好的学习效果。

第一节　课堂导入技能

一、课堂导入技能概述

大量教学实践证明，积极的思维活动是课堂教学成功的关键，而富有启发性的导入可以激发小学生的兴趣。所以，教师上课伊始就应当通过导入来激活小学生的思维，引起小学生对新知识、新内容的热烈探求欲望。可以用简洁的语言或辅以动作拉开一堂课的序幕，然后进入课堂教学主体过程。

（一）课堂导入技能的含义

课堂导入技能是教师采用各种教学媒体和各种教学方式，引起学生注意，激发学生学习兴趣，使其产生学习动机、明确学习方向和建立知识联系的一类教学行为技能。导入技能广泛地应用于上课开始时，或应用于开设新学科、进入新单元和新段落教学时。课堂导入是课堂教学的主要环节之一，一堂课导入的成败直接影响整堂课的效果。

（二）课堂导入技能的功能

我们常说"良好的开端是成功的一半"，良好的课堂导入便是课堂教学取得预期效果的保证。总体而言，巧妙的课堂导入具备以下功能。

1. 吸引学生的注意力

教育心理学研究表明，注意是心理活动对一定事物的指向和集中，与认识过程紧密联系，具有组织人们的感知、记忆、思维等心理活动的作用，是人们进行学习、掌握知识的必要条件。教师在一节课的开始或教授新的内容之前，通过导入环节，唤起学生的注意，调动学生的认知注意和情绪注意，使与教学无关的活动迅速得到抑制，使学生把注意力转移到课程的学习上来，为完成新的学习任务做好心理准备。如果导入环节设计不好，学生的注意力不集中，对教师给予的各种刺激就会"视而不见""听而不闻"。

2. 激发学生的学习兴趣

兴趣是力求认识某种事物或爱好某种活动的心理倾向，这种倾向是和愉快的体验相联系的。兴趣是最好的老师，兴趣是入门的向导。一节课的导入是激发学生学习兴趣的关键环节。教师巧妙地导入能够把新的学习内容变成学生的"兴趣"中心，使学生带着浓厚的兴趣，把注意力集中到学习任务上。

3. 引发学生的学习动机

学习动机是推动学生学习的内部动力，是激励和引导学生进行学习的一种心理状态，也就是学生要学习的愿望、意愿。教师的导入能够创设问题情境和制造学习气氛，使潜在的教学基本矛盾表面化、激化，使学生产生强烈的学习动机，主动、自觉地投入到学习中去，变被动地"要我学"为主动地"我要学"。

4. 促进学生的思维活动

现代教育心理学和统计学表明，学生思维活动的水平是随着时间变化的，一般在课堂教学开始 10 分钟内，学生思维逐渐集中，在 10～30 分钟内思维处于最佳活动状态，随后思维水平逐渐下降。教师利用导入技能创设的问题情境能够在课堂伊始利用学生的积极思维活动，将学生引入新课的学习中，促进学生的思维活动快速转向新课程的内容。

5. 衔接学生的新旧知识

导入是课与课之间的"桥梁"和"纽带"，具有承上启下的作用，既是先前教学的自然延伸，也是本课教学的开始。巧妙地导入，可以在复习与新知识相关知识的基础上，使学生新旧知识之间建立一种非人为的、实质性的联系，为深入学习新的知识打下基础。

6. 明确学生的学习目标

教学目标是教学活动所要达到的预期结果或标准。教学目标对教师而言是教授目标，对学生而言是学习目标。通过导入，教师把教学目标转化为学生的学习目标，学生知道了学习目标就能明确学习的方向，自觉地以目标来规范自己的行为，主动地接近目标。同时，教学目标还有激发学生学习动机、使学生产生强烈学习愿望的作用。

巧妙的课堂导入还可以为学生营造学习气氛。良好的学习气氛是学生积极主动学习的前提。教师通过导入技能创造各种贴近生活实际、自然愉快又令学生感兴趣的情境，能够使学生进入轻松愉快的学习状态。

二、课堂导入技能实施

巧妙的课堂导入能够引起学生注意，激发学生学习兴趣，引发学生学习动机，促进学生的思维活动，衔接学生的新旧知识，明确学生的学习目标。本节将从具体的课堂导入方法与课堂导入原则两方面讲解如何开展有效的课堂教学导入活动。

（一）常用课堂导入方法

根据教学内容与学生实际情况，课堂导入方法各异，总结起来可以大致分为以下几种类型。

1. 直接导入法

直接导入是教师直接阐明学习目标、学习要求以及本节课的教学内容和安排，通过简短的语言叙述、设问等方式引起学生的关注，使学生能够迅速地进入学习情境。

直接导入能够使学生迅速定向，对本节课的学习目标与内容有总体的把握，其最大优势是节省教学时间，使学生能够尽快进入新内容的学习。

直接导入适合连续性教学中的后续课教学。如同一个教学内容中的第二节课、一篇课文的第二或第三课时等。这种导入方式适合小学高年级或年龄较大、学习自觉性较强的学生。

2. 经验导入法

经验导入是教师从学生已有生活经验、已知的素材出发，通过生动而富有感染力的讲解或提问等方式导入新课，通常在新内容与学生的有关经验既有联系又有区别时采用。

经验导入能够使学生对学习内容产生亲切感，引起学生的求知欲望，引导学生动脑思考。

在使用经验导入法时需要注意：

（1）一定要选择学生非常熟悉的生活经验、体验或素材，这样才能引起学生的共鸣，调动所有学生的情绪。

（2）所选择的内容要与新教学内容有联系。

（3）教师要在关键处提出问题，引导学生对"熟视无睹"的现象进行思考。

3. 旧知识导入法

旧知识导入是根据知识之间的逻辑关系，找准新旧知识的联接点，以旧知识为基础发展深化，引出新的教学内容，达到温故而知新的目的。

通常，通过对旧知识进行复习、提问、做习题等活动，对照新情境，发现问题，明确学习任务。这样的导入会使学生感到新知识并不陌生，便于将新知识纳入原有的认知结构中，降低学习新知识的难度，易于引导学生参与学习过程。旧知识导入通常在新知识内容与学生的旧知识既有联系又有区别时采用。

在使用旧知识导入法时需要注意：

（1）要提示或明确告诉学生新旧知识的联系点，以引导他们思考，从而明确新旧知识之间的联系，进入新知识的学习。

（2）进行有针对性的复习，为学习新知识做好铺垫，同时在复习的过程中又要通过各种巧妙的方式设置难点和疑问，使学生思维暂时出现困惑或受到阻碍，从而激发学生积极思考，为学习新知识铺垫。

（3）要精选复习、提问的旧知识内容，精心编排习题，使之与新知识内容之间有一个紧密联系的"支点"，使复习与讲授新课的过渡连贯自然。

4. 实验导入法

实验导入法是教师通过实验演示或学生实验的方式设置问题情境，引导学生观察，以已知实验现象或知识经验与新现象对比产生问题情境，提出新问题，自然地过渡到新课学习的导入方法。

该方法通常是在学生缺乏新知识所要求的感性经验，或学生在生活中虽有所接触但没有引起十分注意和思考时采用。

实验导入有利于使学生形成生动的表象，由形象思维过渡到抽象思维。因此，该方法在小学各年级教学中运用较广。

在使用实验导入法时要注意：

（1）首先，实验演示的内容必须与新内容有密切的联系并能为学习新内容服务。

（2）其次，要让学生明确观察的目的，掌握观察的方法。

（3）最后，教师要善于抓住时机提出问题并引导学生积极思考。

5. 直观导入法

直观导入法是在讲授新课之前，先引导学生观察实物、样品、标本、模型、图表，以及看幻灯片、电视等，引起学生的兴趣，再从观察中提出问题，创设研究问题的情境的导入方法。

直观导入法能够让学生在直观感知中产生疑问，进而使学生产生学习新的知识的强烈要求。

在使用直观导入法时要注意：

（1）实物、模型、幻灯片、电视等的内容必须与新教材有密切的联系。

（2）在观察过程中，教师要及时恰如其分地提出问题，以指明学生观察中的思考方向，促进他们思考，为学习新教材做好准备。

6. 故事导入法

故事导入法是以故事设置问题情境导入的方法。小学生处于一个特殊的年龄阶段，特别喜欢听故事。教师在正式授课前，可抽出一定的时间，使用富有感染力的语言，讲述一则生动有趣、与课文有些联系的小故事，吸引学生的注意力。

小学生一般都爱听故事，特别是一些科学性、哲理性很强的故事更受学生欢迎。在各学科的发展史上都有许多动人的故事，如科学家的趣闻轶事、某些公式原理的发明过程以及一些发明创造的诞生等。从中选取一些适当的片段讲出来，不仅有助于培养学生的思维能力，还可以引起他们学习本学科的兴趣。

在使用故事导入法时要注意：

（1）故事要有趣味性、启发性和教育性。

（2）故事要短小精悍。

（3）故事的针对性要强，能为讲课主题服务。如果东拉西扯，就达不到目的。

7. 设疑、悬念导入法

设疑、悬念导入法是教师从侧面不断巧妙设计带有启发性的悬念，创设学生的认知冲突，唤起学生的好奇心和求知欲，激起学生解决问题的愿望。"好奇之心，人皆有之。"利用悬念激发兴趣，催人思索，往往能收到事半功倍的效果。

设计疑问、悬念有利于调动学生积极主动地思考，是启发学生进行思维活动的有效途径。这种导入类型能使学生的思维活动和教师的讲课交融在一起，使师生之间产生共鸣，使学生由"要我学"转为"我要学"。

使用设疑、悬念导入法时要注意：

（1）教师要根据学生的年龄特征与身心特点，结合教学目标与内容，在教学难点和教学重点中设疑。

（2）问题设置要难易适中，过易不能继续深入，过难则无从下手。

8. 情境导入法

情境导入是运用语言、设备、环境、活动、音乐、绘画等各种手段，创设一种符合教学需要的情境，以激发学生兴趣，诱导学生思考，使学生处于积极学习状态的导入方法。

苏霍姆林斯基说："任何一种教育现象，孩子们越少感到教育者的意图，它的教育效果就越大，我们把这条规律看成教育技巧的核心。"情境导入法，如运用得当，则会使学生身临其境、感同身受，在潜移默化中受到教育，获得知识。

在使用情境导入法时要注意：

（1）善于创设情境，教师必须从教学内容出发，精心组织，巧妙构思，创设良好的符合教学需要的情境。

（2）教师设置情境应有明确的目的或意识，或以此激发学生的情感，或引发学生的思考，或借此陶冶学生的性情等。

导入教学的方法多种多样，关键在于教师要灵活运用、精心设计。事实上，各种导入方法并不相互排斥，有时几种方法的融合会使教学更加自然、和谐，更能提高课堂的教学效果。

（二）课堂导入原则

课堂导入就好比打开学生兴趣的钥匙，有效的课堂导入可以吸引学生主动打开大门，探究知识世界，甚至带活整个课堂。为了更好地提高课堂导入的效果，在设计导入时应遵循以下原则。

1. 简单灵活原则

导语要短小精悍，最大限度地提高课堂教学效率。教师一定要把握好导入的"度"。课堂导入应尽量做到简练省时，力争用最少的话语、最短的时间导入新课，引出新的教学内容。在导入方式上，应根据教材与学生的特点灵活选择，调动学生的多种感官，把学生引向新知。

2. 目的性原则

在导入时要时刻明确，导入本身是手段，运用这一手段，要有明确的目的。教师设计任何一种导入，都要十分清楚为什么要这样设计以及对学生的学习可能产生什么样的影响。

导入方式和类型都要服从教学任务和目的，要围绕教学和训练的重点，不能喧宾夺主，只顾追求形式新颖而不顾内容。

导入的目的性与针对性要强，要有助于学生初步明白将学什么、怎样学、为什么要学。针对教学内容的特点与学生实际因材施教，不搞千篇一律，不追求形式上的"花俏"。

3. 启发性原则

课堂导入要新颖独特，能激发学生学习的兴趣，调动积极性。导入方式要有启发性，使学生能够从浅显的事例中发现问题，进而从问题着手，引起认知冲突，产生积极思考和寻求解决问题方法的强烈愿望。

4. 关联性原则

导入要具有关联性。要善于以旧拓新、温故知新。导入的内容要与新课的重点紧密联系，能揭示新旧知识之间的联系。方法服从于内容，导入语要与新课内容相匹配，尽量避免大而无当、海阔天空。

5. 趣味性原则

导入要有情趣、有新意。有一定艺术魅力，能引人入胜，最大限度地引起学生的兴趣，并使学生产生探究的欲望和认识的兴趣。导入的魅力在很大程度上依赖教师生动形象的语言和炽烈的感情。要注意锤炼"开口语"，精心设计课堂开始时的教学活动，重视积蓄感情，一走上课堂就能进入"角色"。

课堂导入的重要性不言而喻，老师应该如何提高课堂导入技能以及如何掌握和灵活运用导入方法是非常值得探讨和研究的问题。在课堂教学中，教师应针对学生的年龄特点和心理特点，精心设计课堂导入环节，主动加强教师间的交流，吸收同事的奇思妙想，不断反思，做一个有智慧的教师。

《祖父的园子》第二课时教学设计

教学目标

1. 有感情地朗读全文。

2. 精读全文，从字里行间感受自然之园、自由之园、爱之园的深意。体会作者对童年美好生活的眷念和对亲人的怀念。

3. 学习作者表达情感的两种方法：借景抒情和叙事抒情。

教学流程

一、回忆课文，质疑导入。

1. 师：这一堂课，让我们再次走进——《祖父的园子》（生读题）这是珍藏在萧红记忆深处的园子。再读题。

2. 师：通过第一节课的学习，这个园子给你留下了怎样的印象？

二、读说想象"自然之园"。

1. 同学们，读书就是欣赏。听老师读，看看你的眼前会浮现出怎样的画面？

2. 你看到了什么？

3. 萧红是怎样把园子里的昆虫给写得活灵活现的？（写蝴蝶、蜻蜓、蚂蚱侧重写色彩，写蜂子侧重在形态）（板书：自然之园）

三、赏读感悟"自由之园"。

（一）借景抒情的表达方法

1. 读着，读着，园中的一切——（引读中心句）

2. 这一段中你从哪里最能感受到自由？

根据交流相机出示：倭瓜愿意爬上架就爬上架，愿意爬上房就爬上房。……也没有人管。

A. 这几个描写自由的句子，你有什么发现？（句式整齐，节奏明快，读起来朗朗上口）

B. 老师学生配合读，读出自由的韵味。再次引读中心句。

3. 同样是自由，植物和昆虫的写法还有变化呢！再次引读中心句。

4. 还有哪些地方让你感受到一切都活了？（出示：花开了，就像……鸟飞了，就像……虫子叫了）发现了什么？

5. 一起在音乐中美美地读读这一段。（板书：自由之园）

6. 小结：其实，园子里的植物、动物本无所谓自由，为什么在我的眼里是如此自由呢？古人说"境由心生"，因为我是自由的，所以看什么都觉得是自由的。原来，这儿的景物描写是为了抒发我心中的自由之情。这样的写作方法叫借景抒情。（板书：借景抒情）

（二）叙事抒情的表达方法

1. 课文又是怎么表现我的自由的呢？小组合作探究感悟后全班交流。

2. 试试根据课文描写来编一段小诗，再次回顾一下这些自由的小事。

3. 师总结：在这个园子里，我想闹就闹，想玩就玩，等我玩累了，就在房子底下找个阴凉的地方睡着了。不用——不用——把草帽遮在脸上就睡着了。你们看我的快乐、自由就藏在栽花、拔草、铲地、浇水甚至睡觉这些生活小事中。这样的写作方法就叫叙事抒情。（板书：叙事抒情）

三、批注释疑"爱之园"

1. 回头默读3—12自然段，找出描写祖父的细节。

2. 同桌互相交流。全班交流。

3. 是啊，这园子是祖父为我撑起的一方爱的天堂。（老师板书：爱之园）

4. 总结：是啊，这不是一个普通的园子，它所表现出的自由和爱，正是萧红一生的憧憬和向往。一想到这个园子，萧红就感到快乐、自由、幸福。

四、小结课文，拓展延伸

1. 课文已经学完了，文章通过对我童年时代跟随祖父在园子里劳动、玩耍情景的描写，向我们展示了一个美丽的园子，同时勾画出一位慈祥、爽朗的祖父形象和一个天真活泼顽皮的农家小姑娘形象，字里行间流露出对童年美好生活的眷念和对亲人的怀念。

2. 茅盾曾这样评价《呼兰河传》："一篇叙事诗，一幅多彩的风土画，一串凄婉的歌谣。"为什么选文中如此快乐自由的萧红，而《呼兰河传》却是一串凄婉的歌谣，弥漫着忧郁、感伤的气息？同学们，走进《呼兰河传》去仔细品读吧，让我们从整本书的角度重新审视课文，初步体会这部小说的悲剧意味，相信通过文字你能对作品产生更丰富的阅读体验，更深入地体会课文表达的思想感情。

学到这还有什么疑问吗？引导学生走进《呼兰河传》去仔细品读吧，通过文字走进萧红的内心世界，解开心中的疑问。

📝 **技能实训练习**

运用本章所学的知识，从自己的学科中任选一课进行课堂导入设计和训练。

课堂教学导入技能的评价

评价内容	评价标准	权重	得分
1. 导入方法与新知识联系紧密	好 中 差	0.20	
2. 导入时能自然进入新课题	好 中 差	0.15	
3. 能集中学生注意力，引起兴趣	好 中 差	0.15	
4. 启发学生积极思考	好 中 差	0.20	
5. 面向全体学生	好 中 差	0.15	
6. 感情充沛、表情丰富、语言清楚	好 中 差	0.15	
总分：			

第二节　课堂提问技能

案例破冰

一天，苏格拉底像往常一样，赤脚敞衫，来到市场上。突然，他一把拉住一个过路人说道："我有一个问题弄不明白，向您请教。人人都说要做一个有道德的人，但道德究竟是什么？"

那人回答："忠诚老实，不欺骗人。这就是公认的道德行为。"苏格拉底问："你说道德就是不能欺骗别人，但和敌人交战的时候，我军将领却千方百计地去欺骗敌人，这能说不道德吗？"

"欺骗敌人是符合道德的，但欺骗自己人就不道德了。"那人说。

"和敌人作战时，我军被包围了，处境困难，为了鼓舞士气，将领就欺骗士兵说，我们的援军到了，大家奋力突围出去。结果成功了。这种欺骗能说是不道德吗？"苏格拉底问道。

那人回答："那是战争中无奈才这样做的，我们日常生活中就不能这样。"

"我们常常会遇到这样的问题，"苏格拉底停顿了一下问道，"儿子生病了，却又不肯吃药，父亲骗儿子说，这不是药，而是一种好吃的东西。请问这也不道德吗？"

那人只好承认："这种欺骗是符合道德的。"

苏格拉底又问："不骗人是道德的，骗人也可以说是道德的。那就是说道德不能用骗不骗人来说明。究竟用什么来说明呢？还是请你告诉我吧！"

那人被弄得无可奈何，只好说："不知道道德就不能做到道德，知道了道德就是道德。"

苏格拉底听了十分高兴，拉住那人的手说："您真是一位伟大的哲学家，您告诉了我道德就是关于道德的知识，使我弄明白了一个长期困惑的问题，我衷心地感谢您！"

苏格拉底把这种通过不断发问，从辩论中弄清问题的方法称作"精神助产术"。这种方法通过突出启发性的问题，使人主动地去分析、思考问题，他用辩证的方法证明真理是具体的，具有相对性，在一定条件下可以向自己的反面转化。这一认识论在欧洲思想史上具有巨大的意义。

点评：苏格拉底"精神助产术"教育思想在世界教育史上占有十分重要的地位，人们把它视为启发式教育。苏格拉底终生倡导"精神助产术"。比他早约 80 年，孔子提出了启发式教学思想。之后，孟子、朱熹、王夫之都对此作了重要发挥。"助产术"与启发式教学思想历经数千年仍然有强大的生命力，原因在于它们符合教学规律，体现了教学过程中教与学的辩证法，即既注重发挥教师的主导作用，又注重激发学生的主观能动性；正确处理了"渔和鱼"的辩证关系，侧重学生自学能力、创新能力、综合运用知识能力的培养；恰到好处地把握"引与发"的辩证关系，主张教师应在"引"字上下功夫。有学者提出的"过程启发式教学模式"就是对苏格拉底、孔子教学思想的重要发展。

一、提问技能概述

提问是一项具有悠久历史的教学技能，其可追溯到我国古代教育家孔子。孔子常用富有启发性的提问进行教学。他认为教学应"循循善诱"，运用"叩其两端"的追问方法，引导学生从事物的正反两方面去思考、探求知识。苏格拉底也是一位提问高手，他的教学方法被称为辩证法，通过不断地提问，让学生回答，从中找出学生回答的缺陷，使其意识到自己结论的荒谬；通过反思，最终得出正确的结论。整个过程仿佛产婆帮助孕妇生产下婴儿一样，故又称"精神助产术"教学方法。问题是思维活动的起点，也是探求真理、创造发明的起点。在课题教学中设计一个巧妙的提问，常常可以一下子打开学生思维的"闸门"，使他们思潮翻滚，奔腾向前。

（一）提问技能的含义

提问技能是指教师在教学过程中，根据一定的教学需要，针对具体教学的内容，以提出问题的形式，设置特定的教学情境，启发学生思考、回答。提问能够促进师生之间的交流，进而起到检查学习、促进思维、巩固知识、修正错误、运用知识、促进学生学习的作用。

课堂提问是一种教学方法，更是一门艺术。提问技能适用于课堂教学的各个环节，在导入、讲授、实验、练习以及结束都可以运用。提问不仅是为了得到一个正确的答案，还可以让学生掌握已学过的知识，并利用旧的知识解决新问题，或使教学向更深层次发展。

（二）课堂提问的作用

对于一个学习者来说，学习过程实际上是一个提出问题、分析问题、解决问题的过程。合理地使用提问技能，可以提高课堂的效率。其具体作用主要体现在以下四个方面。

1. 集中注意，激发兴趣

教师提问，实际上是给学生一个刺激，往往会使学生的注意力高度集中，思维处于异常活跃甚至亢奋的状态，学生愿意调动所有的脑细胞来找到问题的答案。教师如果能提出一个具有启发性或一定兴趣的问题，就能够引发学生的好奇心，激发学生学习和思考的兴趣，唤醒学生的心智，或独立思考，或相互讨论。

2. 启发思维，调控课堂

好的问题往往具有启发性。具有启发性的提问无疑对学生思维能力的提高具有非常重要的作用，能让学生在获得知识的同时，不断地开发和培养自我思维意识，提高思维的广阔性、深刻性、独立性、批判性、灵活性、逻辑性和概括性等。

在课堂教学中，应该不断地提问。可以是教师提问，也可以是学生提问。学生提出一个问题比解决一个问题更为重要。能提出问题说明站到了一个新的角度，从新的角度去看旧的问题，更富有想象力、创造力。

教师的提问还可以起到课堂调控的作用。当学生思考方向出现偏差、冷场或出现课堂沉闷的时候，教师就要善于提出调控性的问题，及时引导学生的思维和行动进行转移，紧跟教学进度，保证教学活动的顺利开展。

3. 沟通情感，获取反馈

课堂的教学活动是师生之间的双边活动。它不仅是教师在讲台上的讲解和演示的过程，还需要学生积极参与和师生之间的互动。因此，师生之间的交流就极为重要，提问正是有效解决师生交流的重要方式之一。

提问可以促进师生之间、学生之间的互动，教师对学生的回答做出回应，如肯定、表扬、鼓励等，可以架起思维和情感沟通的桥梁。而且，情感交流可以促使学生积极参与学习，让学生充分展示自己的思维品质、知识、才华。学生所表现出来的积极性和创造性反过来又可以促进教师的教，从而达到教学相长的目的。

教师恰当地提问还可以及时检查教学成效，获得积极的教学反馈，及时了解学生掌握知识的情况，然后据此对教学进程作出相应的调整，提高教学的针对性。

4. 复习巩固，以旧带新

根据艾宾诺斯的遗忘曲线我们知道，应该在尚未快速遗忘时，及时给予强刺激，以提高保持率，减少遗忘。及时 问，可以帮助学生采取合理的记忆方法，强化刺激，达到巩固知识的目的，也可以锻炼学生的语言表达能力。同时，知识之间存在密切联系，教师要适当地提问，抓住新旧知识之间的内在联系，引导学生运用知识的迁移，使提问成为打开新知识的大门。通过提问，配合教师的点拨、讲解、归纳和小结，把新知识纳入学生原有的认知结构之中。

（三）课堂提问的过程

提问虽然形式简单，但充满了智慧和艺术。师生思维撞击的火花往往来自教师有效的提问。

在实际的课堂教学过程中，教师开始提问后，通过师生互动，引导学生做出正确的回答或反应，并对学生的回答或反应给予分析和评价，这就是提问过程。提问过程可分为以下四个阶段。

1. 引入阶段

先创设问题的环境，在即将提问时，教师用不同的语言或方式来表示这一问题，让学生对提问做好心理准备，在精神上产生紧张，并将注意力集中到教师将要提的问题上。因此，提问前要有一个明显的界限标志，如从语言讲解或讨论等转入提问。例如："同学们，下面让我们共同考虑这样一个问题……"或者"好，通过上面的分析请大家考虑一个问题"等。

2. 陈述阶段

在引起学生对提问注意之后，教师需对所提问题做必要的说明，引导学生弄清要提问的主题，或使学生能承上启下地把新旧知识联系起来。例如："同学们还记得我们已学过……的知识吗？"或者"请利用……原理来说明……"

此外，在陈述问题时，教师应清晰准确地把问题表述出来。在提示方面，教师可预先提醒学生有关答案的组织结构，如提示以时间、空间、过程顺序等作为回答的依据："同学们，请注意，在回答这个问题时应注意以下几点……""对于这个问题的叙述要注意发生顺序"等。

3. 介入阶段

在学生无法自己作答或回答不完全时，教师可以帮助或引导学生回答问题。

首先了解学生是否听清题目，必要时重复所提问题；然后考查学生是否明白问题的含义，学生对题意不理解时，可用不同词句重述问题。当学生还不能够很好地正确回答，教师就应该逐步地将问题分解成为几个小而逐渐深入的问题，对不明确的问题加上限制性条件，使答案控制在某一范围内，诱导学生做出正确的反应，最终得出所要的结论。只要学生还有继续回答的意愿，教师就不可以由于时间来不及或者其他原因随意中止学生的回答，这会打击学生参与教学活动的积极性。

4. 评价阶段

在学生做出回答后，教师应该迅速地做出分析判断，并表现出应有的反应：表扬、鼓励或批评等。然后以不同的方式来处理学生的回答，可有以下几种：学生回答正确，教师可以重复学生的答案或以不同的词句重述学生的答案，表示肯定；根据学生回答中的不足，追问其中要点；纠正错误的回答，给出正确的答案；检查其他学生是否理解某学生的答案或反应，加强课堂交流。

学生回答问题后，会非常在意教师的评价。因此，教师要调动学生学习的积极性、主动性，尽量用发展的眼光看待学生，善于发现学生的闪光点，在精神上以鼓励为主。但对于一些明显的知识性错误，不要牵强或因为要鼓励而不予以重视，应当明确指出。

二、提问技能的实施

（一）提问技能的类型

在课堂教学中，需要学生学习的知识是多种多样的，有事实、现象、过程、原理、概念、法则等。这些知识有的需要记忆，有的需要理解，有的需要综合分析。

学生的基础不同，思维方式也不同。教师要根据不同的教学内容，针对学生不同的认知水平，设计不同类型的问题。所以，我们首先需要了解课堂提问技能的类型。根据问题的性质，提问技能可以分为以下几种类型。

1. 回忆型提问

回忆型提问要求学生对已学的知识进行再现或确认，通过回忆事实、概念、形态、结构、功能等，对相关联的新旧知识进行衔接、比较和互补，以掌握新授知识。回忆型提问往往应用在课堂的导言部分或多用于复习课中，起到承上启下的作用。

回忆型提问通常需要根据记忆来回答，多是考查学生对相关知识的记忆情况，仅要求学生回答是与否，或对事实及其他事项做回忆性的重述，所回答的内容一般跟书上的差不多，这种问题限制了学生的思维，没有给学生表达自己思想的机会。因此，在课堂上不应该过多地把提问局限在这一等级上，但是这不意味着忆型提问不能用，这类提问可使学生回忆学过的概念、规律等知识，为新知识的学习提供材料，还可以考查学生对一些简单的陈述性知识的掌握情况。

2. 理解型提问

理解型提问即要求学生对已知信息进行内化处理之后，运用自己的语言进行表述。学生回答这些问题，必须对已学过的知识进行回忆、解释或重新组合，而不是简单地复述，因而是较高级的提问。

理解型提问多用于对新学知识与技能的检查，了解学生是否理解了教学内容，而且还能训练他们语言的表达能力，便于教师作出形成性评价。

理解型提问要求学生能够用自己的语言叙述所学的知识，能比较所学同类知识的异同，能把一些知识从一种形式转变为另一种形式。

3. 运用型提问

运用型提问考查学生对学科概念、原理、法则与方法的运用能力。它要求学生将已内化的知识外化，通过信息反馈和知识运用巩固所学，属于高级认知提问。其不仅要求学生对已知信息进行分析，而且还要进行加工整理、综合考察，透彻理解和系统掌握，然后将其运用于实际，逐渐提高学生分析问题和解决问题的能力。

为了使学生学以致用，教师还可以提一些与生产实践相关的问题，供学生讨论。学生不仅可以加深对知识的理解，还可以提高举一反三、触类旁通分析问题的能力。此外，还可以让学生对现实中的材料进行分析，应用所学的知识对现实生活中的现象加以解释。

4. 分析与综合型提问

从教学目标分类的角度来看，分析与综合属于同一分类水平，但又有各自的特点。

分析是把一个对象或现象分解成各个部分、各个方面，找出它们之间的相互关系的思维过程。分析型提问要求学生识别条件和原因，或者找出条件之间的因果关系。

分析型提问属于高级认知提问，一般没有现成的答案，所以学生仅仅靠阅读课本或记住教师所提供的材料，是难以回答的。这就要求学生能组织自己的思想，寻找根据，进行解释或鉴别。

对于分析型问题，尤其是年龄较小的学生，他们的回答往往是简短的、不完整、不全面的，需要教师给予指导、提示和帮助。在提出分析型问题之前，教师应先用一连串简单的问题予以铺垫。在提出问题后，要予以鼓励，根据需要给予必要的提示和探询。最后，教师还应根据学生的回答进行分析、总结，使全体学生留下完整的学习印象，逐步学会分析问题的方法。

综合型提问要求学生在头脑中把事物的各个部分、各个方面、各个特征结合起来思考并做出回答。这类问题能激发学生的创造性思维，培养学生的想象力和创造力，问题的答案是多元的。对综合型提问的回答，需要学生以自己的知识经验、智慧技能为基础，迅速地检索与问题有关的知识，对这些知识进行分析综合，得出新的结论。

随着综合型问题的解决，学生分析问题、解决问题的能力会得到提高。而这类提问能深深地吸引学生，激发学习的兴趣，引起他们求知的欲望，促进课堂教学活动顺利进行。

（二）提问的方法与技巧

了解了提问的几种常见类型之后，为了更好地提高课堂提问的效果和质量，我们需要掌握一定的提问方法和技巧。

1. 掌握提问技巧

在提问时，应当掌握一定的提问技巧，这样才能达到提问的目的。

首先，要先提后问。提问最好能启发多数学生的思维，针对不同水平的学生提出难度不同的问题，使尽可能多的学生参与回答。

有的教师先叫名字，然后再提问题，这样其他同学就会觉得"反正和我不相干"，不去思考，被叫者也觉得是"突然袭击"，容易"卡壳"。又如，有些教师往往按照学生的座次依次发问，或者依照点名册上的名次发问，这种机械的发问方法，虽然可以使发问的机会平均分配给学生，但其弊端等同于先提名后发问。

其次，问题表述要清晰。发问应简明易懂，只说一遍，尽量不重复，以免学生不注意教师发问。若某个学生没有注意教师所提的问题，可以指定另一个学生代替老师提问。如果学生不明白问题的意思，教师可用更明白的话把问题重复一遍。

此外，还要注意适当停顿。教师发问后，要稍作停顿，留给全班同学充分思考、交流的时间。不可为了节约时间，问题提出后立即叫学生回答。否则容易使被点名者产生思维混乱，如临大敌、手足无措，无力回答；而其他学生则觉得提问与己无关而袖手旁观，这样就达不到调动全体学生学习积极性的目的。

2. 把握提问时机

选择好的提问时机可以有效提高教学效果，及时了解学生反馈的信息。

首先，在教学过程的最佳处提问。教学的最佳处可以是以下几种情况：当学生的思维局限于一个小天地无法"突围"时；当学生疑惑、不解、厌倦困顿时；当学生各执己见、莫衷一是时；当学生受旧知识影响无法顺利实现知识迁移时。在这些情况下提问，可以激发学生的好奇心，使学生自己去认真研读教材，自己去解决问题。

其次，可以在教学重点、难点处提问。能否成功地将教学内容传授给学生，在很大程度上取决于教师对本节内容重点、难点的把握。有教学经验的教师往往在备课时就非常注意对重点、难点教学方法的选择，而在重点、难点的教学上恰当地提问能收到事半功倍之效。当然，教师此时提出的问题应当是经过周密考虑并能被学生充分理解的。

最后，在教学内容的过渡处提问。在过渡处设疑不仅能使教学内容承上启下，而且能激发并维持学生良好的学习状态。教师应该在教学过程中用自己敏锐的眼光捕捉学生的信息，抓住契机，巧妙设疑，及时提问。把课文的内容贯穿起来，有效地激发学生的学习兴趣，并在质疑、释疑中提高学生分析问题、探究问题和解决问题的能力。

3. 营造好提问气氛

要发挥提问的作用，要求教师创设良好的提问环境。提问可在轻松的环境下进行，也可制造适度紧张的气氛，以提醒学生注意，但不要用强制性的语气和态度提问。注意师生之间的情感交流，消除学生过度紧张的心理，鼓励学生做"学习的主人"，积极参与问题的回答，大胆发言。

教师在提问时，要保持谦逊和善的态度。教师的面部表情、身体姿势以及与学生的距离、在教室内的位置等，都应使学生感到有信赖感和受到鼓舞。如果教师表现出烦躁，甚至进行训斥、责难，会使学生产生抵触、回避情绪，不利于问题的解决。

教师要善于倾听学生的回答。教师不仅要会问，而且要会听，要成为一个好的倾听者。"听"是一门综合艺术，不仅涉及人的行为、认知和情感等各个层次，而且需要交心。教师的倾听和鼓励会给学生无穷的鼓舞和力量。当学生回答问题时，教师要将自己的全部注意力都放在学生身上，给予对方最大的、无条件的真诚关注，表示出对学生的尊重和兴趣。如果教师表现出不耐烦，目光游离，坐立不安，在教室里走来走去，或将目光转向窗外或看另外同学的小动作，学生回答问题的积极性就会受到影响。对一时回答不出的学生要适当等待，并进行启发鼓励；对错误的或冗长的回答不要轻易打断，更不要斥责；对不能回答的学生不要批评、惩罚，应鼓励他们听别人回答。

教师的倾听是一个主动的过程，可以分为三个部分，即注意、理解和评价。有效倾听要求教师在注意和理解的基础上运用描述、澄清性提问等形式，帮助学生弄清问题。

最后要注意的是，教师要正确对待提问时出现的意外。学生的回答有时会出乎意料，教师可能对这种意外的答案是否正确没有把握，无法及时评判。此时，教师切不可妄下结论，而应实事求是地向学生说明，待思考清楚后再告诉学生或与学生一起讨论。当学生纠正教师的错误回答时，教师应该态度诚恳，虚心接受，与学生相互学习、共同提高。

总之，老师要营造一个和谐、民主、平等的课堂气氛，只有教师信任并尊重每一个学生，才能使学生对自己的学习充满信心，也有利于学生积极思考，敢于发表自己的见解，敢于评价同学的见解，敢于向同学和老师质疑。

学生回答问题后，教师应对其发言做总结性评价，对错误的给予纠正，正确地给予肯定，并给出明确的问题答案，使他们的学习得到强化。必要的归纳和总结，对知识的系统与整合、认识的明晰与深化、学生良好思维品质与表达能力的形成都具有十分重要的作用。

（三）设计问题的原则

提问是师生通过相互作用实现教学目标的一种主要方式，是教师在课堂中引导师生交流的重要教学技能。为了更好地提高课堂提问的效果，在设计提问时要注意以下几个问题。

1. 提问应有充分准备

"凡事预则立，不预则废。"在课前，教师要做好提问的准备，根据不同的教学目标设计不同类型的问题；针对不同层次的学生，设计不同水平的问题。千万不可信口开河，想问谁就问谁、想问什么就问什么，甚至莫名其妙或牛头不对马嘴。教师要事先考虑到可能出现的各种回答及其处理办法，唯有准备充分、有备而来，方能处乱不惊、稳操胜券。

2. 提问应以学生为中心

在课堂教学中，教师的任务不是直接向学生提供现成的真理，而是通过问答甚至辩论的方式来揭示学生认识中的矛盾，经由教师的引导或暗示，学生自己得出正确的结论。有的教师经常自问自答，有的教师在学生回答不出时，干脆提供正确答案，这种喧宾夺主、越俎代庖的做法不利于学生思维的发展。另外，教师应该通过提示、探究、转引、转问、反问等手段引导学生积极思考，得出问题的答案。另外，教师有时以学生的口吻来提出问题，学生会更容易接受。

3. 提问宁精勿滥

在促进学生思维发展方面，问题的质量要比问题的数量更重要。如果教师所提问题的答案显而易见，缺乏挑战性，学生小手林立，对答如流，这样的问题再多，学生的思维也难有更好的发展。问题太多，学生往往把握不住教学重点。因此，教师应对所提的问题反复推敲，舍弃那些徒有问题形式而缺乏思维实质的"假问题"，做到少而精。一般来说，在一节课中，教师提问不宜过多，以能真正触发学生思考、反映教学重点的关键性问题为主。

多提有价值的问题。所谓有价值的问题，是指能促进有效教学的问题。教学是否有效的唯一标准是学生有无进步或发展。理解型问题要求学生通过归纳总结、对比分析、推理判断等思维活动，发表对知识原理和观点的认识，这样的问题不是单纯地背或照书读就能回答的，这种问题就具有一定的价值。

4. 提问要有一定坡度

教师应当根据教学内容的要求和大多数学生的认知水平，利用学生已有的知识，合理地设计出由易到难、由简到繁、由已知到未知，前后彼此关联的一个个、一组组问题。通过知识的内在联系，以旧驭新，配合教师的逐步引导，层层深入，达到提问的目的和效果。

5. 提问应兼顾各种类型的问题

不同类型的问题可用于培养学生不同的能力。为了促进学生的全面发展，在提问时，教师应该兼顾各种类型、层次的问题，根据学生的实际情况来设问，以调动各个层次学生的积极性。要防止单提一些识别记忆类的缺乏深度的问题，以免学生养成只会机械记忆、缺乏深层次思考的习惯。同时，注意开放性问题和封闭性问题的数量比例。

课堂提问的重要性不言而喻，老师应该如何提高课堂提问技能以及如何掌握和灵活运用提问方法是非常值得探讨和研究的问题。提问是一种教学技能，设计巧妙、合理的提问是一门艺术，是启发式教学的重要组成部分。有经验的教师总是精心设计一些提问，以激起学生对已有的认知水平的重视和对知识的探索。

三、提问技能实录

《倍的认识》教学设计

教学内容

小学数学人教版三年级上册第五单元《倍的认识》例1及"做一做"。

教材分析

"倍"的学习是学生认知结构发生质的变化的第一次，从学生学过的数量之间的合并关系、相差关系到两个量之间的比率关系，是一个质的变化，相对比较抽象。新教材用圈一圈代替摆的过程，更重视合理利用画图表征，强调通过图形直观的认识过程，在活动中亲身经历"倍"的形成过程，同时在这一过程中渗透画图策略。

学情分析

本节课的对象是小学三年级学生，他们求知欲强，喜欢动手实践，愿意与人合作，已经初步具备观察和自主学习的能力。大部分学生都认为"倍"跟乘除法有关系，但学生并不清楚"倍"是什么，只是凭借着已有生活经验进行臆测。因此，"倍"对于三年级学生的理解能力而言还是比较抽象的知识。

教学目标

1. 在充分感知的基础上，直观感受倍的含义，结合具体情境，理解几倍与几个几的联系，建立倍的概念。

2. 通过看一看、摆一摆、圈一圈、说一说等活动经历倍的概念的形成过程，培养几何直观。

3. 初步感受数学与实际生活的联系，培养学生观察、操作、分析与语言表达能力，养成良好的学习习惯。

教学重难点

建立"倍"的概念，经历倍的概念的形成过程。

教学过程

课前拍手游戏：请你拍出和我同样多、请你拍出我的两个同样多等。

一、情境感知，初探倍的含义

1. 出示主题图（课件），创设小兔子拔萝卜的情境，数一数萝卜各有几根（黑板教具）。

2. 如果把其中少两根胡萝卜看成一份，说一说萝卜之间的数量关系。

3. 教师讲解对倍的含义的规范描述。辅以教具的直观形象，引导学生以 2 根为一份，将红萝卜圈出三个 2 根，直观地感受两种萝卜之间的数量关系，即胡萝卜有 2 根，红萝卜有三个 2 根，我们说红萝卜的根数是胡萝卜的 3 倍。

4. 同桌比一比，看谁说得又完整又准确。

5. 通过圈一圈、说一说、比一比的活动比较白萝卜和胡萝卜的数量关系，说出白萝卜的根数是胡萝卜的 5 倍。

二、观察交流，经历倍的形成过程

1.（课件出示）5 个 2 根白萝卜的根数是胡萝卜的 5 倍，那 6 个 2 根呢？7 个 2 根呢？8 个 2 根呢？依次再往下说呢？

2. 观察交流，引导学生发现白萝卜的根数变化引起了倍数的变化，有几个 2 根，那萝卜的根数就是胡萝卜的几倍。沟通"几个几"与"几倍"的关系，加深对倍的含义的理解，规范对倍的含义的描述。

三、变化拓展，揭示倍的本质

1.（课件出示）增加一根胡萝卜的根数，再与6根红萝卜相比，让学生体会比较量不变，分量变了，倍数也就变了，从而加深对倍的含义的理解。

2.用这3根胡萝卜与10根白萝卜比，让学生用小棒代替萝卜动手摆一摆，比较它们的倍数关系。当学生发现不是整数倍时，引导他们增减萝卜的数量，使之成为整数倍，从变化中再次加深对倍的含义的理解和1倍量的理解。

四、课堂练习

1. 基础练习。

书本第50页中"做一做"的第一题。

2. 拓展练习。

画一画，三角形的个数是圆形的4倍。这是一个开放题，通过4倍不同画法的展示，让学生充分体会倍的含义的本质。

五、课堂小结

1. 联系生活，说说生活中的倍。

2. 提炼本节数学课的学习方法，如圈一圈、摆一摆、画一画（教具展示），鼓励学生多用数学方法来学习数学。

技能实训练习

运用本章所学的知识，从自己的学科中任选一课进行课堂提问设计和训练。

课堂教学提问技能的评价指标

评价内容	评价标准	权重	得分
1. 提问目的明确，紧密结合教学	好 中 差	12	
2. 问题有启发性，指引学生学习	好 中 差	10	
3. 问题的设计包括多种水平	好 中 差	12	
4. 把握问题时机，促进思维发展	好 中 差	10	
5. 问题表述清晰，语言简明易懂	好 中 差	8	
6. 有适当停顿，给予思考时间	好 中 差	8	
7. 提示恰当，帮助学生思考	好 中 差	12	
8. 提问面广，照顾到各类学生	好 中 差	8	
9. 对问题能分析评价，强化学习	好 中 差	12	
10. 鼓励学生参与教学回答问题	好 中 差	8	
总分：			

第三节　课堂讲解技能

案例破冰

著名小学语文教育专家斯霞老师在给小学生讲解"颗颗稻粒多饱满"后，要求学生用"饱满"造句。学生只会用植物一类造句，如"麦粒饱满""豆荚长得饱满"。为了扩大学生的知识视野、拓展学生运用词语的领域，斯霞老师忽然走到教室门口，然后转过身来，胸脯微微挺了挺，头稍微扬了扬，两眼炯炯有神地问道："你们看，老师今天精神怎么样？"学生异口同声地说："老师精神很饱满！"斯霞老师笑了："说得很好！现在让老师来看一看，小朋友上课精神是不是饱满？"闻听此言，全班学生马上坐得端端正正，认真听讲。"饱满"这个词，很快被学生理解和掌握了。

点评：老师的一个动作、一个眼神都可以发挥出重要的作用！

一、讲解技能概述

讲解是课堂教学中运用最广泛的一种教学方式。任何一门课，老师都可以使用讲解这种教学方式。讲解是一种在课堂教学中，教师利用语言对知识进行描述和分析，揭示事物发生、发展过程的本质，使学生把握事物内在联系和规律的教学形式。

（一）课堂讲解技能的含义

课堂讲解技能是教师利用口头语言并且配合手势、板书和各种教学媒体等，阐述事实、揭示事物本质，引导学生思维发展的教学行为方式。

讲解技能的特点是用语言传递教学信息，常常与其他教学技能紧密配合。常用于科学知识的传授，帮助学生解决疑难问题，促进师生间的思想、情感交流等，是教师向学生传授知识、培养能力、进行教育的主要手段。研究表明，如果讲解技能运用得好，在知识的传授、思想、情感交流中可以达到省时、省力、高速、高效的目的。

（二）课堂讲解技能的作用

讲解是课堂教学中运用最广泛的一种教学方式，即使在现代化教学手段被广泛运用的时代，讲解仍然具有不可代替的作用。课堂讲解的作用主要表现在以下六个方面。

1. 有利于在课堂上系统讲授，强化认知

在涉及新的教学内容时，教师采用讲解的方式，可以给学生留下完整的、正确的第一印象，也有利于学生明确新、旧知识之间的联系，从而强化认知。

2. 有利于在课堂上展示思路，揭示规律

课堂内容的教学是教师精心准备好的，一些过程比较复杂、理论比较深奥的内容，教师通过剖析知识的本质和规律，揭示知识结构之间的联系，展示解决问题的思维方式、推理方法，引导、启发学生积极思考，使他们更好地掌握知识的本质和规律。

在课堂教学过程中，教师利用生动且富有启发性的语言能够激起学生思维的涟漪，开阔他们的视野，帮助学生进入无限的想象空间，促进学生思维的发展。

3. 有利于在课堂上突出重点，突破难点

教师在讲解的过程中不失时机地强调重点，科学引导，能给学生以深刻的印象。精练生动的讲解，往往能使学生茅塞顿开，继而清晰、牢固地掌握重点、难点。

4. 有利于在课堂上节省时间，提高效率

讲解的内容经过教师的深刻理解、系统整理，去粗取精，提炼升华，变成适合学生接受的东西，因而能较迅速、准确且密度较高地向学生传授，完成特定目标的教学任务。

同时，教师的言行往往能形成强有力的教育力量并影响学生。教师的讲解能唤起学生对所学知识的浓厚兴趣，激发他们学习的主动性，实现"乐学"，提高学习效率。

5. 有利于在课堂上传达情感，文道结合

在课堂上进行讲解，教师可以结合教学内容传达思想情感，通过讲解对学生进行思想教育和综合人文素养教育；激发学生对真、善、美的追求，培养学生高尚的审美情趣，帮助他们培育健康的心理，塑造健全的人格。

6. 有利于把握课堂节奏，调控课堂

利用讲解的方式教学，教师有较多的主动权、控制权，可以根据学生接受知识的情况和知识的难易程度调节讲解的步调和节奏，使教学疏密有致，满足学生的学习需要。

（三）课堂讲解技能的类型

在课堂教学中，需要学生学习的知识是多种多样的，有事实、现象、过程、原理、概念、法则等。这些知识有的需要记忆，有的需要理解，有的需要分析和综合。学生之间水平存在差异，思维方式不同，教师要根据不同的教学内容，针对学生不同的认知水平，设计不同类型的讲解方式。根据讲解内容的性质，可以将课堂讲解技能划分为以下

两种类型：事实性知识的讲解和概括性知识的讲解。

1. 事实性知识的讲解

事实性知识的讲解是指教师对教材中重要事实的解释、说明、描述等，说明事物发生、发展的过程以及结果的一种方式。这种方式在文、史学科教学中运用得较多。

在教学内容中有许多重要的事实需要学生了解和掌握。运用这种方法讲解时，要求条理清楚，对过程的顺序、思维之间的联系作出具体的交代；语言节奏要舒缓，遣词造句要通俗易懂、形象生动。最后还要总结归纳，使学生对事件、现象形成整体的认识。

2. 概括性知识的讲解

概括性知识的讲解是一种以概念、原理、规律、法则、理论、问题等为中心内容的讲解方式。这种方式在各科教学中都可以应用，而在数、理、化学科中应用更广。

概括性知识的讲解按照论证的思维方式可分为归纳式讲解和演绎式讲解。

归纳式讲解，是指引导学生通过对个别具体事物及其变化等事实材料分析、比较、归纳，概括出共同本质或一般规律、原理的讲解方式。进行归纳式讲解，首先要引导学生对具体事物进行比较，然后从具体到抽象、从特殊到一般进行归纳。归纳式讲解可以培养学生的归纳综合能力，帮助学生掌握规律性知识，提高学生的认识水平。

演绎式讲解，是指引导学生通过运用一般原理、公式去推论个别事物，最后得出结论，达到认识具体事物目的的讲解方式。进行演绎式讲解，要善于引导学生按照从抽象到具体、从一般到特殊的逻辑顺序积极思考。要注意从学生的知识基础、年龄特征、个性、心理特点出发，考虑学生的可接受性。概括性知识的讲解能够较好地训练学生的思维能力、分析问题和讲解问题的能力。

二、讲解技能的实施

如前所述，课堂讲解是课堂教学中运用最广泛的一种教学方式，课堂讲解技能是每一个教师必须掌握的基本课堂技能之一。现代教育理论指出，课堂讲解并不等同于注入式教学，它强调在课堂教学中采用最优化的手段和方法，确保教师的讲授内容最大效率地落实到学生的学习上。引导学生分析和认识问题，并促进学生智力和品德的发展。

（一）实施课堂讲解的基本原则

在课堂教学中，要想较好地应用课堂讲解技能，必须遵循以下三个基本原则。

1. 学科性原则

这一原则要求教师将本学科的专门用语作为讲解语言的基本成分，用学科的专业术语解析学科知识。每门学科都有自己的概念和理论体系，以此构成本学科的知识结构和学科系统。学科概念和理论体系体现了学科的特点、规律和本质，教师在讲解过程中要体现学科性。

2. 启发性原则

教师在讲解分析时要注意学生理解问题的认识序列，要从已知到未知、从感性到理性，在明确讲解内容之间内在联系的基础上，设置系列关键问题，通过这些问题激发学生的求知欲。教师要针对学生的认知水平和情感需要，提出思考性问题，创设情境，引起学生的好奇，以激发学生的学习兴趣。在讲解分析时，教师要能点出矛盾，调动学生的思维，找出问题的实质，启发学生积极思考。

3. 及时反馈原则

在知识、技能的讲解过程中，如果以教师单向信息输出为主，学生处于被动地位，则学生会不可避免地出现分心、注意力不集中、主动性学习不足的现象。在讲解过程中，教师要随时注意学生的兴趣、态度以及他们理解的程度，根据反馈及时调整自己的讲解方式。在课堂教学过程中，及时获取反馈可以实现师生之间的默契和情感交流；教师可随时调整讲解进度，使多数学生的理解与教师的讲解同步；教师还可及时发现学生存在的问题，引导学生解决问题，达到教学目标。

在课堂讲解中，实时强调显得十分必要。强调可以有效地集中学生的有意注意，加深对知识的印象。讲解技能中的强调，可以通过语言、语调的变化来强调某些内容的重要性，达到及时反馈的目的。

（二）课堂讲解技能应用的基本要求

讲解作为一种传统的教学方法，和"满堂灌""填鸭式"教学并没有必然的联系。不能把讲解与启发式教学对立起来，"讲"并不等于"灌"，关键在于讲什么、怎么讲。作为教师，只有掌握课堂讲解的基本要求，才能取得更好的课堂教学效果。

1. 目标明确，重点突出

在讲解时，教师和学生的一切活动，都应围绕具体而明确的教学目标展开，以保证教学任务的实现；在讲解时要组织合理，条理清晰，逻辑严密，层次分明，有明确的目的意识。

2. 实例丰富，新旧联系

教师讲解时需要运用丰富的实例，包括正例和反例，目的是让学生充分感知教材，获得大量的感性材料；提供丰富实例，证据和例证充分、具体、贴切，能更好地引导学生分析、概括。

在用实例分析概念的时候，不能仅仅显示与概念特征一致的实例，还应该显示与特征相反的实例，尤其是容易弄错和搞混的实例，这样更能明确概念的内涵和外延，使学生理解和掌握概念。

3. 方法多样，联系实际

灵活地运用多样化的教学方法，会使教师的讲解变得形象生动，学生可以轻松愉快地学习，理解和掌握知识点。

但是，任何教学方法都有一定的局限性，不可能适用于一切年龄段的学生和任何教学内容的教学。因此，应该根据学生年龄的差异、掌握知识的程度以及教学内容性质的不同，选择合适的教学方法。

选择教学方法时应该坚持理论联系实际这一基本原则，因为只有坚持理论联系实际，因势利导，才能增强学生的学习效果，提高学生分析和解决问题的能力。

4. 注意交流，事半功倍

讲授是以教师的讲解、讲述或讲演为主，但并不意味着是由教师唱独角戏。要使教师的讲解卓有成效，必须依靠师生之间的积极对话与交流。因此，要关注学生的反应，观察学生的表情、动作变化，并据此进行必要的调整。

5. 语言科学，追求艺术

教学语言既是教师讲解时最主要的信息传递工具，也是教学活动的灵魂。因此，充分发挥教学语言的魅力，对提高教学质量，优化教学效果至关重要。教师的语言要做到科学性、逻辑性、规范性、针对性和启发性。

教师的讲解以口头语言作为传递知识信息的媒体。这样的讲解方式便于教师控制信息内容，但也容易使学生处于被动接受的地位，使学生产生疲劳感，影响学习效果。因此，教师要讲究语言艺术，做到既通俗易懂，又不失科学性，注重语言、情感交流，运用生动形象的语言启发学生的思维。

总之，教师的讲解对语言的总体要求是准确、生动、形象、得体。

三、讲解技能实录

《三位数加法的不进位加和一次进位加》教学设计

教学内容

三年级上册第四单元例1、例2《三位数加法的不进位加和一次进位加》。

教材分析

1. 计算是数学学习的基础，本单元是学习整数笔算加减法的最后一个阶段，分为三个部分：加法、减法以及解决问题，本节课是这个单元的第一课时，教学第一部分加法中的"例1 不进位加""例2 一次进位加"，是借助中国湿地部分动物种类统计表，让学生自主探究，提出并解决三位数加法数学问题，亲身经历计算方法的形成过程，并通过讨论交流，明确笔算加法需要遵循的一般步骤和法则。

2. 本次教学的"例1 不进位加"和"例2 十位向百位进、百位向千位进的一次进位加"都是课程改革后的新增内容，这样的编排减缓了教学的坡度，使教学既自然合理、逻辑性强，又留给学生自主探索、迁移类推、合作交流的空间，让学生"拾级而上"，亲身经历计算法则的获得过程，逐步理解算理，掌握方法，梳理出笔算加法的一般步骤和法则。

学情分析

1. 学生拥有强大的知识生长点，在二年级上册学习了"100以内的笔算加法"，在二年级下册学习了"万以内数的认识"，在本册第二单元已经能够笔算几百几十加几百几十。学生在以往的学习中已获得较丰富的知识储备，完全有能力通过迁移类比独立完成。通过讨论交流，初步梳理出笔算加法的一般步骤和法则：相同数位要对齐，从个位加起，哪一位上的数相加满十，就要向前一位进1。

2. 三年级学生的语言概括水平不高，大部分学生只能用自己的语言把计算法则概括出来，需要教师使用准确、规范的语言，为学生做出示范。

教法：教师主要采用谈话法、启发法、讨论法、练习法等方法进行教学。

学法：学生主要通过"自主探究""迁移类比""讨论交流""情景模拟"等方法进行学习。

教学目标

1. 知识技能：在自主探究和讨论交流中理解笔算加法的算理，掌握计算方法，运用本课所学的加法知识准确计算并解决生活实际问题。

2. 过程与方法：经历三位数加法计算方法的形成过程，体验知识迁移的策略和算法多样化的乐趣，积累活动经验，探索数学的优化思想和生活中的运筹思想。

3. 情感态度与价值观：积极参与数学活动，体验获得成功的喜悦，感悟细心计算的重要性。

教学重难点

理解算理，掌握计算方法。

教具学具

希沃课件，头饰、超市食品等。

课时安排

1课时。

教学过程

一、课前活动，激发学生学习兴趣

师：你们去过青华湖吗？在青华湖看到了什么？你知道青华湖是个什么公园？

预设生：植物、动物、风景……

师：播放中国湿地专题片，让学生了解中国湿地的特点和动植物情况。

（设计意图：借助青海湖湿地公园和湿地视频引入新课，吸引学生的注意力，激发学生学习的兴趣）

二、自主探究，经历计算过程

1. 师：同学们刚才看到的就是咱们中国的湿地，里面住着很多野生动物，看（出示主题图、统计表），有丹顶鹤、蜥蜴、麋鹿、狐狸。据统计，像丹顶鹤这样的鸟类动物有271种、像蜥蜴这样的爬行类动物有122种，还有麋鹿、狐狸等哺乳类动物有31种。你能根据这些信息提出加法问题吗？（板书：加法）

预设生1：鸟类和爬行类动物一共有多少种？（不计算，你能列式吗？）

生2：鸟类和哺乳类动物一共有多少种？（请同桌帮忙列式）

生3：爬行类和哺乳类动物一共有多少种？（谁会列式）

生4：三类动物一共有多少种？（我们一起来列式）

师：同学们提的问题真好，有两个问题就是今天我们要学习的例题，请大家打开书本第37页，上面有3个问题，其中第1个和第2个是同学们刚刚提出来的，第3个式子是老师想让你们挑战的。

师：同学观察一下3道加法，你觉得哪一道的得数最大？哪一道的得数最小？你是怎么想的？

预设生：第一个加数相同，看第二加数谁最大，得数就最大。

师：估得对吗？我们来算一算，看谁算得又对又快。

师：同学们真能干，这么快就算好了，那例题里的四个问题也一定难不倒大家，看着问题，大声地和同桌说说自己的想法。

（设计意图：放手让学生自主探索笔算方法，经历三位数加三位数不进位加和一次进位加的计算过程，尝试迁移类推的学习方法。放手让学生与同桌交流总结，自己梳理三位数加法的一般步骤，初步抽象概括出笔算加法的法则）

2. 紧扣例题中的四个问题，逐题集体订正交流。

师：请看第一题，竖式应该怎样写？（相同数位要对齐）从哪一位加起？（从个位加起）为什么要从个位加起？

师：请看第二题，十位上7+3=10，怎样写？

师：请看第三题，百位上相加满十，怎么办？（哪一位相加满十，就要向前一位进1）

师：观察这三个式子的第一个加数，你有什么发现？

预设生：都有加数271。

师：271是几位数？

生：三位数。

师：看起来我们今天学的就是关于三位数的笔算加法。（板书：三位数）

师：我们再来观察竖式，第一道式子有进位吗？第二道、第三道呢？（板书：不进位、一次进位）

（设计意图：回顾计算过程，集体交流，亲身经历计算法则的获得过程。通过对比三道式子的异同，感受数学知识之间的联系与区别，体会例1、例2在笔算加法知识结构中的位置，让学生逐步形成良好的知识结构）

3. 同桌讨论：笔算加法应该注意些什么？（相同数位要对齐；从个位加起；哪一位相加满十，就要向前一位进1）

4. 拓展延伸，迁移多位数加法笔算的步骤和方法，提炼学习方法。

师：（出示四位数加四位数 1271+3901）同学们会做这一题吗？试一试。老师没有教过四位数加四位数，你怎么做出来的？

预设生：我是用刚才学的三位数加三位数的方法算出来的。

师：像这样，把以前学会的知识用到相关的新知识学习上的方法，叫迁移的学习方法。你还会用迁移的学习方法计算几位数加几位数？

预设生：五位数加五位数……

师：计算时应注意些什么？

预设生：相同数位要对齐；从个位加起；哪一位相加满十，就要向前一位进1。

（设计意图：回顾学习方法，提炼学习方法，理解"迁移"的学习方法，深刻体会无论是几位数加几位数，都要遵循以上三条计算法则，渗透"教是为了不教"这一教学理念）

四、课堂练习

1. 书本练习八第五题改编，纠错。

这三题有一定的典型性和代表性，如相同数位没对齐、忘记加进位1、千位进1没落下来。这些都是练习中常见的错误，要让学生自己去发现、去分析、去讲评，进一步掌握计算方法。

（设计意图：为典型有代表性的易错题纠错，再次理解算理，巩固计算方法）

2. 书本练习八第三题，连一连。（课件出示）

（1）先出示一朵花请学生快速找它的朋友并交流各自的方法（加个位、加百位、估一估……），再让孩子们连一连其他3题，在这一活动中体验算法多样化的乐趣。

（2）分组用笔算方法验证正确性，巩固笔算加法。

（设计意图：体验算法多样化的乐趣，加深学生对笔算加法的理解和掌握，培养细心计算的学习习惯）

3. 书本练习八第九题，解决生活中问题，体验数学的优化思想和生活中的运筹思想。（课件出示）

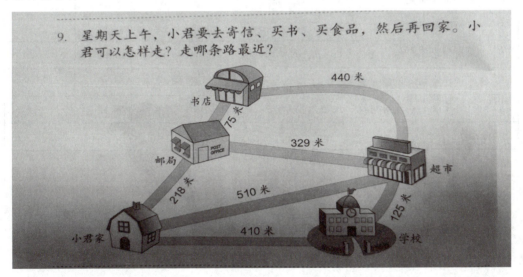

（1）读清题意，明确要去的地方，说说可以怎么走。（寄信—邮局、买书—书店、买食品—超市、回家—小君家）

（2）通过估算、计算，优化路程距离，选择最近的路。（如书店到超市、小君家到超市路程的选择）

（3）通过出走顺序的不同、生活模拟，优化出行路线顺序。（选择：a.小君家—邮局—书店—邮局—超市—小君家；b.小君家—超市—邮局—书店—邮局—小君家。两条路线路程长度相同，是先去超市还是先去寄信买书？实际生活中除了考虑路程长短，还要考虑路线的合理性，要有运筹思想）

（设计意图：学以致用，在解决生活实际问题中培养学生有序思考的能力，体会方案的合理性，渗透提前规划、提前思考的数学运筹思想）

五、课堂小结

在本节课的学习中，学到了什么知识？

 技能实训练习

运用本章所学的知识，从自己的学科中任选一课进行课堂讲解设计和训练。

课堂教学讲解技能的评价指标

评价内容	评价标准	权重	得分
1. 通过讲解使学生了解不同的思维方式	好　中　差	13	
2. 能提供丰富的材料，使学生充分感知	好　中　差	10	
3. 对材料分析比较，揭示事物的本质特征	好　中　差	10	
4. 综合概括有条理，有利于形成概念等结论	好　中　差	15	
5. 应用所学知识解决问题，及时巩固	好　中　差	15	
6. 能调动学生积极性，促进思维发展	好　中　差	15	
7. 教师语言生动、清晰、简练	好　中　差	10	
8. 能及时检查学生理解情况，反馈强化	好　中　差	12	
总分：			

课后思考题

1. 课堂导入的主要作用是什么？
2. 课堂导入有哪些类型？
3. 课堂导入的基本要求有哪些？
4. 课堂提问技能的主要作用是什么？
5. 课堂提问有哪些类型？
6. 课堂提问的基本原则有哪些？
7. 课堂提问的过程包含哪些？
8. 课堂讲解的含义和主要作用是什么？
9. 课堂讲解的方式有哪些类型？
10. 课堂讲解的运用原则和基本要求有哪些？

第四节　课堂演示技能

一、课堂演示技能概述

演示技能是教师进行实际表演和示范操作，运用实物、样品、标本、模型、图表、幻灯片、音视频，以及指导学生进行观察、分析和归纳的方式，为学生提供感性材料，使其获得知识，培养观察、思维能力的一类教学行为。演示技能对辅助教师展示晦涩的知识点、加强与学生互动交流有很重要的作用。

教师在教学过程中运用教学演示技能方面可能存在一些不足，如对教学演示技能作用的认识不到位、演示方法不当、演示技能使用时机不准确、演示技能不过关。为了更好地掌握演示技能，下面对演示技能的功能和价值进行介绍。

（一）演示技能的价值与功能

 **问题导入**

1. 在教学过程中，演示具有什么样的功用？
2. 演示技能有哪些要素？演示的一般程序是怎样的？

小学生对教学内容的理解总是建立在对事物感知的基础上，尤其是低年级小学生，他们以具体、形象思维为主。在课堂教学中，教师应用演示技能，表现那些具体、生动、鲜明的形象，吸引学生的注意力，激发学生的学习兴趣和学习热情，促进学生对知识的理解和巩固，发展他们观察能力、形象思维能力，从而提高课堂教学效率。

1. 运用演示技能促进学生对知识的理解与深化

人们大多是根据以往的知识和经验去理解、感知客观事物。小学生掌握知识，主要是通过感性认识，而感性认识主要是通过直观材料获得的。恰当地运用演示技能，能够生动形象地再现各种事物现象、情景和过程，丰富学生的感性认识，提高学生感知的效果，为理解和应用新知打下坚实的基础。以小学语文教学为例，小学语文教材中有很多古诗词，其中涉及的景物可能远离小学生的真实生活，如小学语文二年级下册中唐代李白的《望庐山瀑布》，很多乡村小学生可能从没见过瀑布，这必然会给他们理解诗词内容带来困难。如果教师能选择恰当的图片或者视频进行演示，一方面可以促进学生对学习内容的理解，另一方面可以提高学生对知识的运用能力。

2. 运用演示技能培养学生的观察与思维能力

在应用演示技能的过程中，注意激发学生的观察兴趣，教给他们观察的方法。有意识、有计划地对学生进行观察训练，培养学生的观察能力，促进学生思维能力的形成和发展。在运用演示技能的过程中，教师要引导学生从实际出发，实事求是地分析具体问题，学会由表及里、由现象到本质，并运用归纳、演绎、逻辑推理等方法去研讨问题。

由于小学生认知与思维发展的限制，在小学中低年级可以侧重观察能力的培养，如在小学体育课程中，四年级会涉及篮球的教学，包括投篮、运球和传球的各种动作，体育教师在教学中运用演示技能，为学生提供良好准确的示范，并结合语言讲解引导学生观察动作的要领。又如小学美术一年级下册《瓢虫的花衣裳》，教师通过呈现瓢虫实物，或者呈现瓢虫的图片、视频等材料，在语言讲解瓢虫的结构和生活习性的同时，引导学生观察瓢虫的脑袋、身体、触角以及甲壳上的斑点，培养小学生的注意力及观察力，也可以通过呈现同一类型瓢虫的特征，引导学生进行分析和归纳。在小学高年级可以侧重抽象逻辑思维能力的培养，如小学科学六年级下册《生物的进化》，教师可以运用演示技能呈现一系列图片或视频展示植物和动物的进化历程，引导学生思考生物进化的原因；也可以通过呈现古生物的化石，引导学生思考地壳运动的变化以及环境对生物进化的影响。

3. 运用演示技能激发学生的学习兴趣和学习动机

小学低年级学生学习兴趣非常浓厚，但注意力容易分散，自我控制能力较差，教师在运用演示技能时一定要注意课堂教学秩序和纪律。随着年级的升高、教学内容的加深，再加上有些教师不正确的教育反馈，中高年级的学生学习兴趣和学习动机可能会有一定程度的下降。这个时候更需要教师钻研教材，深挖教学内容，运用演示技能来集中学生的注意力，激发学生的学习兴趣和学习动机。如小学数学五年级上册《多边形的面积》，教师一开始就请学生帮忙：老师家里要铺设地板砖，但不知道总共该铺设多少。由于家里有很多房间，不同房间的地面形状不同，从而将不同多边形的计算全部融入进去，结合教师呈现的图片引导同学一起来思考。这样，教师就很好地将课本知识与生活实际结合起来了。

（二）课堂演示技能的实施

教学是一门科学，也是一门艺术。同样的教学内容，可以选择不同的形式与载体来进行演示。无论选择哪种形式进行演示，都要符合学生的认知规律，注意直观形象，便于学生接受。特别是在运用演示技能的时候，要避免不顾教材和学生的实际，照搬套用演示技能，为演示而演示。因此，要注意应用的演示技能是否能达到课堂教学的最佳效果。

1. 演示技能的类型

（1）范例演示。

在教学中，教师通过范例演示某一知识点，旨在帮助学生掌握解决问题的要领，如语文教师为学生示范字词时正确读音，数学教师为学生演示应用题的解题步骤，体育教师为学生示范篮球的投篮动作，道德与法治教师为学生示范如何遵守交通规则。教师在授课过程中使用范例进行演示教学更多的是针对程序性知识，教师的范例既可以生动形象地引导学生更快地理解知识点，也可以将准确的动作和操作程序传递给学生。需要注意的是，范例演示要能够提高学生的学习兴趣，有助于培养学生的观察力、想象力、审美能力，切不可做重复劳动，如果知识点浅显易懂，易于教师口头讲解，则不用大费周章地设计范例演示。

例如，在小学英语教学中，教师讲授某一音标怎样发音时，如果只是用语言给学习者描述发音方法是比较抽象和难以理解的，这时教师就可以进行嘴型、舌位等示范，让学生结合视听的双重感受明白其中的关键点。同样是在英语教学中，教师以范例演示日常生活中英语口语的实际运用，如教师可以设计一个生活情境，教师演示如何综合运用学习过的英语知识，这样既可以引起学生的学习兴趣，也可以促进学生更好地整合所学知识，还可以有效地克服英语口语薄弱的弊端。

（2）实物与模型演示。

实物是很好的演示材料，具体事物的直接呈现，可供学生观察、触摸、听、闻或尝，能生动、真实地反映事物的本质属性。如小学语文教学中涉及动物和植物的内容，有条件的教师就可以给学生呈现真实的物体，引导学生进行观察，促进学生对教学内容的理解和掌握。如小学语文二年级上册《小蝌蚪找妈妈》，有条件的教师就可以将不同生长阶段的蝌蚪呈现给学生观察，还可以设置小游戏，让学生按照课文中的提示将不同生长形态的蝌蚪按照时间进行排序。在小学科学三年级上册《手电筒的秘密》教学中，科学教师也可以将不同类型的手电筒呈现给学生，引导学生观察学习手电筒的功能、属性，还可以将不同年代的手电筒一起呈现，供学生比较学习。

当教学中无法呈现实物时，可以提供模型来帮助学生更好地掌握和理解教学内容。例如，在小学语文三年级上册《在牛肚子里旅行》这篇课文中，教师虽然无法向学生呈现真实的牛，但有条件的教师可以展示牛的模型，呈现牛的肚子内部结构以及课文中提到的四个胃。

（3）多媒体演示。

科技的发展给教育教学带来很大的便利，现在很多小学都普遍使用多媒体进行辅助教学，很多课本内容也都有了电子版本，可以方便教师进行讲授教学。小学教师在课堂教学中广泛地使用图片、音频和视频进行演示教学，能打破学生感官的限制，帮助学生多角度地观察学习对象，并能够突出要点，理解概念、掌握方法。同时，用多媒体演示教学，图文声像并茂，能多角度调动学生的情绪、注意力和学习兴趣。如在教授小学语文四年级上册《观潮》时，教师如果能提供给学生钱塘江大潮的相关纪录片，并在观看视频的时候引导学生结合课本内容体会和感受课文中提到的"人山人海""水天相接""山崩地裂"，那学习效果一定会得到极大的增强。在小学美术、音乐、体育等课程中，授课教师可以以范例演示各种动作和操作程序，也可以利用多媒体为学生演示其他优秀教师或者专业艺术家、运动员的音频视频内容，这样既实现了教学资源共享，也拓宽了美育的途径。

2. 课堂演示的基本程序

任何一种类型的演示都有一个过程，一般都是开始于学生做好观察的心理准备，结束于学生的理解，其间经过出示媒体、指导观察、提示重点等几个步骤。这就形成了演示的基本程序：心理准备—出示演示对象—介绍演示对象—提示要点—结果反馈。

《茎的形态》演示案例

在科学课上展示茎的形态时，教师可先提示学生："在自然界里，茎的形态是多种多样的，可以把它们归纳为几种类型呢？有些同学以前可能注意观察了，但你的想法是否有道理？下面和这张挂图上所画的植物茎的几种类型比较一下就清楚了。大家在看图观察时要注意同一类型的茎有什么特点。"然后教师把挂图挂起来。

这一提示使学生明白了观察目的、观察对象和观察任务，学生会因此产生一种期待心理，增强观察的主动性和目的性。

（1）心理准备。进行演示前先向学生说明要观察什么、为什么要观察、怎样观察以及观察中应思考的问题，使学生产生想观察的心理。

（2）出示演示对象。按照操作规范将演示对象呈现出来，要注意媒体的亮度和摆放高度等，要使每个学生在座位上都能观察得到。如果演示对象较小，可以采用巡回演示、分组观察等形式。

（3）介绍演示对象。在引导学生观察前，要向学生介绍所使用媒体的特点或结构组成。如科学课上，教师展示根、茎、叶的挂图，教师介绍这是外部形态还是内部结构；内部结构是横切还是纵切，放大（缩小）的倍数及其颜色所表示的含义等。

（4）指导观察。在进行演示时，教师要注意演示的重点并适时有步骤地指导学生观察、思考现象和本质之间的联系。

（5）提示要点。在课堂演示中，无论是教师讲解还是学生观察都是对现象、过程等的具体了解。在这些现象、过程中，哪一方面或哪几方面是重要的或本质的，讲解或观察后教师要画龙点睛地指出来，使学生进一步理解观察的目的和意义，抓住要点、掌握知识。

（6）结果反馈。教师通过提问等方式，检查学生是否理解所观察到的现象，是否掌握现象中所反映出来的知识。

（三）课堂演示的基本要求

不同的教学内容、教学目标，演示方法、演示时机也不同，但是有一些基本要求是教师在各类演示中都需要注意的。

1. 明确演示目的

教师在备课过程中，根据教学内容和学生的认知特点对是否演示、演示什么、如何演示做出预判。演示作为一种辅助性教学手段，必须有明确目的，不能为了演示而演示。此外，一节课的演示不宜过多，否则会占用课堂教学时间。

2. 选择演示类型

教师在选择演示类型时应该考虑四个因素：一是学生的认知特点；二是教学内容的特点；三是时间因素；四是客观条件，即学校环境、教师可利用的客观资源。

3. 注意演示物的尺寸

教师要注意准备演示材料的大小适中，以确保学生能看清楚。

4. 演示物的摆放位置

为了使全班学生坐在座位上就能看清楚演示材料，演示物的摆放高度要合适。

5. 规范演示操作

教师的演示操作具有示范性，也具有教育意义、教学意义，教师应该规范操作，在学生容易出现错误或有疑问的地方有预见性地提醒，以消除疑问，防止发生错误。

6. 把握演示时机

根据学生心理、学科特点，演示时机主要有：第一，离散时机。上课铃声响后，学生虽然坐在教室里，但心情还处于观望、等待的离散状态，此时出示教具进行演示，有利于及时集中学生的注意力，激发学生的学习兴趣和求知欲望。第二，渴求时机。在学生求知欲望强烈时出示教具，进行演示，这时学生观察认真，效果好。第三，疑难时机。在教学难点、重点处出示直观教具进行演示，有利于化抽象为具体、化疑难为容易。第四，升华时机。在对具体知识进行归纳、概括上升为抽象知识时进行演示。第五，演示时机。在学生理解和掌握一定的知识之后，教师有将书本知识转化为技能或技巧的意图时，出示直观教具进行演示，意在对学生运用知识进行指导。第六，懈怠时机。在学生注意力开始分散、不易集中时进行演示，能使学生大脑再次兴奋起来，激发其继续学习的兴趣。

7. 演示与讲解结合

教师在演示的同时要进行必要的讲解，一方面利用语言指导学生观察；另一方面对观察结果进行总结。

三、课堂演示技能实训

（一）训练目标

（1）了解演示技能的内涵和价值。
（2）掌握课堂演示的类型。
（3）理解课堂演示的基本程序和基本要求。
（4）掌握各类演示的特殊要求。

（二）训练程序

选择适宜的教学内容，利用实物、标本、模型、挂图、多媒体课件、投影等其中一种或几种相结合，组织 5～10 分钟的演示教学片段，对演示技能进行实践。在演示教学之前，应先说明以下几个问题：
（1）为什么选择这种（或几种）演示方式？要达到什么样的教学目标？
（2）演示中，语言和演示相结合采取什么方式？

（3）说明演示的条件和过程。

（4）如何组织教学？详细说明教学过程。

（5）结合演示评价标准，评价自己设计的演示教学（见表 3-1）。

表 3-1　课堂演示评价表

项目：　　　　　　　　　　　　　　　　日期：

评价内容	评价标准		
	好	中	差
1. 演示目标明确，解决教学重点难点			
2. 演示类型选择恰当，有利于传递教学信息			
3. 演示前对关键信息、重要问题解释清楚			
4. 演示中指导学生观察，强调关键			
5. 演示程序步骤有条理			
6. 演示操作规范，示范性好			
7. 演示、讲解相结合，有启发性			
8. 演示效果明显			
9. 善于利用多媒体配合，增强效果			
10. 演示物准备充分，尺寸适中，有利于观察			

第五节　板书设计技能

一、板书技能概述

板书是课堂教学的有机组成部分。板书是教师运用黑板，以凝练的文字语言和图表等传递教学信息的教学行为方式。板书是教师备课的产物，是教师教学思路和教学内容的浓缩，因而能够帮助学生理清知识之间的内在逻辑关系。除此之外，精心设计的板书还可以训练和发展学生的思维能力，并能给学生以美的享受。

板书从表现形式上看似课堂口语表达的辅助方式，但与课堂口语表达的瞬间性相比，板书内容展示的时间较长，更为清晰，是师生在教学中通过视觉交流信息的主要沟通形式。所以，板书技能是教师教学能力的综合体现，是现代教师的基本技能之一。了解、研究板书技能是提高教师素质的重要措施。

随着科学技术的发展，许多现代化的教学手段已经走入课堂，越来越多的教师忽视板书的重要性，许多课堂教学中甚至会出现零板书的情况。这固然有现代化教学媒体冲击的缘故，但根本原因在于教师对板书的价值与功能认识不够。

二、板书的价值与功能

【问题导入】请简要概括板书在课堂教学中的主要作用。

第一，概括教材重难点，促使学生构建知识。因为课堂板书受到黑板面积和书写速度的限制，所以教师只能把主要内容或重要内容表述出来。课堂板书内容是教师在确保教学内容准确、科学的基础上对讲授内容进行高度概括、浓缩，精心提炼和认真筛选的，因而板书是对教学内容的高度概括。好的板书有提纲挈领的作用，能条理清楚、层次分明地显示一节课的教学内容。学生在听课的过程中，随时看一眼黑板，便对教师所讲的重点内容一目了然。因此，板书可以让学生更好地理解所讲的教学内容。听课结束时，黑板上的内容便是整节课教学内容的浓缩，便于学生记录和课后复习。

第二，增加更多感官刺激，提高学生认知效率。板书具有直观形象的特征。它把教学内容转化为视觉符号书写到黑板上，丰富了学生的感知。教师在课堂教学中一边讲解，一边把重点内容用各种形式的板书表达出来，将口头语言与板书的视觉形象相结合，增强了信息刺激的强度，提高了学生认知过程中的注意、知觉的选择性与理解性，有利于对语义和表象进行双重编码，大大提高认知活动的效率。

第三，激发学习兴趣，启发学生思考。形式优美、设计独特的板书具有激发学生兴趣、启迪学生思维的作用。课堂板书的内容、形式、构图与字体的和谐搭配能营造美感，能给学生以美的享受和美的启迪，让学生在赏心悦目的课堂学习中活化知识，加深理解。

三、板书内容的选择与设计

板书作为课堂教学的辅助手段，不可能也没有必要把全部教学内容都表现出来。因此，板书的内容应该是教师经过精心设计和挑选的，是教学内容的高度概括和浓缩。一般来说，课堂板书包括以下主要内容。

（一）教学内容的内在逻辑结构

教学内容总是按照一定的逻辑结构组织起来的，有的是以时间顺序为主，有的是以空间顺序为主，有的是以逻辑关系为主，有的则以对比关系为主等。板书反映了教学内容的系统结构，形象化地将知识的内在逻辑体系与网络体系呈现出来，使学生容易理清教材的线索和脉络，便于学生构建知识体系。

（二）教学的重点和难点

教学重点是学科体系中学生必须理解和掌握的核心知识，教学难点是学生认识过程中的疑难点。课堂板书可以对教学重点和难点起到强调作用，集中学生的注意力，加深学生对重难点知识的把握。

（三）问题表征与策略形成过程

利用板书可以帮助学生更好地理解不同类型教科书问题的表征，以及问题解决过程中策略形成与实施的过程。学生只有通过教师讲解的例题才能真正掌握解决问题的程序性知识，才有可能举一反三地将解题技能应用于其他情境中。

（四）教学内容的补充知识

为了拓展学生的知识面，开阔学生的思路，教师有时会补充一些背景材料或其他信息。这些补充知识有助于学生加深对教材的理解。此外，容易产生歧义的概念、生僻的字词以及需要特别强调的知识等，都可以在黑板上板书出来。

三、板书技能的实施

（一）板书的造型与形式

1. 板书的造型

板书的造型是指对一堂课的板书内容进行布局安排。造型好的板书，不仅可以使板书美观、和谐，产生一种整体感，而且可以更加充分地表达板书的思想内容。常见的板书造型有对称型、偏正型两种。

（1）对称型。对称型是指上下或左右内容文字对称的板书造型。这种布局方法能够通过两方面内容的比较，表现事物的异同，从而给学生以鲜明、深刻的印象。

　　小学语文五年级上册《落花生》，在结构上以"落花生"为线索，是按"种花生—收花生—尝花生—议花生"顺序写的。收获节时对花生的议论是重点，至于种花生和收花生的情况写得简略。这样组织材料，使得文章脉络清楚、重点突出、主次分明。在板书设计上，左边引导学生思考花生的缺点，右边对称地将课文中列举的花生优点写出来。

　　（2）偏正型。偏正型是指非对称的板书造型。这种布局安排依课文内容自然成型，显得生动活泼，有自然天成之美，能给人以明显的印象，便于设计和记录。

　　苏教版小学四年级上册的《泉城》以"总—分—总"的构段方式，介绍了泉城济南最具特色的自然景观，并以优美的笔调赞美了济南泉水的奇丽。在板书设计上，依照课文内容的顺序自然成型，分别将济南最具特点的四个泉水以及各自主要的特点进行板书强调。

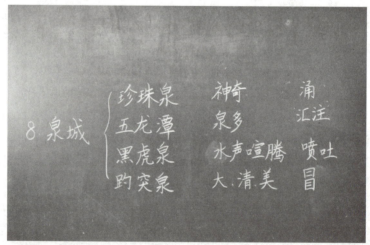

2. 板书的形式

　　板书的形式是由学科的性质、教材的特点、教师的教学风格和学生的认识水平决定的。常见的有以下几种形式。

（1）提纲式板书。提纲式板书是指运用简洁的重点词句，分层次地列出教学内容提要或知识结构。这类板书条理清晰、层次分明，便于学生对教学内容整体结构的理解和记忆，也能够突出教学的重点。如人教版三年级美术下册《会动的线条》的板书。

（2）词语式板书。词语式板书是指通过摘录、排列教学内容中几个含有内在联系的关键性词语，将教学的主要内容、结构展现出来。它具有简明扼要、富有启发性的特点，能够引起学生连贯性的思考和对教学内容的整体把握与理解，有利于学生思维能力的培养。如人教版一年级下册语文《小蝌蚪找妈妈》的板书。

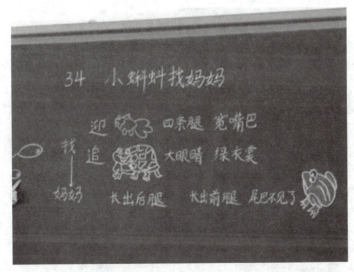

（3）表格式板书。表格式板书是指将教学内容的要点与彼此间的联系以表格的形式呈现的一种板书。它是根据教学内容可以明显分项的特点来设计表格，由教师提出相应的问题，让学生思考后提炼出简要的词语并填入表格；也可由教师边讲边把词语填入表格，或者先把内容有目的地按一定位置书写，归纳、总结时再形成表格。这类板书能够将教学内容梳理成简明的框架结构，增强知识的整体感和连贯性，可以加强学生对事物特征及其本质的认识。

（4）线索式板书。线索式板书是指围绕某一教学主线（如时间、地点等），运用线条和箭头等符号，把教学内容的结构、脉络清晰地展现出来的板书。这种板书指导性强，能将复杂的过程简单化，有助于学生了解教学内容的结构，便于理解、记忆和回忆。如人教版五年级下册语文《草船借箭》的板书。

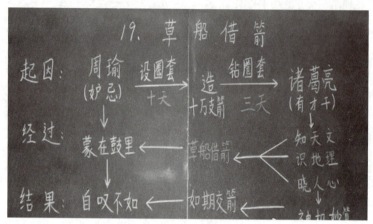

（5）图示式板书。图示式板书是指教师运用包含一定意义的线条、箭头、符号和文字等组成的图形来组织教学内容的一种板书。这种板书能够将教学内容直观、形象地展示在学生面前，便于学生发现事物之间的联系，有助于学生逻辑能力的培养。如人教版三年级上册数学《长方形的周长》的板书。

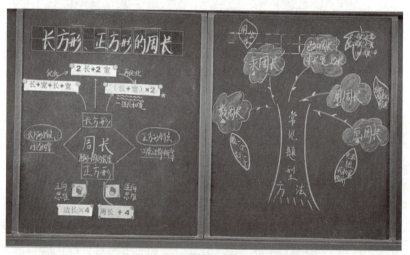

（6）总—分式板书。总—分式板书适用于先总体叙述、后分述，先讲整体结构后讲细微内容的教学内容。这种板书条理清楚，从属关系分明，有助于学生对教学内容整体结构的认知和掌握。

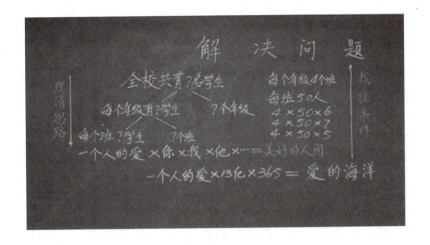

（二）板书设计的基本要求

第一，板书设计要围绕教材展开，为实现教学目标服务。板书是实现教学目标的重要手段和形式，必须对教材加以高度概括和浓缩，并积极引导教学展开，使学生理解与掌握知识。

第二，板书要与语言讲解相互配合，互相促进。板书与教师的语言讲解相结合，能较好地传递教学信息，二者结合的形式要根据教学内容与教学目标来确定。对于启发性的教学内容，板书要在语言讲解之前；涉及逻辑运算及推导过程的，要边讲边板书；具有结论性的知识，板书应在语言讲解之后。

第三，板书内容要突出重点，条理清楚，结构完整。板书反映教学内容，但又不是教学内容的简单重复，一定要突出重难点，做到详略得当。板书设计从词语选择到逻辑关系必须条理清楚、层次分明，要能提纲挈领地使学生领会教学内容的精髓。

第四，板书形式要灵活多样，以增强美感，激发学习兴趣。板书没有固定模式，同样的教学内容按照不同的思路可以有不同的板书造型与形式。板书中的文字要规范工整、清晰美观，图表和各种线条的搭配也要千变万化，增强趣味性。

（三）板书的内容

板书内容应突出重点，主辅要鲜明。教师应对板书内容进行精心选择，使其分量适当、科学精练、好记易懂、切合教学过程和教学内容。每堂课的板书内容，应根据教材的内容、教师的教学设计、学生的适应程度确定。还应根据学生的学情来设计教学思路，设计板书的书写。篇幅适度，不可过于简单或者繁杂。

板书一般可分为主板书（系统性板书）和副板书（辅助性板书）。主板书是对教学内容的高度概括，如讲课要点、提纲、基本内容、重要原理、定律、结论等。副板书是根据教学需要，将一些重要概念、名词术语、生字生词，或重要的时间、地点，或诠释原理的实验、习题以及其他需要强调的内容，简要地写在黑板一侧；或加小黑板辅助，有条件的教室可直接用多媒体电教平台展示。主板书一般写在黑板的重要位置，相对保留时间长些。副板书往往不断替代，或即时擦拭。板书内容可概括为以下几方面。

（1）标题（有时还有副标题）、标题的注解与分析、作者。

（2）教学内容的要点、提纲条目。

（3）教学重点与难点。（也可用副板书）

（4）反映教与学过程的文字、图形、符号、表格等板书正文。

（5）例题或习题。（也可用副板书）

（6）补充或者附加的、注解的、强化的文字、图形、符号、表格，拓展练习的习题等。（最好用副板书或即时擦拭）

（7）多媒体教学手段展示、实物展示、粘贴展示等配合补充资料。

（四）板书的书写要点

1. 板书要有计划性

主板书和副板书的位置要做好规划。教师要在备课时对教学任务和效果有周密考虑，备好板书设计，将每节课的重点内容合理布局，放在醒目位置，不能随意写擦。

2. 板书要有概括性

板书要能形象具体、鲜明醒目地反映教学内容及其逻辑关系。板书内容要抓住教学内容的重点、难点、特点，将其提炼、概括成要点语言。言简意赅、画龙点睛，能引起学生由点到面、由表及里、由此及彼的拓展性思考。

3. 板书要有规范性

板书的结构要系统规范。板书语言要科学、准确，用词恰当、概括准确、图表规范、线条整齐，信息符号恰当等。板书书写要规范、易读。要写规范字，不要为了追求快速而写草书，行书的用笔也要规范。绘图要正确、美观、规范。

4. 板书要统一完整

板书的呈现要与讲授过程配合进行，板书整体不能一下子全都呈现出来，而应该随着教学的进程，按教学步骤边讲授边板书。一般主板书内容要完整地保留在黑板上，使学生对全节课的内容有一个连贯的整体认识，有利于教师在最后阶段对课堂进行小结，也有利于学生对知识的强化巩固、归纳整理和拓展练习。

5. 板书要有条理性

板书所反映的教学内容和结构要脉络清晰、层次分明。各层次之间通过特殊的板书语言符号连成一个整体，布局匀称得体，易于阅读，还给人以美感。

6. 板书要有针对性

板书要突出重点，解答难点，其布局结构要与讲授的内容大体一致。若过于繁细，则重点不突出，学生抓不住要点，造成学生疲劳，影响教学效果。若过于简单，则不能起提纲挈领、揭示教学主要内容的作用，不利于学生理解和掌握所学知识。

7. 板书要有艺术性

板书的文字、图表、符号要简明、美观。板书的结构设计要布局得当、色彩协调、科学新颖，有利于激发学生的学习兴趣。同时，突出教学的层次，知识的重难点、图形的脉络以及练习的逻辑性和主题鲜明等。每节课板书不能千篇一律，要有变化、不断创新，如此才能吸引学生的注意力。

（五）板书时的注意事项

（1）当堂课题应该板书。

（2）主板书应保留全课时，副板书可随时擦拭与补充。

（3）学习目标应在黑板上呈现，便于课堂结束时对应监测教与学的效果。

（4）多媒体课件播放不能替代教师直接板书。小学生易模仿，老师应带动孩子多动手写写画画，即让孩子参与板书设计。

（5）教师板书的字体应规范、易读、美观。板书字体的大小要适中，要考虑到坐在后排的学生，一般用正书、行楷、行书，尽量不用行草或草书。

（6）板书时一般采用侧身书写的姿势，尽量少遮挡学生视线。板书规范而美观。

（六）板书设计的步骤

板书的设计步骤，因教师的备课习惯、教学风格和教材的难易程度不同而有差异。但是，任何板书的设计都是在掌握教材的基础上进行的。教师只有在读懂教材，理出教材的结构层次、行文思路、主要内容、中心思想，以及写作特色的前提下，才能设计出科学合理、美观实用的板书。设计板书的一般步骤如下。

1. 寻要点

根据教学要完成的任务，分析教材、课程标准，确定各个部分的主要知识点和能力训练点，进而寻找教师讲授时的支撑点，作为板书的要点。

2. 找联系

用系统的观点去分析各个要点之间存在的关系，找出它们之间的联系。然后，将第一步寻找到的讲授支撑点按这种联系组织起来，使之成为一个有机的整体。

3. 定形式

根据教师的教学风格和审美观念，从科学、美观的角度去品味自己已经组织起来的、具有一定内在联系的板书提纲，并着手从组合形式上加以修改，最终确定板书形式。

四、板书技能实训

一、训练目标

（1）准确说出板书的6种板书造型和形式的特点和要求。

（2）结合所学的各科内容，运用每一种格式独立设计出较规范的板书。

（3）尝试用2~3种板书格式设计同一内容。

二、训练程序

【训练内容】

（1）板书语言的提炼训练。

（2）板书格式的选择与设计训练。

（3）板书的制作训练。

（4）板画的制作训练。

【训练程序】

（1）学习和掌握板书的意义、内容、格式和基本要求。

（2）针对所形成的板书进行自评和互评。

（3）修改教案，重新进行实践，直至完全掌握。

（4）根据教学原则和板书的基本要求，对教学板书进行评价。

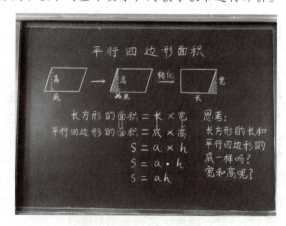

评价：利用割补法探索平行四边形面积的计算公式，化新知为旧知，将平行四边形面积转化为长方形面积。理解平行四边形面积的推导过程，让学生感受转化的数学思想。

📋 思考与练习

1. 板书在课堂教学中的功用主要表现在哪些方面？

2. 板书设计应当注意什么问题？

3. 对教师的板书技能有哪些要求？

4. 下面是"分数的初步认识——几分之一"板书，这则板书可以帮助学生理解哪些问题？

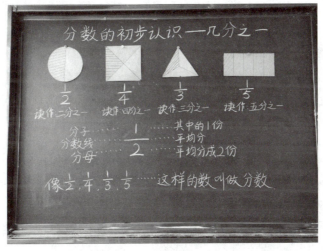

板书技能评价表

项目：   日期：

评价指标		评价标准				
一级指标	二级指标	权重	优	中	差	得分
板书设计 65分	简明扼要	15				
	逻辑清晰	15				
	重点突出	20				
	结构合理	15				
板书书写 35分	准确、工整	10				
	美观	10				
	符合学段特点	5				
	时机适宜	5				
合计		100				

第六节 课堂结束技能

一、课堂结束技能概述

结束技能是指教师在课堂教学即将结束时，为使学生所学的知识得到转化、升华、条理化和系统化，有目的、有计划地引导学生把新知识纳入原有的认知结构，从而形成新的完整的认知结构，为以后教学打好基础的一种教学技能。结束技能可以应用于一节课的结束、一章知识学习的结束，也可以相对独立地发生于教学阶段的结尾。

一堂课的结束，可通过内容概括、提炼升华、作业练习、引导探索等形式，把所学的知识完整而系统地教给学生，并给学生留下一个深刻的印象。好的课堂结束，是巩固课堂教学内容的最佳方式，是衔接新旧知识、贯通前后内容的纽带，是将学生从课内引到课外、由知识向能力转化的桥梁，是启迪思考、开发智力的良机，能收到余音绕梁、回味无穷之效。可见，在课堂教学中，掌握和运用课堂教学结束技能是非常重要的。

二、结束技能的功能

结束技能在课堂教学中发挥着举足轻重的作用，概括起来有以下四个方面。

（一）系统梳理功能

一般来说，一堂课要经历几个教学阶段，每一阶段都有各自的特点和任务，通过恰当的结束，可以帮助学生进行简要的回忆和整理，理清知识脉络，强调重要事实、概念和规律，概括、比较相关的知识，形成新的认知结构和知识体系。结束技能这一功能可以和板书技能结合来实现，板书是对教学内容的高度概括，能条理清楚、层次分明地显示一节课的教学内容。教师在运用结束技能的时候，结合板书即可完成对整堂课教学重难点的梳理。同样以小学语文五年级上册《落花生》的教学为例，结合教师优美的板书，教师在结束的时候以"落花生"为线索，按"种花生—收花生—尝花生—议花生"的顺序引导学生系统梳理整节课的内容，提炼并概括花生的外部特征和食用价值。

（二）巩固强化功能

课堂结束其实是一种"及时回忆"。知识的再现、复述、深化，会加深记忆。巩固强化知识的方法有很多，经常以完成各种类型的练习、回答问题、进行小结、改错和评价等方式进行。以小学英语三年级上册 *Unit 5 Let's eat!* 例，教师在课堂结束时既可以安排学生三人为一组表演 *Let's talk* 中的对话，也可以呈现不同食物的图片，要求学生读出对应的英文单词，还可以设置游戏环节来进行巩固强化，如教师可将学生分为两大组，每组每次各派一个选手，英语教师说出一个单词，选手跑步上台找到所说单词的卡片，举起并大声读出单词，谁先完成即为胜利者。

（三）激趣开智功能

课堂结束技能除了梳理知识、巩固强化之外，还应该激发学生的学习兴趣和学习动机，促使学生的思维活动不断深化，诱发学生继续学习的积极性。以小学《道德与法治》一年级下册《干点家务活》为例，教师首先调查学生做过哪些家务活，邀请学生展示一些简单的家务活技巧；然后教师引导大家一起说一说做家务活的好处有哪些；最后教师运用结束技能：一方面引导学生思考在做家务活的时候应该注意哪些方面，另一方面引导大家思考平时爸妈在家里都承担哪些家务劳动，培养学生对父母的感恩之情。

（四）教学过渡功能

有时，课堂教学要利用几个课时才讲完一个完整的教学内容，这就要求教师在运用结束技能时，既要对本节课的教学内容进行总结概括，又要为下一节或以后的教学内容做好铺垫。如教师在教学小学数学四年级上册《除数是两位数的除法》时，先引导学生一起来总结两位数的除法法则：第一，从被除数的高位除起，除到哪一位，商就写在哪一位上；第二，每次除得的余数必须比除数小。在总结法则的基础上教师进一步提出问题：除数是三位、四位时怎样计算？这样既能巩固旧知，又能迁移新知，承前启后，发展学生思维，为以后讲授新课创造教学情境，埋下伏笔。

三、课堂结束技能的实施

（一）结束技能的类型

一堂课结束的方式必须依据教学的内容与任务、学生的实际学习情况与学习状态以及教师自身的教学风格来确定。在实践中主要有以下几种结束技能类型。

1. 归纳总结式结束

归纳总结式结束是指教师用总结性的语言提纲挈领地再现一节课或一个章节的知

识结构体系，结束课堂教学的方法。归纳总结可以通过高度概括教学内容帮助学生把握主要知识点，可以引导学生加深对教学内容的理解，还可以使学生对以往相关知识融会贯通，以利于知识的系统化。归纳总结的重点和方向明确，便于学生理解和记忆，并有效地培养学生思维的条理性。归纳总结式结束主要用于实现结束技能的系统梳理功能。运用归纳总结式结束时应注意：不能对讲授内容简单重复，而应有所创新，可以从新的视角或利用言词转换进行总结，以吸引学生注意；要简约概括，重在突出整体，使知识系统化，形成知识体系，而不应把过多时间花在个别知识的细节问题上。

2. 比较式结束

比较式结束是指教师通过分析和比较使学生掌握新旧知识的关系，从而结束课堂教学的方法。课堂即将结束时，对教学中一些容易混淆的知识加以区分和对比，帮助学生加深理解和记忆。比较式结束主要用于实现结束技能的巩固强化功能。比较可以是对同类事物不同阶段的纵向对比，也可以是同一阶段不同事物的横向对比。比较一般用于具有明显可比较的教学内容。比较时要找准可比点，其目的是掌握新知识，因此不要把精力过多地集中在过去学过的知识上。比较式结束与归纳总结式结束相比起来，更注重新旧知识的对比联系，教师在运用比较式结束前往往需要用旧知识进行课堂导入，找到新知识与旧知识之间的逻辑关系和内在联系，并在结束的时候进行新旧知识的对比分析，使知识构成一个完整的认知结构和知识体系。

3. 活动式结束

活动式结束是指教师采用讨论、试验、演示、竞赛、练习等形式进行结束的方法。活动式结束可以用于一些比较枯燥的内容或实践性较强的内容，其主要目的是通过多种形式的活动，引导学生主动参与分析、综合、对比等思维活动，验证所学知识。一节课即将结束的时候，学生往往因为疲惫而难以集中注意力，这种结束方式活泼有趣，能调动学生的积极性，促进学生在实践中进一步明确原理和思路，既有利于知识的迁移，又能够培养学生的多种能力。活动式结束主要用于实现结束技能的兴趣开智功能和教学过渡功能。运用活动式结束时，要求教师在备课时就要做好充分准备，对结束活动进行精心设计；活动规则要简单易行，既要保证多数人参与，又不会占用太多的课堂时间。

4. 拓展式结束

在一堂课结束时，不仅要总结归纳所学的知识，而且要注意与其他有关知识联系起来，使所学知识向其他方面延伸，拓展学生的知识面，引起学生更浓厚的学习、研究兴趣，使学生形成知识网络，培养学生触类旁通、比较分析的学习习惯，提高定向思维和发散思维能力。这种结束方法能使学生产生丰富的想象，进入知识的新天地。

5. 评价式结束

在小学语文、道德与法治教学中，教师还经常采用评价的方法结束教学。它既可以深层次地挖掘教学内容，又能锻炼学生的口语表达能力和思维活动能力，使学生掌握辩证分析问题的方法，还可以在评价中使学生受到教育。

（二）结束技能的原则

（1）目的性原则。教师必须以课时既定的教学目标为依据来确定结束技能的实施方式和方法。课堂结束要紧扣教学目标和教学重难点。

（2）启发性原则。结束的时候除了要对教学重难点进行梳理总结，还要强调教学内容的实用性价值，做到理论与实际相结合，给学生以启发，激发他们努力探索的积极性和进一步学习的动力。

（3）一致性原则。教师在运用结束技能的时候还要注意首尾呼应，在教学设计上要将课堂导入、课中讲授与课尾结束构成一个连贯的整体。结束时可以对设疑悬念导入进行总结性回答，可以对整体教学内容进一步延续和升华。

（4）多样性原则。教师在进行结束的时候要精心设计，不能千篇一律，要针对不同的教学内容和不同的教学对象选择结束技能的类型。在实际教学中，还要针对学生的知识掌握情况以及课堂教学情境进行灵活调整。

（三）课堂结束的过程

一堂课的结束大体要经过以下阶段。

（1）简单回忆。对整个教学内容进行简单回顾，整理认识的思路。

（2）提示要点。指出内容的重点、关键，必要时可作进一步的具体说明；点明知识内容间的关系和联系，使学生了解知识结构；揭示方法，进行运用指导。

（3）巩固应用。把所学知识运用于新情境，学生运用所学知识解决问题，并在练习和运用中巩固知识。

（4）拓展延伸。有时为了开阔学生的思路或把前后知识联系起来、形成系统，因而需适当扩展课内所学的内容。

（四）课堂结束的注意事项

要以大纲和教材为依据，围绕一课的教学目的周密考虑、精心设计，做到紧扣中心、不蔓不枝。

要符合学生的认知特点，能激发学生的兴趣，有助于加深和巩固知识的理解和记忆，有利于加强新旧知识的联系，发挥承上启下的作用。

要做到简洁明快、含蓄蕴藉、新鲜有趣、灵活多变，尽力给学生创造思考和巩固知识的机会，切不可拖泥带水、浅白直露、僵化死板。

善于交错、综合地使用各种形式。结尾有单独一节课的结尾，亦有全篇全章讲授的结尾，要视具体情况灵活处理。

三、课堂结束技能实训

（一）训练目标

（1）恰到好处的课堂结束设计对教学效果能够起到什么积极作用？

（2）课堂结束有什么要求？

（3）主要可以通过哪些方法进行课堂结束？

（4）举例并分析两种课堂结束设计思路的异同和优缺点。

（5）依据本章学习内容，试从自己的学科中任选一课进行课堂结束设计。

（二）训练程序

请自选合适的一课，运用总结式结束技能撰写一个案例。

《草船借箭》结束案例

一、拓展式结束案例

教师：《草船借箭》一文中周瑜妒忌诸葛亮的才干，用赶造十万支箭的毒计陷害诸葛亮，企图置诸葛亮于死地。结果呢？诸葛亮用神机妙算避开了周瑜的暗算，使他自叹不如。同学们，你们知道吗？诸葛亮不仅能借箭，他还能借天、借地、借人、借荆州。如果同学有兴趣，不妨回去读一读《三国演义》中的其他故事，然后像理解《草船借箭》一样，看看那些故事的前因后果是什么。

二、活动式结束案例

教师：这篇课文按照事物发展的顺序写了借箭的起因、经过和结果，表现了诸葛亮的足智多谋和神机妙算以及周瑜的妒贤嫉能。下面，老师请同学们看一段电视剧《三国演义》中"草船借箭"的片段，看看剧中是怎样表现这一内容的。（教师运用多媒体播放视频）

三、评价式结束案例

教师：通过上面的学习，谁能说一说诸葛亮、周瑜各是一个怎样的人？

学生：诸葛亮是一个很有才干的人。他明知道周瑜要置他于死地，但他还敢于接受"任务"，并出色地完成了"任务"，说明他很了不起。

学生：诸葛亮是一个知识渊博的人。他能算出第三天有大雾，而且刮东南风，这为他完成借十万支箭的"任务"提供了条件。

学生：相比较而言，周瑜的心胸就显得狭窄，因诸葛亮有才干，他就想尽办法要整死诸葛亮，说明他妒贤嫉能。

教师：同学们说得很好。通过大家的讨论，我们知道了诸葛亮是个足智多谋、神机妙算的人，而周瑜是个心胸狭小、妒贤嫉能的人。

以上范例中，同一教学内容，不同的教师根据不同的实际情况运用了不同的结束技能。无论运用何种技能都及时地对所学知识进行了整理、归纳、总结，起到了巩固知识、强化能力的作用。

📝 **课后思考题**

1. 为什么说教师应当精心设计结束的方式、掌握课堂教学的结束技能？

2. 一般来说，结束的过程有哪些环节？对教师的结束技能有哪些要求？

3. 试评述以下两则实例，说说这样的结束有什么作用，它们在哪些方面能给我们启示。

① 特级教师教完《歌声》后，和学生一起总结出"一根线索几首歌，诗情画意联想多"的写作特点。然后布置学生写一篇关于歌和歌声的文章。

② 在碳酸钙、二氧化碳一节课堂结尾时，设问：同学们都知道桂林山水甲天下，七星岩和芦苗岩的岩洞犹如迷洞仙境，常使人流连忘返。但这美妙的景色究竟来自哪位能工巧匠的雕琢？

 **课堂组织与管理技能**

 学习目标

1. 掌握课堂组织与管理技能的含义与构成，理解课堂组织与管理技能的作用。
2. 能运用课堂组织与管理的过程来分析教育教学实践中的问题。
3. 通过对课堂组织与管理类型的学习，学会分辨课堂应该采用哪种课堂组织与管理的类型。

学习提示

本章主要介绍了课堂组织与管理技能的含义、作用、构成、类型，重点介绍了课堂组织与管理技能的类型，运用案例帮助大家理解相关课堂组织与管理技能的知识点。在此基础上，提供了课堂组织与管理实训环节，促使学生了解、掌握课堂组织与管理技能。

案例破冰

刘老师在给五年一班的学生上语文课之前，就听他们的班主任和科任老师说这个班是学校出了名的调皮班。因此，开始给这个班上课时，刘老师便板起脸孔，向学生约法三章：课堂上不许这样，不许那样……果然课堂很肃静。可是当刘老师提问题时，竟然没有一个学生回答问题。

因此刘老师生气了："学语言是需要开口的，怎么你们都不说话了？"

这时，学生才说："老师，你不是规定我们上课不许说话吗？"刘老师心里羞愧，但还是强硬地说："是叫你们不要乱说话，不是叫你们不回答问题呀！"

学生抗议："哪有这样不讲道理的老师？"有个平时最调皮的学生尖叫起来，惹得全班哄堂大笑。老师一气之下，把他拉到教室外，把门关上，不让他听课。教室里的学生都成了"小木头人"，一动不动地听课。当刘老师提问，喊到一个学生的名字时，他竟然吓得浑身发抖。

作为学生的我们会不会喜欢这位语文老师呢？

点评：材料中，这位语文老师听班主任说这个班的学生非常调皮，上课前就对学生们约法三章，学生们感觉这是一位严厉的老师，产生了对老师的厌恶心理，上课时"三缄其口"。最调皮的学生打乱了课堂秩序，老师就直接让他站到门外去，使学生产生了畏怯心理。显然，这位老师的课堂管理技巧与方法与现代教育管理理念是格格不入的。

第一，教师对课堂问题行为的处理不能盲目，也不能搞一刀切，更不能仅仅根据自己的管理经验进行管理。处理课堂问题行为，重要的是细心观察分析，对行为进行正确的归因并根据学生的个体差异因材施教。材料中的这位教师对这个班的学生并不了解，由于上课前班主任给他说这个班的学生很调皮，他就不分青红皂白向班级做了最严厉的要求。显然，这位教师的处理手段很盲目，在没有观察的情况下就做统一要求，盲目地处理问题行为、一刀切式处理问题行为，会让学生在心理上产生反感。学生不亲其师，怎么信其道、乐其学？教师正确的做法应该是在课上仔细观察到底是哪几位学生调皮，根据调皮学生的个性特点有针对性地进行说服教育。

第二，"教师的语言是有声的行动，教师的行动又是无声的语言"。对语言艺术的运用也是考验一名教师课堂管理能力的重要方面。教师的课堂管理语言包括积极性语言和消极性语言。积极性语言表现出对学生的尊重和期望，减少学生的抵触情绪，激发学生的自尊心，自觉地纠正不恰当的行为；相反，一些强制、命令、打击性语言会产生与教师预期相反的结果，这也不是以学生为本的现代教育理念所倡导的。材料中的教师，一上课就约法三章，不让学生这样、不让学生那样，这都是消极性的课堂管理语言。这些消极性语言会让学生产生抵制心理，甚至会与教师"对着干"。当老师提出问题时，同学们都保持沉默，没有一位同学回答问题，学生们的行动其实是对教师课堂盲目管理的无言反抗。很明显，教师的消极性语言不利于调动学生课堂的学习积极性，会直接影响教师开展后续教学活动。所以，教师应该多用积极性语言来引导学生，尽量避免使用消极性语言，要让学生体会到老师对学生是坦诚的、爱护的，这样学生才愿意配合老师进行课堂管理。

第三，教师应尽量以民主的方式管理学生，培养学生的自律能力。健康的课堂秩序是建立在民主基础上的，教师的惩罚会破坏课堂的和谐气氛。健康的课堂离不开纪律的约束，但纪律靠的不是严厉的惩罚手段。健康的课堂纪律是以平等相待和相互尊重为基础的，脱离了对学生人格的尊重，也就丢失了教师在学生心目中的"威信"。材料中的教师在全体学生面前让最调皮的学生出去，不让他听课，犯了课堂管理的大忌，即不尊重学生的自尊心。这是教师人本教育理念缺失的表现。每个学生都是一个独立个体，都有独立的人格特点和强烈的自尊心。教师践踏了学生的自尊心，就失去了作为一名教师最起码的资格。教师一定不要以暴制暴，对学生大喊大叫，或者训斥、责备、体罚，这样并不能进行交流，只会使对话陷入僵局。教师要表现出应有的尊重和自制力，不试图控制学生，学会让学生获得良好的心理感觉。只有在充满爱、接纳和温暖的氛围中，纪律约束才能发挥最大效力。针对这位最调皮的学生，教师应该采取的方法是：有意忽视法。

这名学生只想引起大家的注意，如果教师采取过激的言语反应，可能正合他的心意。教师只有不回应他，让他自讨没趣，然后自觉主动改变这种行为。

总之，一名合格的教师不仅要有扎实的学科知识，还要有行之有效的课堂管理手段。

第一节　课堂组织与管理技能概述

20 世纪 60 年代，国外学者开始对课堂组织与管理技能进行系统研究。最初，一些心理学家分析了传统课堂组织与管理技能的优势与不足，结合心理学上的一些观点，确立了一种全新的课堂组织与管理技能理念。人本主义理论是这个时期课堂组织与管理技能的主要理论依据，其基本理念是：学生的自我发展能力是天生的，而学生在课堂上所表现出的问题行为，主要是他们不了解这些行为所导致的后果。对于违规行为的处置，则要依赖老师积极的交流。在交流的过程中，学生会被老师的语言打动，逐渐认识到自己的错误，进而改过自新。

20 世纪 70 年代，行为主义教育理论在教学实践中的广泛应用，该理论也被应用到课堂组织与管理技能中。它的基本思想是：在课堂中，学生的所有行为都受到环境的影响，教师要在课堂中创造教学情境，并通过奖惩等方法来控制学生的不良行为。

20 世纪 80 年代以后，西方学者从新的切入点审视课堂组织与管理技能。主要运用的方法是教师有效性方法。该种方法研究的是学生产生不良行为的原因以及教师如何预防学生的不良行为。其基本理念是：教师首先要掌握有效的教学方法，有效地防止学生的捣蛋行为，提高教学质量。其次，要明确教学目的，针对不同的学生进行教学，并对他们的学习进程进行监测。最后，教师要营造良好的师生关系，使学生能够在轻松、愉悦的环境中学习，有效地防止学生出现不良行为。

各种教育理论不断发展，对课堂组织与管理技能的研究也更加深入和全面。总体而言，课堂组织与管理技能的主要目的就是为学生创设一个优良的学习环境，使学生在轻松的环境中学习，有效减少学生不良行为的发生。《国际教育百科全书》首次给出了课堂组织与管理技能的界定：课堂组织管理技能是一个教师为学生营造良好学习氛围的过程，最终达到相应的教学效果。[①]国外教育家古德（Good）和布罗非（Brophy）认为课堂组织与管理技能是一个确立与保持有效学习环境的过程，是营造教学情境的一种方式。[②]另外一位教育心理学家埃默（Emmer）指出，课堂组织与管理技能是一系列教师的行为和活动，其主要目的在于促进学生的协作和参与，达到预期教学效果。[③]

综上所述，国外学者对课堂组织与管理技能的内涵提出了不同的见解。可以发现，

---

① 胡森(T.Husen).国际教育百科全书：第 6 卷[M]. 贵阳：贵州教育出版社，1990：32.

② GoodTL,BrophyJE.Lookinginclassrooms[M].NewYork:Harper&Row，2000:164.

③ EmmerET.ClassroomManagement[M].TheInternationalEncyclopediaofTeachingandTeacherEducation. Oxford：PergamonPress，1987:78.

他们都将课堂组织与管理技能视作一种教学过程，是教师应用组织与管理技能构建教学情境，目的是提高学生课堂活动的参与感，使生生之间进行良性沟通。

一、课堂组织与管理技能的含义

【问题导入】课堂组织和管理技能是教学课堂过程中的教学手段，二者有什么联系和区别？

课堂组织和管理技能是指教师在课堂教学过程中使用多种不同的教学方法，不断激发学生的学习动机，激发学生的学习兴趣，保持学生课堂学习的注意力，规范教学过程的同时，及时处理课堂上的各种教学环节，确保教学质量和效果。可以说，课堂组织和管理技能是一种使课堂教学顺利进行的教学形式，也是学生与教师之间的沟通技能。课堂组织和管理技能，旨在改善和优化课堂教学结构，同时保持良好的课堂秩序，营造优质的教学环境，促进教师与学生和谐互动，最终完成教学任务，达到教学目标。

近年来，我国教育学家开始对课堂组织与管理技能进行系统的梳理与研究，田慧生、李如密认为课堂组织与管理技能是指对不同教学要素进行协调，从而达到预期教学目的的过程。[1]施良方认为课堂组织与管理技能是指教师在课堂上调节人、事、时间、空间等因素以及它们之间的关系，以确保课堂的效益与秩序，保证课堂教学效果。[2]黄晓颖在其研究中指出课堂组织管理技能不应墨守成规，应体现出组织与管理的艺术性。[3]课堂教师要从教学氛围、教学时间、教学节奏、教学环节等方面来组织管理课堂，各因素的组合愈协调愈合理，则课堂教学愈有成效。吕志红对美国中小学班级组织管理能力进行了研究，认为班级组织管理能力是一个不断变化的过程。组织和管理课堂的核心技能应该包括课堂常规、课堂环境、课堂秩序和课堂活动。这表明，老师作为教室的管理者，首先应该关注自我管理。[4]陈时见教授指出，目前在新课改的大环境下，课堂组织与管理技能要格外注重学生的参与，教师应为学生营造良好的学习氛围，以减少学生不良行为的发生。因此，课堂组织与管理技能应从课堂常规、课堂环境、课堂活动、课堂秩序四个方

① 田慧生，李如密.教学论[M].河北教育出版社，1996:322.
② 施良方，等.教学理论:课堂教学的原理、策略与研究「M].华东师范大学出版社，1999:279.
③ 黄晓颖.对外汉语教学的课堂组织管理艺术[J].云南师范大学学报，2005(4):14-18.
④ 吕志红.美国中小学课堂管理研究[D].河北大学，2006.

面着手进行管理。[1]匡茜结合以人为本的教育理念，对小学英语课堂提出如下要求：课堂的组织与管理应包含学生和教师两个层面。从学生层面看，学生的家教、学习习惯、学习态度以及个性特征等是影响课堂组织管理的主要因素；从教师层面看，教师的备课、综合素质、教学态度以及个人魅力是影响课堂组织管理的主要因素。[2]

综上所述，无论课堂组织与管理技能是一个过程还是一种行为，课堂组织与管理技能都会受到许多因素的影响。但是，其最终目标是实现新课标的三维目标，促进学生的全面可持续发展。课堂组织与管理技能是教师运用现有知识、方法和技能维持班级秩序的能力，同样也是通过开展活动促进学生健康发展、达到班级教育目的的能力。根据相关研究，可以将课堂组织与管理技能的具体表现划分为以下三个方面：一是培养学生的自我教育和自我管理能力。二是建设阶段性文化，增强阶段性影响。三是在课堂上多安排活动，丰富学生的精神世界。

二、课堂组织与管理技能的作用

课堂组织和管理技能，有助于调动学生参与、维持课堂秩序、提高课堂效率，为教师和学生营造良好的课堂秩序和和谐的教学氛围，最终实现教学目标。

（一）调动学生参与

教师精心组织与管理的教学可以使课堂教学变得有节奏、生动、积极，及时的课堂组织与管理可以使学生集中精力，积极地参与最高层次的教学活动，接收来自不同教学媒介的信息。

案例：在讲解小学四年级上册《平行线》时，老师可以组织学生自己在纸张上画出平行线，然后用尺子、手持式尺子等工具独立地探索平行线的特征。老师可以通过多媒体软件制作动画进行演示，并且鼓励学生独立思考、发现问题。组织学生积极提问，在问答互动中总结平行线的特征。

（二）维持课堂秩序

在组织管理课堂的过程中，让学生主动参与教学过程，并不意味着放任课堂教学秩序不管，由学生随意操作会影响教学效果。运用组织与管理课堂技能可以使得课堂教学有序地进行下去。

案例：当老师们向学生们解释平行四边形这个形状的时候，老师首先引导学生积极

---

① 陈时见.课堂组织与管理技能:意义与变革[J].教育科学研究，2003(6):5-8.
② 匡茜."以人为本"的小学英语课堂教学管理研究[D].西南大学，2009.

地参与教学活动，营造教学活动的活跃氛围，但肯定会有淘气的学生利用这个机会去做与课堂教学无关的事情，更有甚者会借此制造混乱。如果老师及时合理运用组织与管理技能，就能够有效保持班级良好的秩序，使教学工作顺利进行。

（三）提高教学效率

以"数学"学科为例，组织课堂教学是一个特殊的过程，学科的逻辑性要求课堂教学必须有一个完整的教学结构，不仅要求学生在有限的时间内做好掌握数学知识的准备，还需要学生保持良好的学习动机和饱满的学习热情。合理利用课堂组织与管理技能，学生就可以顺利完成从认识到形成思维框架再到熟练运用知识的任务。良好的组织与管理课堂技能可以提高课堂教学结构的有效性，优化教学过程，提高教学效率。

三、课堂组织与管理技能的构成

（一）提出要求

在实际课堂教学活动环节，教师是课堂的主导者，在以学生主体的前提下，教师可以在课堂教学的各个环节向学生提出要求，引导学生在各个阶段该如何进行相应的活动，引导学生反思这样做的原因，并且在时间和课堂秩序方面提出相关要求，使学生注意力集中，取得良好的教学效果。

案例： 在解释平行线的特征时，老师组织学生在纸上画平行线时，可以引导说："我们将在两分钟内完成画平行线，同时观察它的特征。"让互相讨论，但不要做与活动无关的事情，不要制造噪声等。

（二）安排程序

教师在组织安排课堂教学结构的过程，应该提前制定一个具体的计划和程序，并以教案的形式呈现出来。对于每一个教学环节，老师应设置详细的教学流程，安排课堂教学程序。

案例： 教师在讲平行四边形的特点时，应在课前安排好课堂的过程和具体实施方案，并形成相关的教案，以保障课堂教学的有序进行。在学生亲自制作平行四边形的环节，教师可以引导学生自己思考：制作平行四边形的具体过程是什么？让学生自己探索。

（三）指导与引导

在提出要求和安排程序之后，老师还需要适时指导与引导学生。

（1）指导。指导的重点是确认或纠正学生的操作方法，主要用于观察、阅读、操作培训等。

（2）引导。引导的重点是启发学生的思维，转移注意力，主要用于倾听、观察、讨论等方面。

（四）鼓励纠正

激励、纠正是教师对学生活动影响的积极反馈，是对学生期望的心理反应，是教师与学生有效互动的方式。鼓励和纠正错误需要注意在课堂教学的哪些阶段进行，注意把握时机。例如，一个学生画了一条平行线，发现其他学生也做了同样的事情，但是效果不如他（她）的好，教师就可以在课堂上称赞该同学，并鼓励其他学生向他（她）学习。

（五）总结评述

总结是对学生活动情况和取得效果的全面评述，是对教学信息的进一步强化。

总结应该简明扼要，内容应包括两方面：①本课内容的结构化综述。②对学生活动状况，如态度、纪律、成绩与不足等问题的评价。

四、课堂组织与管理的类型

课堂组织与管理的类型的学习目标

根据不同的职能，班级的组织和管理可分为：管理性组织课堂教学的技能；指导性组织课堂教学的技能。

它们有不同的功能重点，所以在组织和管理课堂的过程中，这两种教学技能经常一起使用。这两种功能是什么？优先级是什么？如何将其应用到实际教学中？让我们继续下一节的学习。

（一）管理性组织课堂教学的技能

管理性组织课堂教学，是指教师引导学生遵守课堂纪律的行为，维护课堂秩序，营造和谐的教学环境。例如，当教室很吵的时候，老师可以在课堂上给安静的学生发信号。

课堂秩序是有效教学的先决条件。如果没有良好的课堂纪律，没有良好的教学环境，即使老师讲课很认真，学生也学不进去。因此，建立一个和谐的教学环境是课堂教学的一个重要环节，管理性组织课堂教学就显得非常重要。

管理性组织课堂教学按照管理的对象和方式不同，可以分为对课堂秩序的组织管理；对个别学生的组织管理。

1. 对课堂秩序的组织管理

好的课堂秩序不仅表现为课堂很安静，而且表现为学生遵守课堂纪律。好的课堂秩序具体有如下表现：①学生有序地学习。②学生生动活泼地学习，如积极配合。③学生无压抑感地学习，如教师有意无意的幽默。

要管理好课堂秩序，教师应当做到：首先排除外界环境对学生的干扰，如噪声、外来人员等；其次，采用暗示的方式纠正学生各种背离教学过程的不良行为。

课堂秩序的组织与管理案例

案例 1：老师上课时学生不注意听讲，用手或眼睛指出学生的错误，课后与学生交流，告知错误，但应避免批评，否则会伤害学生的自尊心，使其对老师反感。

案例 2：有些学生在课堂上睡觉或者一直保持沉默。老师应该了解，这可能是因为学生找不到合适的学习方法，产生心理上的无聊。如果老师盲目地批评，可能会让学生觉得更累。所以，老师应该在课后多鼓励他们，帮助他们改正不良行为。

思考：那么如何高效地进行课堂组织与管理？

苏霍姆林斯基曾经说过，如果你只是在讲台上观察学生，如果那个学生只是来找你点名，如果他和你的对话仅限于回答你的问题，那么没有心理学知识可以帮助你。老师应该把学生当作朋友，建立平等和相互尊重的关系。研究表明，每个人的注意力集中程度是不同的，老师需要及时提醒那些注意力经常游离在外的学生。

2. 对个别学生的组织管理

对于课堂教学中那些经常捣乱影响教学的同学，除了与家长紧密合作外，老师还应该帮助学生改正不良行为，如通过奖励纠正学生的行为，引导学生遵守课堂纪律。

案例：学生搞恶作剧，旨在引起大家注意。对此，教师采取不予理睬的方式，就会使其感到无趣而终止恶作剧行为。

也可以有意识地安排替换行为并给予鼓励。

案例：教师发现有学生上课说话或者注意力不集中时，可以向他们提问或让其作为小组讨论的发言人，并给予表扬和鼓励，使其从替换行为中得到心理满足，从而纠正其不良行为。

（二）指导性组织课堂教学的技能

课堂教学指导是教师引导学生参与课堂活动、调动学生积极性和改善课堂教学结构的行为。在指导学生完成教学任务时，教师需要组织学生听讲、组织学生研究、组织学生讨论、组织学生阅读、组织学生活动训练。

1. 组织学生听讲

以一节高质量的数学课为例，对学生的要求是：脑动，嘴动，手动。

高效地组织学生听讲，学生就会做出如下反应：

① 及时领悟教师的要求。

② 迅速地遵照教师的安排投入各项活动。

③ 积极动脑、动嘴、动笔，并与老师、同学互动交流。

案例：老师说："请注意，以下内容非常重要。"老师直接命令学生注意以下内容；他们的共同点是什么？老师向学生解释任务，并组织学生积极思考。

2. 组织学生探究

通过观察来感知事物，形成正确的图像，从而进行科学思考。组织学生探索，可以扩大学生的视野，培养学生的求知欲望。

组织学生探究包括以下内容：一是组织学生探究教师生成的问题。二是组织学生探究课本已有的结论等。

教师组织探究过程，其实质是为学生模拟一个科学探究的环境，让他们体验科学探究的过程，以便于在以后的学习过程中应用。

组织学生探究需要关注以下问题：

（1）探究方法。有史料探究法、文献资料查阅法、调查访问法等。探究方法要因学生、因课时、因内容而异。

案例：以下是六年级上册学生学完圆的面积后的探究题。让学生根据所学知识，联系生活实际，设计合理的跑道。

（2）交流形式。一般采用分组交流的形式。分组的好处在于，可以让学生更好地在组内交流，扩大交流面。因为教师无法关注每个学生，分组可以使学生在小组里发挥作用，在组间交流过程中有收获。

（3）提前准备与明确分工。在组织学生探究时，需要提前做好准备：一是进行分组设计；二是设计合理的分组内容。当每个组做相同的探究，或者一个探究的内容很复杂，需要分割成许多不同的内容，一个任务由一个组来完成时，教师可将相同基础的学生分为一组，进行探究活动。

3. 组织学生讨论

讨论可以使每个学生都有机会投入活动中，促使他们积极思考，相互启发，并在教师的帮助和引导下，主动探究知识。

组织学生讨论可以分为以下几种情况：

（1）与全班同学讨论。这种形式的讨论是由教师主导的，学生自己表达意见，教师不急于得出结论，其主要目的是激发学生深刻思考，使讨论朝着预期的目标进行。

（2）组织小组讨论。这种类型的讨论主要是按学生人数分成固定的小组，小组中的学生轮流发言。小组讨论同样的问题，老师参观教室。经过一段时间的讨论，每个小组的发言人汇报小组的讨论结果，老师总结意见。

（3）组织学生辩论。在上课前，老师提出要讨论的问题，指定正方和反方；然后要求学生查找相关资料，准备陈述论文，在课堂上陈述理由；最后老师总结。

4. 组织学生阅读

这主要是指在课堂上阅读或研究某一教学材料。以新编的数学教科书为例，教科书总体上增加了操作和搜索栏。对于这些内容，教师不是简单地解决问题，而是采取相应的指导措施来指导学生学习。

5. 组织学生操作练习

操作训练包括课堂练习题等。尤其是数学课，操作训练是课堂教学的重要组成部分，是巩固知识、培养能力、发展智力的重要途径。组织操作练习的目的是使学生将所学知识内化。

第二节　课堂组织与管理技能的实施

【问题导入】在学习了课堂组织管理的具体类型和相应的方法之后，如何实施呢？

一、课堂组织与管理的策略

许多新老师认为，学生在严格的管理下能专心学习。然而，研究表明，那些主要通过控制学生的教师付出了很多努力，但取得的效果并不理想。李耀新在其著作中提出了"预防为主，纠控为辅"的课堂组织与管理策略，主张首先要先树立教师的权威，这样才能维持教学秩序；其次要确立课堂常规，规范学生的课堂行为；最后要营造良好的教学氛围，减少学生不良行为的发生，使学生在一种轻松愉悦的环境下学习。[①]车伟艳为了充

[①] 李耀新.课堂教学的组织与管理[M].暨南大学出版社，2005:154-147.

分利用教学时间、提高教学效率，提出以下课堂组织与管理策略：一是吸引学生注意力，提高学生参与度；二是保持教学活动的节奏，各教学环节流畅衔接；三是明确教学活动规则，提高教师期望。[①]陈玉龙结合自己在教学过程中遇到的问题，提出了以下课堂组织与管理策略：一是制定合理的课堂规则；二是合理分配教学时间；三是营造和谐的教学氛围；四是树立教师威信；五是合理把握教学节奏。[②]王涛在其论文中指出，正确使用信息化手段可以有效地解决目前小学课堂教学中出现的问题，并针对性地提出了小学课堂组织与管理对策：一是要树立正确的学生观念，营造良好的师生关系；二是要积极引导学生，重视课堂常规管理；三是要制造教学情景、实施有效提问。[③]

综上所述，学者们从不同的角度提出了课堂组织与管理的策略，这些策略都是为了取得良好的课堂教学效果。但这些策略具体应用到课堂中效果如何，还有待进一步研究。因此，教师应不断更新自己的教育管理理念，结合实际情况，有的放矢地采取有效的策略去管理课堂。

（一）建立课堂规则，形成课堂惯例

安静的课堂环境有利于学生的学习和教师课堂教学的实施。教室的颜色与教师的穿着、言语和行为以及座位的安排也是教室环境的一部分，对课堂教学效果也有一定的影响。

相关研究表明，在自由选择的情况下，选择前排、中排座位的学生具有以下特点：一是学习态度积极，能认真学习，成绩较好；二是有机会与老师接触，并能积极地参与课堂，成绩高于"后排以及两边学生"；三是喜欢上课，喜欢学习，尊敬老师。

坐在"后排以及两边"的学生有如下特点：第一，他们往往对学习缺乏信心；第二，他们与教师的语言和视觉接触较少，课堂活动不活跃；第三，对学习没有兴趣。对此，教师应采取以下管理措施：一是鼓励他们树立自信心，积极参加集体活动，消除自卑；二是定期更换座位，防止部分学生坐在不利于参与课堂活动的座位上听讲，形成惰性心理；三是在课堂上提问、巡逻、辅导时，"后排以及两边"的同学要成为主角，给这部分学生提供课堂参与的机会。

必要的课堂教学规则是组织教学的基础，也是学生遵守教学秩序的基础。例如，上课时，老师进入教室，学生起立致敬，老师必须回礼。这些常规动作可以促进学生养成良好的自律习惯，为营造严肃、活泼、和谐的课堂气氛和学习情境奠定基础。无规矩不

---

① 车伟艳.有效课堂管理的范围、要素及策略[J].教学与管理，2015(2):4-7.
② 陈玉龙.国外中小学汉语课堂组织与管理研究[D].广东外语外贸大学，2014.
③ 王涛.教育信息化背景下小学课堂管理策略的研究——以长沙市K区S小学为例[D].湖南大学，2017.

成方圆，教师想拥有良好的课堂风气，就应该一开始就说清楚课堂规则并进行示范，以便让学生理解；同时，教师应当合理解释为什么要制定这样的规则，以确保学生不反感，进而自觉地遵守。

案 例

一位数学老师走到讲台上，同学们都哈哈大笑，说不出话来。

数学教师反应过来的时候，才发现衣服没有整理好，于是严肃地说："我在想一些事情，很着急，但衣服扣错扣子的行为这一点也不好笑！"

停顿了一秒他又说道："昨天，班上有些同学在做作业时，用这样的数学公式进行做题，跟我今天一样张冠李戴了。"

在说话的时候，这位老师把扣子扣好了。

点评：老师的聪明之处在于，他用一种温和的幽默不仅纠正了错误，消除了尴尬，而且批评那些不认真的学生，活跃了课堂气氛。这意味着教师可以通过明确的管理来实现对课堂教学的积极控制。这是一种常见且易于实施的组织与管理技巧，还可以使用直接的提醒方式，如"注意黑板""不要随意说话"等。

（二）巧用课堂惩罚与行为激励

根据班级秩序的现实情况和学生的心理素质，教师在课堂教学中可以将惩罚与行为动机等相结合进行管理。如个别学生在课堂上有不良行为，教师可以采取适当的惩罚措施使学生认识到自己的错误。当然尽量使用鼓励的方法。

一些家庭困难的学生，自尊心特别强，他们渴望得到老师的信任。即使他们犯了错误，他们也想被原谅。作为一名老师，我们应该确保每个学生都能拥有改正错误的机会。教师应该注意批评的方式，甚至从其他方面给予其奖励，使学生感觉到自己被老师看重。

案 例

老师走进教室时，一个学生在背后模仿老师的动作，班上的同学笑了。老师假装不知道。课程结束后，老师说："写作是为了模仿，绘画是为了模仿，模仿是学习的第一步。第一步是好的，第二步是有希望的，但也要有基础。我认为这个学生模仿了我的行为，而且非常像，将来他可能会成为一个表演者。后面有机会的时候，我会让他向我们展示他的模仿才能。"

反思：课堂上的偶发事件有时会让教师尴尬，面对这一情况，怎么办？运用自嘲解围的方法，可以活跃课堂气氛，而激励的方式不仅可以让课堂变得更加有趣，还能促进学生的学习。

（三）关注教学细节，成就精彩课堂

"细节决定成败"，课堂组织与管理的成功往往取决于细节，如一举手、一投足、一个眼神、一个微笑……

案　例

在教学《梯形面积》时，在五（2）班教学的过程中，张老师发现孩子一直举手想说出自己的不同方法。这个小细节提醒了张老师。在五（3）班的教学中，张老师没有局限于课本上的方法，而是引导学生自己动脑动手操作，求出梯形的面积。结果，学生在操作活动中真的想出了许多方法：

① 用两个完全一样的梯形拼成一个平行四边形（占大局部，通过前面平行四边形和三角形的面积）；

② 有数方格的；

③ 把一个梯形分割成一个长方形和一个三角形；

④ 把一个梯形分割成一个平行四边形和一个三角形；

⑤ 把梯形剪开再拼成一个三角形；

⑥ 把梯形剪开再拼成一个平行四边形。

就这样，学生通过探究、交流发现规律，生成了梯形的面积公式。

点评：在处理随机事件时，教师应该注意发现和利用事件本身的积极作用，引导学生走正确的道路，而不能做出错误的决定。在教学中，能够让学生进行实验操作的内容有很多，教师要设计好方案，把握好时机，尽量让学生的多种感官参与学习活动，培养学生的学习能力、实践能力和创新精神。

（四）趁热加工法

趁热加工法是指在课堂教学中，出现一些异常的教学现象时，教师要抓住第一时间处理，趁热打铁，以达到预期的教育效果。正确的处理方法是：采取轻描淡写的态度，暂时"搁置"；或先简单处理，让学生冷静以后再处理。这种方法多用于学生与学生之间、学生与教师之间的分歧，或个别学生在课堂中出现严重违纪行为时。

案　例

老师刚走进教室就看到小王和小张在打架，你推我拉。

老师没有着急，也没有对学生大喊大叫，而是微笑着说："你们俩都是好学生，有什么无法解决的冲突吗？放松点。我相信你们自己会解决的。"在老师的说服下，二人停止了打斗，缓和了气氛。

点评：教师的言语调解，不仅防止了事态的激化，还节省了宝贵的教学时间，更重要的是，让学生学会自己解决纠纷。

二、课堂组织与管理的基本原则

课堂组织管理的基本原则有如下几方面。

（一）主体性原则

要确定学生是课堂组织与管理的主体，课堂组织与管理的作用是调动学生的积极性，让他们积极学习。这就需要教师重视学生的活动，重视学生的发展。

（二）激励性原则

激励原则在课堂组织与管理中非常重要，可以增强学生的信心，勇敢地面对问题，而不是怀疑自己。

（三）协调性原则

协调性原则要求教师运用多种教育形式，根据教学内容组织学生自己学习、小组讨论、全班讨论等，将教师、教材、学生等组成一个学习共同体，有效组织教学活动。

（四）民主性原则

学生是课堂教学的主体，以"学生为主、教师为辅"是当前新课标的要求。民主性原则要求体现学生的主体地位，一切都是为学生服务的。如果老师居高临下，不考虑学生的内心想法，那么就会让学生感到有压力，从而影响他们的思维活动。

（五）导向性原则

导向性原则是指教师有意识、有方向性地对学生进行引导，培养学生的自制力。

三、课堂组织与管理的注意事项

【问题导入】

课堂组织和管理技能是相对复杂的技能，不仅要在整个课程教学中进行，而且要以不同的形式进行。那么，如何掌握课堂组织与管理的技能呢？

（一）注意组织课堂教学的方式与时机

在课堂教学环节，教师应合理利用组织与管理技能，根据不同的教学内容选择不同的教学方法，并考虑当前的教学氛围，在合适的时间点引导学生进行思考与学习。这一点是需要特别注意的。

案 例

教师把阅读任务交给学生，然后选择暂停阅读，进入集体讨论的教学环节。讨论后教师进行总结，根据学生的阅读速度和阅读效率来调整课堂节奏和进度，而不是以自己的主观倾向为准。

（二）注意身教与示范

在课堂组织与管理过程中，教师要时刻注意自我形象。课堂上的动作、言语等，往往会潜移默化地影响学生。

情形 1：教师衣着庄重、大方、姿态端庄、举止端庄。

情形 2：教师在黑板上解释数学例子时，需要注意写作和测试的标准。

（三）注意严格要求与耐心说服

小学阶段是学生发展的关键阶段，小学生的生理和心理都处在敏感且发展的过程中，容易出现各种不稳定的情绪，并且这一阶段的学生有很强的自尊心。教师在课堂组织与管理过程中要注意此类现象，一方面要严格要求学生遵守课堂纪律，另一方面要用热情和耐心去指导学生，保证教学的有序进行。

（四）注意面向全体学生

课堂教学注重集体教学效果，因此要注意全体学生的课堂反应，而不能因为对个别学生的过多管理而影响整体教学效果。

第三节　课堂组织与管理技能实训

　　课堂教学的组织与管理是为了保障课堂教学的秩序和效率，在课堂中要及时调整人和事物、时间和空间以及它们之间的关系等多种要素，保证课堂教学过程的流畅性。有效的课堂组织与管理技能训练是有效教学方法的重要组成部分，也是新教师最关心的内容之一。课堂组织与管理技能培训包括在课堂教学前进行有效的组织与管理培训，在教学过程中进行实训训练，最终课程结束后对课堂组织与管理进行反思。

　　课堂组织与管理技能水平既是教师教学水平的反映，也是教师专业能力的重要衡量指标。课堂组织与管理技能的应用程度是教师教学技术的重要部分，为了提高课堂教学的质量和效率，教师应该拥有更高水平的组织与管理技术。

一、训练目标

【问题导入】

　　在学习课堂组织与管理的具体类型和相应的方法、策略之后，如何运用理论知识去进行实训？

（一）实训目标

　　（1）运用课堂组织与管理技能、策略，根据课堂组织管理的类型灵活安排课堂。

　　（2）熟悉课堂组织与管理的基本原则，思考如何具体体现在教育教学实践中。

　　（3）通过课堂组织与管理技能实训，提高新教师的课堂组织与管理技能。

（二）实训提示

　　本节主要通过有效组织管理实训，反思课堂组织与管理的实训过程，结合案例帮助教师理解课堂组织与管理技能的应用。

二、训练程序

（一）理论学习

在进行实训之前，首先应该掌握以下理论与技能：
（1）课堂组织与管理的含义、作用、构成。
（2）课堂组织与管理的类型。
（3）课堂组织与管理的策略与注意事项，明确基本原则。
（4）能够合理利用评价表评判课堂组织与管理的表现。

（二）实践训练

1. 有效组织管理实训

"没有规矩不成方圆"这句话也适用于课堂的组织和管理，没有规矩，就不会有正常的课堂教学秩序，就会出现很多不良现象，如上课时聊天、做小动作、玩小游戏、摆弄衣服等。如果教师不去管理，就会影响教学进度和效果。

首先，让学生了解班级的规则。课堂组织与管理尤其对新任教师来说尤其重要，因此一开始就需要在课堂教学前保证课堂秩序的严肃性。每次上课的时候，老师应该明确地告诉学生上课的规则，如坐姿、提问的方式、拿书的方式等。

实训演示

教师开始上课的时候要记住，每个学生都应该安静地坐好，不要讲小话。让学生从一开始就养成好习惯，明白课堂纪律，如果他们安静了，老师才开始讲课。同时，训练学生们在回答问题之前要举手，这样课堂上就不会出现噪声，学生可以与老师正常地互动。在每节课开始的时候，教师也不可匆忙地讲课，而要用目光迅速地扫视全班，观察学生的情况，一切正常后开始讲课。

其次，避免消极刺激对学生产生的不良影响。在训练过程中，教师可能会发现低年级的孩子有这样的现象：学生会在课堂上不自觉地触碰新买的文具或文具盒，无视讲课内容；学生会从抽屉里拿出饮料喝一小口，或者拿出小玩具玩一玩，针对这种情况，最好的方法是课前设法清除这些障碍，避免出现不相关的课堂刺激。例如，老师在上课前几分钟进入教室，要求学生整理课桌，把与课堂无关的东西收走或放进书包，把课本等东西放在课桌上。

最后，上课前有师生问候环节。上课铃响后，学生进教室坐好等候。老师来到讲台站定，学生需要问候教师。这种问候不只是礼貌问题，还是师生之间情感交流的开始，可以进一步稳定课堂秩序。有些教师不注意这样的课前问候方式，直接就开始上课，这实际上是放弃了这一有效的课堂管理环节。课堂问候后，师生双方都会感到精力充沛，这无疑是一个良好的开始。

2. 课堂教学环节中的有效组织管理

在课堂教学环节中，学生出现的行为问题是多种多样的，因此处理问题的方式也具有灵活性和多样性。以下是课堂组织与管理中较为有效的方式。

（1）处理课堂问题行为的方法。

第一，尊重学生、表扬为主。所有的学生都想成为教师眼中优秀的那一个，当学生精神注意力分散的时候，教师要及时使用激励性的语言，如："老师喜欢专心听讲的学生，我相信班上的每个孩子都是一个好孩子，因此老师非常喜欢上你们班的课。现在让我看看谁是最专注的好孩子。"或者举个例子："看，某某同学虽然坐在最后一排，但是精神和坐姿最标准。"听到这样的话语，想必其他学生都会积极端正自己的上课姿态。教师也可以用善意的批评来引导学生纠正不当行为。例如，有些学生顽皮，坐不稳，教师可以这样说："同学们，看，某某同学今天的表现不错！"这样学生会意识到自己的行为，及时作出调整。

实训演示

"某某同学刚才的行为影响了其他同学学习，老师很不满意。"

"某某同学这样做，老师很为他高兴。"

第二，间接暗示，提醒学生。在课堂上，老师们必须仔细观察学生的情绪变化和课堂秩序：哪些学生在思考，谁在闲聊，谁在睡觉……老师需要及时了解并提醒学生保持注意力集中。相对而言，教室后面的学生更容易出现纪律问题，因为老师和孩子之间的距离更大，心理上的距离也更大。因此，教师可以适当走动，注意后排学生并提醒其不当行为。

实训建议

随着教育改革的推行，多媒体教学逐渐进入小学课堂，有些老师把鼠标看成跟学生沟通的纽带，因此很难从讲台上走下来，因而容易忽略后排学生的纪律与学习情况。因此建议老师适当走近后排的学生，轻拍那些坐着不动的学生，用目光提醒那些不听讲的学生。或者利用提问来引导注意力不集中的学生，将其拉回课堂，避免引起其他学生的哄笑，导致课堂出现混乱局面。

除了以上这些方法，表示法、奖励法等，也是促使小学生参与教学活动的重要方法。如何有效地进行纪律管理，是课堂组织与管理技能训练的重要内容。

实训演示

"我看很多学生都在举手，老师现在想问一个学生，他是在课堂纪律上表现优秀的学生，其他学生要向其学习呀！"

刚才老师的讲话对学生很有激励作用，接着说："老师想奖励学生小红花，可是小红花不愿意。她告诉我，她不喜欢不守纪律的孩子。"

教师通过问谁更有纪律，谁比谁更有纪律等，在课堂上有意识地引导学生认真听讲。

（2）课堂上如何更好地吸引学生的注意力。

第一，创设情境，激发兴趣。在开始上课时，老师应该尽一切努力创造学生喜欢的教学环境，激发学生的学习兴趣和学习热情。我们有很多有效的形式来刺激学生的学习，使学生由"想要我学习"变成"我想要学习"。在开始讲课的时候，根据课本，试着用孩子们喜欢的、令人兴奋的语言导入新课，或者设计一些儿童歌曲、故事、谜语，让孩子们争论和思考等，让学生自然地进入课堂教学中。

第二，语言、声调、动作、表情感染。在课堂组织与管理过程中，教师应以饱满的热情感染学生的情绪，引导学生将注意力集中到学习上；运用肢体语言和表情变化，调动学生学习的积极性，确保教学效果。

实训演示

在语文课堂阅读教学环节，多种形式的阅读（如个人阅读、小组阅读、同桌阅读等）可以激起学生的热情，集中学生的注意力。组织引导学生回答问题不仅仅是一种形式，还是一种有效管理课堂的表现。

有时，教师在课堂上会说："站起来，让每个人都能读懂这些音节。""现在我们站在讲台上，让我们一起站起来背诵。"每个人都喜欢表达自己，于是全班同学都站起来大声朗读，通过这一站和大声朗读，学生精神状态很快得到了改变。此外，教师还可以使用多种不同的音量技巧来吸引和保持学生的注意力，增加或减少主要句子和短语的音量，通常是为了达到更好的效果。有时，还可以使用感叹句来吸引学生的注意力。

第三，适时调整学生的情绪。如果在课堂教学中发现同学们情绪低落、学习兴趣不高，教师可以暂停讲课，引导学生背诵诗歌，调节学习氛围；也可以做一些节拍动作如鼓掌、摇头、举手，让学生保持良好的精神状态。同时，还可以配合做一些轻松的课堂练习，可能会收到意想不到的教学效果。

（3）提高教师自身的素养。

第一，备课时认真备好各个环节，尤其是课堂常规。要有效地组织教学过程，满足学生们的学习需求，各个教学链要紧密地连接起来。如果课堂组织与管理工作准备不足，教师的教学与课外知识的联系不紧密，学生就会在无序的课堂上迷路，甚至感到无事可做。

第二，具备教育机智，能随机应变。教师在课堂教学的过程中，要不断根据情况调整教学方式以吸引学生的注意力。学生回答问题时，如果引起了其他学生的讨论或发生争议，老师需要及时引导，使课堂秩序稳定下来。此外，老师还应注意各种突发情况，要根据具体情况以适当的方式处理，保证课堂教学效果。

实训演示

在上课的时候，一只小蜜蜂突然从窗户飞进来，学生们都很兴奋，他们的眼睛盯着蜜蜂。这时，老师为了让学生安静下来，保持良好的学习氛围，他可能会说："看，这只小蜜蜂来看我们班上的所有人。重点是去看看班上谁是最聪明、最勤奋的孩子。"这样随机应变的处置方式使学生更容易接受，比强迫学生停止观看要有效得多。

第三，爱学生与严要求相结合，树立教师威信。赞科夫说："如果没有威信，那就是说，师生之间没有正确的相互关系，就缺少了有成效地进行教学和教育工作的必要条件。"[①]一个受人尊敬且有威信的老师可能用一句话或者一个眼神就可以制止课堂上的混乱，维持课堂秩序。而没有威信的老师，即使进行严厉的训斥，也无法说服学生，无法制止混乱的课堂秩序，更无法取得良好的教学效果。加强自我修养，通过沟通等方式组织与管理教学，是教师建立威信的有效方式。实践证明，在课堂上，如果教师有很高的威望，学生就能够在课堂上认真听取老师的意见，并能按照老师的要求完成学习任务。不同年龄的学生对老师的威信有不同的理解，低年级的学生更关注教师的兴趣和情感。因此，关心学生且严格要求学生的老师，相对容易树立威信，有利于维持课堂秩序，组织与管理好课堂。

三、课堂组织与管理技能训练的评价

课堂组织管理技能的训练并不意味着教师不用反思，因此需要设计评价环节，利用评价单反思教师在教学过程中的不足。进行多维度的评价能够使教师了解课堂组织与管理在哪些方面存在欠缺，以便及时发现不足，提高课堂组织与管理技能（见表4-1）。

---

① 戚业国.课堂组织与管理技能与沟通[M].北京师范大学出版社，2005：32.

表 4-1　课堂组织与管理技能训练的评价

评价标准	评价成绩	权重
1. 按时上课，按时下课		10
2. 教学组织目的明确，不断激发学生的学习动机，引起学生的学习兴趣		20
3. 课堂组织与管理技能方法行之有效，要求合理且有针对性，维持良好的课堂秩序		20
4. 保持学生的注意，调控教学过程，教学环节顺利承转和过渡，优化课堂教学结构		10
5. 对突发事件，能利用学生的反馈信息，随机应变，调控得当		10
6. 运用行为激励、规范指导和准确引导等方法，维持良好的课堂秩序		10
7. 有独特的方法与学生进行沟通，组织学生听讲、探究讨论、阅读训练等教学活动		10
8. 民主、和谐的教学环境		10
总评：A：优秀（90 分及以上）　B：良好（75～90 分）C：合格（60～75 分）D：不合格（60 分以下）	总成绩	评价等级
改进意见：		

四、实训反思

1. 有效的课堂组织与管理应该做到哪些方面？

反思总结

有效的课堂组织与管理技能的展现应该做到以下几点。首先是课前认真准备，确保课堂的有序进行。在这一环节，教师一是要充分了解学生。作为一名教师，必须了解所教班级学生的人数、性别、健康状况、学习情况等信息，要对学生的基本情况、知识水平、技能水平有一定的了解。二是教师还需要深入了解学生，深入了解班级学生的干部实力、组织能力、班风以及学生整体思想状况。三是要根据学情等信息精心设计教案。在设计教案时，根据课堂教学的类型、教学任务和学生的实际情况来确定教案的可行性。否则，教学秩序就会混乱。例如，新课标下的数学课堂教学必须包括创设情境介绍主题、讲解新课、总结和布置作业。

其次是组织教学环节。例如，在数学课堂上，课堂常规一般包括课前、课中、课后三个方面。我认为整个课堂程序必须严格遵守，还需要引导学生严格执行，这样做的目的既有利于教学秩序，又避免了学生上课匆忙、吵闹、乱上的情况。

最后，有效的课堂组织与管理必须有科学的教学方法。例如，数学课堂最重要的是吸引学生的注意力，确保学生完成每节课的教学任务。而数学课堂教学不可能是一种每次都一样的教学方法。教学中的有机、有效合作应因地制宜，因材施教。使用尽可能多的教学方法和手段，让学生多感官参与到学习中来，从而激发学生的学习兴趣。

2. 怎样才能成为一名具备课堂组织与管理技能的老师呢？

反思总结

1. 教师的自我管理能力是课堂组织与管理技能的基础

教师是学生教学过程中的引路人，他们有责任以学生能够理解、接受和掌握的方式传授知识和经验，同时促进他们在知识方面得到发展。因此，教师自己的阅读行为对学生的影响是非常重要的。教师只有管理好自己才能组织与管理好自己的学生。在课堂教学中，需要从道德、教学态度、教学语言和教学技能等方面加强自我管理。教师必须忠于教育事业，尊重和信任学生，不仅要平等对待所有的学生，而且要根据他们的实际情况进行教学，充分发挥他们的才能。教育学生要有良好的态度，要用清晰、准确的语言表达，用幽默、轻松的语言与学生交流，掌握课堂组织与管理技巧，掌握多种教学方法，运用灵活的教学方法，优化课堂。

2. 教师管理学生的能力是课堂组织与管理成功的关键

课堂组织与管理过程是一个教师与学生相互作用的过程，是教师与学生之间认知与现实探索的过程，是在教师指导下学生自我管理行为的过程。因此，在学生管理工作中，教师一方面要注意分析学生的行为，从言语上判断，并将学生在课堂上的行为与实际教学情况相结合，为采取相应的教学措施提供依据。在课堂组织与管理的过程中，要采用恰当的方法来引导学生培养自我意识，使学生能够在课堂上进行自我认知、自我分析和自我评估，而不仅仅是掌握课堂知识。

3. 教师对教学内容的管理是课堂组织与管理的核心

教学内容反映在教材上。教师处理教材的工作就是备课，主要包括两方面：一是备教学教材，二是备教学方式。从备课内容管理的角度来看，在备课过程中，老师要重点做好设计工作，如分析材料、使用哪些教学用品，如何处理现有知识和旧知识之间的关系等。与此同时，教师需要了解同一学科的课程标准，并保持学科之间的紧密关系。充分的准备有利于掌握每一门课的整体要求，让学生掌握系统的科学知识。备课中的筛选是指抓住每一门课的重点，并突破难点。同时，在教学学习中要处理好教师的教和学生的学之间的关系。从内容管理的角度来看，教师在教学过程中应注意教室结构的合理性，找到符合学生实际情况的教学方法和教材内容，组织灵活、有创意的教学，积极引导学生参与课堂教学。

本章小结

　　课堂组织与管理是课堂教学的重要环节，良好的组织与管理技能训练有助于提高课堂教学效率。课堂组织与管理技能培训是提高教师教学能力的手段，是一项科学与艺术相结合的创造性工作。教师不仅要了解课堂教学规律，掌握一定的教育学和心理学知识，还要关注每一个学生，借鉴他人丰富的经验，集中学生的注意力，激发学生的积极性，使每一位学生都能在愉快和轻松的氛围中学习。

技能实训

　　1. 设计一节课，进行试讲并尝试运用课堂组织与管理技能实训中学到的技巧与方法。

　　2. 收集一些课堂组织管理案例，分析教师的课堂组织与管理技巧，回忆自己已有的课堂教学经历，选择自己印象深刻的一节课进行反思，分析课堂组织与管理过程中的成功和不足之处。

课后思考题

　　1. 美国著名教育学家班尼曾说："课堂组织与管理技能在教师的职业生涯中占有绝对的地位。"另一位美国心理学家罗杰斯也支持班尼的观点，并通过研究认为教学的过程就是对课堂组织与管理技能的熟练应用过程。那么，传统课堂的组织与管理方式与新课标下课堂组织与管理的方式有什么不同呢？

　　2. 课堂组织与管理技能的提升需要教师参加大量的实训和教学实践。在进行组织和管理课堂之前，我们可以先确定一堂好课的标准，然后对照这些标准进行反思。请查阅资料，讨论和分析良好的课堂组织与管理的标准是什么。

第五章　教学反思技能

学习目标

1. 识记教学反思技能的含义和特征，理解教学反思的功能和内容。
2. 能运用教学反思的过程来分析教育教学实践中的问题。
3. 学会运用教学反思日记、教后感、行动研究等反思自己的教学行为。

学习提示

　　本章主要介绍了教学反思的含义、特点、功能、内容，重点介绍了教学反思的过程和方式，运用案例帮助学生理解相关知识。此外，还提供了实训目标、实训内容和程序，使学生掌握教学反思技能。

案例破冰

《认识周长》的教学反思

[课堂实录]

　　在三年级《认识周长》的动手实践课中，张老师组织学生分组用棉线测量树叶周长。然而活动开始后，课堂秩序混乱，有的学生争抢树叶，导致卡纸被撕破；小凯把棉线绕成"蜘蛛网"，逗得同学大笑；乐乐举手问"为什么要用线量，手机拍照不是更快吗？"……张老师一边维持纪律一边指导操作，原计划15分钟的活动拖延至25分钟，后半节课的巩固练习只能草草收尾。

[课后反思]

　　课后，张老师情绪低落，精心设计的活动怎么变成了闹剧？她翻看教案时突然发现，自己只关注了"动手操作"的形式，却忽略了三个关键问题：第一，规则模糊，未明确分组分工细则，导致学生参与无序；第二，概念引导不足，未将"化曲为直"的数学思想转化为学生易于理解的语言；第三，未结合学生实际，数字时代学生对技术测量方式更感兴趣。

[改进实践]

　　在平行班教学中，张老师优化教学设计：首先，进行结构化分工，通过角色卡明确任务，增强小组协作；其次，实施情境化教学，用"树叶公主的项链"故事引入，降低认知难度；最后，结合手工测量与数字化工具，引导学生思考测量方法的本质差异。

点评：该案例体现了教学反思具有问题导向、持续改进等特征，揭示了教学反思对优化教学设计、深化教育理解的关键作用。那么，教学反思应具备怎样的深度与可操作性？

第一节　教学反思技能概述

反思教育思潮自 20 世纪 80 年代兴起以来，迅速成为教师发展领域的重要内容之一，深刻影响着世界范围内的教师教育。美国心理学家波斯纳提出了教师专业化成长的公式：经验+反思=成长。他把反思在教师成长中的作用提高到前所未有的高度。教师通过对教学经验反思，尤其是对在实践中所形成的实践性知识进行再体验，使经验学习成为一种"反思性经验学习"，使教学技能与教学目标的适切性相结合，实现从"经验型教师"向"反思型教师"转型，最终成长为"卓越型教师"。

教育是育人的实践活动，既是一种科学活动，又是一种艺术活动。教育过程充满"不确定性"，要求教师必须具备"临场"的实践智慧，而实践智慧的生成与发展离不开教师教育实践中的经验积累和批判性反思。我国十分重视反思对教师专业成长的重要性，出台了一系列相关政策。2012 年教育部颁布的《小学教师专业标准（试行）》要求小学教师应该具备反思与发展能力，具体表述为：主动收集分析相关信息，不断进行反思，改进教育教学工作；针对教育教学工作中的现实需要与问题，进行探索和研究；致力于提高专业素质，对自身专业发展进行规划，积极参加专业培训。2017 年颁布的《普通高等学校师范类专业认证实施办法（暂行）》要求师范生毕业时需要具有终身学习和专业发展意识，初步掌握反思的方法和技能，运用批判思维方法，学会分析问题和解决教育教学问题。2021 年教育部颁发的《小学教育专业师范生教师职业能力标准（试行）》强调师范专业的学生应具备反思改进的能力，具有反思意识和批判性思维素养，初步掌握教育教学反思的基本方法和策略，能够对教育教学实践活动进行有效的自我诊断，提出改进思路。这些文件从反思意识的培养、反思方法的掌握、反思习惯的养成和反思价值的认识等方面高度关注小学教师的教学反思能力，在政策方面为小学教师教学反思能力的培养指明了方向。

一、教学反思的含义

反思和思考是人们生活中常用的一对概念，二者有什么联系和区别？

（空白框）

"反思"就是"反省"，强调反思对人成长的作用，这是大多数学者的观点。"吾日三省吾身"（《论语·学而》），意思是我每天多次反省自己，强调对已经做过的事情进行思考。在这个意义上，反思就是对自己的思想、心理感受的思考，对自己体验过的东西的理解或描述。杜威在《我们怎样思维·经验与教育》一书中对反思进行了界定，认为反思就是反省思维，从本质上说是思维的另一种方式。但是这种反思是需要经过反复思考的，这个过程是教师自我解剖的过程，对于活跃思维起到了很大作用。①在他看来，反思是解决问题的一种特殊形式，是一个能动的、审慎的认知加工过程，包含大量涉及个体内在信念和知识。已有学者对反思含义的研究主要聚焦于反思是对已经发生过或者正在发生的事情的思考和批判，反思的对象是活动的全过程，而不是对某一阶段的反思。反思需要经过思考和整理，而不是简单地照搬全抄，反思是为了更好地发展。

近年来，我国学者对教学反思技能的研究越来越深入。熊川武教授是关注和研究反思性教学最早的学者之一，他认为教学反思是"教学主体借助行动研究，不断探究与解决自身和教学目的以及教学工具等方面的问题，将'学会教学'与'学会学习'结合起来，努力提升教学实践的合理性，使自己成为学者型教师的过程"②。申继亮认为教师的教学反思是教师教学认知活动的重要组成部分，贯穿于教学活动的始终。教学反思是指教师为了实现有效教学，对已经发生或正在发生的教学活动，以及这些教学活动背后的理论、假设进行积极、持续、周密、深入、自我调节性的思考，在思考过程中，能够发现、清晰表征所遇到的教学问题，并积极寻求多种方法来解决问题的过程。③邓纯臻、杨卫安认为教学反思有广义与狭义两种理解，广义上是指教育反思，包括对"教"和"育"两个维度的反思；狭义上特指对教学的反思，指教师对教学实践活动中各个环节进行审思与批判、调整与完善，并重构教师自己的认知图式，以完善教学过程、提升教学质量、促进师生双边成长与发展的实践与思维过程。④

教师的教学反思既是一个能动的、审慎的认知加工过程，也是一个与情感和认知都

---

① 杜威.我们怎样思维·经验与教育[M].姜文闵，译.人民教育出版社，2005：11.
② 熊川武.论反思性教学[J].教育研究，2002(7)：12-17.
③ 申继亮.教学反思与行动研究——教师发展之路[M].北京师范大学出版社，2006：72.
④ 邓纯臻，杨卫安.教学反思：卓越教师核心素养养成的有效路径[J].现代基础教育研究，2021，41(1)：36-41.

密切相关且相互作用的过程。教学反思是教师通过回顾、重建、再现、批判性地分析、检查与评价自己的课堂表现，发现、清晰表征所遇到的教学问题，并积极寻求多种方法来解决问题，从而提高教学实践有效性的行为方式或过程。其中"回顾、重建、再现"是指教师多角度、多方面地分析、评价教学活动及其背后的观念、假设，进而做出合理的判断和选择。"积极寻求多种方法来解决问题"是指教师愿意对教学活动及其背后的观念、假设进行思考，并进行改进，最终教师能运用上述思考的结果，对教学活动进行监控、调节，进而提高教学效果，促进学生、教师共同发展。

二、教学反思的特征

教学反思是一种通过提高教师的自我觉察水平来促进教学能力发展、提升教师专业水平的途径。教学反思不同于一般的教学思维，具有以下特征。

（一）目的性

教学反思是对以往教学经验的重新组织与建构，以达到对教学活动的背景、教学经验以及教师自身文化环境等产生新的理解的目的。教师期望通过反思更新教学理念、重构方案，以指导教学实践或解决相关问题，提高教学效率与效果，达成师生共同成长的目的。

（二）情境性

教学反思是教师对教学实践进行的一种思考活动，需要依托日常的教学活动。教师每天所面对的情境是不确定的、复杂的，这种变动不居的特性，使得教学反思的情境性非常明显。

（三）问题性

教学反思始于质疑中发现的问题，是一个用问题促进反思者不断思考、反省，寻求解决方案的过程。反思来自自我意识的觉醒，而自我意识的觉醒产生于引起怀疑、困惑的问题，进而在分析问题的基础上解决问题。

（四）过程性

教学反思指向问题解决和行动改善，本质上是一种问题解决的过程。教学反思的过程性一方面是指具体的反思是一个过程，要经过意识期、思索期和修正期；另一方面，其是指教师的整个职业成长要经过长期不懈的自我修炼。

（五）实践性

教学反思的来源是教学实践，没有实践的反思是"无源之水，无本之木"，是"空想"和"假想"。教学反思贯穿教学过程的始终，是教师思维及本我认知的实践。教学反思起源于教学实践，又要回归教学实践。

三、教学反思的功能

教学反思是教师专业发展和个人成长的核心，是优秀教师成长过程中不可或缺的重要环节，是任何一个优秀教师的必备技能。[①]作为教师专业发展的核心技能，教学反思能够有效促进教育实践从经验积累向理性建构的质变跃升，对提高教育教学质量、促进教师专业发展和推动新课程改革的实施具有十分重要的意义。

（一）提高教育教学质量

现代教育观和新课改要求教师不能只做教书匠，而要做塑造学生品格、品行和品位的"大先生"。传统的"教书匠"只是教学，缺乏研究和反思以及反思后的实践。而现代教育观对教师的要求是要做教学的研究者，不断发现问题、分析问题，不断反思、总结经验，然后用于实践，再发现、分析、反思、总结。教学反思的出发点是改进教育教学实践。教学反思一方面有利于教师发现教学中的闪光点。教师在教学中与学生交流融洽，课堂氛围活跃，课堂效果可能会更佳。另一方面，教师通过反思教学中的失败之处和存在的问题，完善教学内容，有效减少教学失误的出现，使教师能够更好地理解教学，实现自我认知，帮助教师将教育教学理论知识、实践经验进一步内化、系统化，使教师对其教学活动形成比较深刻的认识和理解，进而提高课堂教学质量，有效提升人才培养质量。

（二）促进教师专业发展

教学反思既是一个思维的过程，也是一个将思维付诸行动的过程。教师在日常教学的基础上进行检验和评估自身教学的习惯，能够深入探究教学并批判性地思考教学工作，进而促进自身专业发展。杜威认为不进行教学反思的教师没有批判意识，自然而然地接受学校的日常现实。不反思的教师倾向于关注最有效的实践工艺和解决问题的方式，不去质疑看待问题的普遍方式，不考虑其他可能存在的看待问题和现实的方式。[②]教学反思源于问题和困惑，不会反思的教师，其教学方法和教学能力更多是数量上的增长和时间

---

① 杨杰，程岭.教师的教学反思：内涵、价值与提升路径[J].中国教师，2022（10）：84-86.
② [美]詹姆斯.M.库珀.如何成为反思型教师 课堂教学必备技能[M].第九版.赵萍，郑丹丹，译.中国人民大学出版社，2018：8.

的重复；而会反思的教师，其教育智慧会随之不断增长。教师在进行教学反思过程中不仅能适时改变新的策略来适应学生，还能不断适应复杂多变的教学环境。教师利用已有知识、经验和价值观，分析和探讨问题的解决方案，建立科学的教学理念，将教学经验转化为实践智慧，进而改进教育教学实践。通过实践进行检验，根据实践结果重构或开启下一轮反思，在发现问题和解决问题的过程中，促使教师由"经验型教师"向"反思型教师"转变，促进教师的专业发展。

（三）推动新课程改革的实施

教师是教育发展、课程改革的关键性人物，是课程实施的直接参与者、反馈者与建设者，课程改革是教育发展的必经之路，是提高教师业务水平的不竭动力。新课程改革能否顺利进行，在很大程度上取决于教师的参与程度。我国新一轮课程改革在教学方面，在原有课程基础上，在教材编写、教学目标、教学结果、教学内容、教学方法、教学过程、教学评价等方面给教师更大的发挥空间，更加注重知识与能力、过程与方法、情感态度与价值观，注重科学探究的方法。这对教师专业发展提出了更高的要求，要求教师不仅在教育管理、教育教学和教学研究等方面一直保持学习，还要求教师在教学过程中通过不断反思来促进专业发展。新课程改革背景下教师的教学还存在更多的不确定性，这就需要教师改变传统的教育观念和教育模式，分析教学理论和教学实践中的各种问题，通过教学反思，以新的课程理念为指导，积极审视、质疑、研究和改进教育教学实践，推动新课程改革。

四、教学反思的内容

教学反思案例

教师一：在《明天要远足》的课文教学中，以认识生字和书写为主，因此在写字方面我放手让学生自己说笔画顺序、观察字形，然后示范书写，学生进行练习。在整个过程中突出了学生的主体地位。

教师二：在《小小的船》课文教学中，我借助图片，引导学生理解"船儿"和"月儿"的相似之处，从而促进对句子的理解，想象船儿和月儿的可爱，为后面体会充满童趣的幻想作铺垫。

思考：上述两位教师主要从哪些方面进行教学反思的？教学反思应该包含哪些内容？

反思内容主要是指已经发生或正在发生的教学活动以及这些教学活动背后的理论、假设。一般包括对教学理念、教学设计、教学过程和教学效果的反思。

（一）教学理念

教学理念是教师对教学活动和学习活动规律性认识的集中体现，也是教师对教学活动的态度和观念，是教师从事教学活动的指导思想和行动指南。教师的教学理念不是一朝一夕形成的，需要长时间积累和改进。教学理念是教师行为的前提，是行为的导航灯，可以说有什么样的教育理念便会有怎样的教学行为。新课程改革对教师的教学理念有了新的要求，要求教师给学生创造自主、合作探究学习的机会，充分发挥学生的主体性和创造性。

因此，教学反思既要反思教学行为，也要反思行为背后隐藏的理念，对教学理念的反思是教师反思的一项重要内容。只有对自己的教学理念不断进行反思，教学理念才能更新，教师才能不断地改进自己的教学行为。教师在反思自己的教育活动时，除了多问自己"我应该怎样"，还应该多问自己"为什么会这样""我这样的思想根源是什么"等问题。

反思自己的教学理念在整个教学中是否得到落实。可以通过思考以下问题进行：

（1）教学目标设计符合新课程理念要求吗？

（2）教学内容的选择符合课程标准的要求吗？

（3）教学方法的选用体现学生的主体性了吗？

（4）学科理念是否得到有效落实？

（二）教学设计

教学设计是一堂课的构想，是把教育原理转化为教学实践的计划，主要包括教学目标、教学内容、教学方法等方面。教学设计的科学合理性影响教学效果的达成，对教学设计的反思可以从教学目标、教学内容、教学方法等方面进行。

对教学设计的反思，可以通过思考以下问题进行：

（1）教学设计与教学实践是否相符？是否体现因材施教？

（2）教学目标界定是否清晰？是否具有可操作性？

（3）教学目标是否能转化为学生的学习需要，发挥其主观能动性？

（4）教学内容是否与目标相符？

（5）教学内容是否具有科学性、合理性和趣味性？是否符合学生年龄发展特点？

（6）教学方式是否重视学生的自主、探究或合作？

（三）教学过程

教学是指教师的教和学生的学，在这个过程中会产生一些过程性、生成性的内容，这个过程伴随着教师的行为和学生的参与情况，还会出现一系列复杂的问题，如课堂偶发事件的处理、教学时间的把握等。通过反思教学过程中教师的行为、学生的行为和教学动态生成情况，可以加强教学的科学性，改进教学方法，同时也能激励学生，从而达到理想的教学效果，提高教学质量。教育是为了学生的发展，这要求教师在反思自己教学行为的同时，观察并反思学生的学习过程，检查、审视学生在学习过程中学到了什么、提高了什么能力、发现并解决了哪些问题。

对教学过程的反思，可以通过思考以下问题进行：

（1）你收集到学生的哪些反馈信息？处理了吗？

（2）面对课堂中的偶发情况，你的应变措施得当吗？

（3）师生之间、生生之间交流时生成了哪些新问题？你如何处理？有进一步研究探讨的必要吗？价值何在？

（4）教师采用了哪些教学方法？取得了什么样的效果？

（5）在课堂教学过程中，学生能做到专心听讲吗？

（6）学生参与课堂的情况如何？

（7）学生学习的习惯、能力如何？

（8）学生的收获、目标达成情况怎样？

（9）课堂教学管理手段是否得当？是否营造了良好的学习氛围？

（四）教学效果

教学效果是指授课教师实施授课后所取得的结果。可以通过检验直观呈现的教学效果来评价自身的教学活动。对于教学效果的反思，通常需要教师从学生知识的掌握程度、学生课堂的参与程度、教学目标的完成程度等多方面进行反思。在反思分析学生的课堂参与情况时，需要注重"质"和"量"。同时，学生是教学活动的主体，一切教育教学的最终目的都是使学生得到发展。因此，应以学生身心各方面能否在教学活动中得到良好的发展作为反思教学效果的落脚点。对教学效果的反思，有助于积累好的教学经验，总结和改进不足之处，从而促进学生全面发展。

对教学效果的反思，可以通过思考以下问题进行：

（1）教学是否达到了预期目标？

（2）教学中，学生哪些方面获得了成长？

（3）教学中，教师哪些方面得到了发展？

（4）教学评价是否合理？是否符合现代教学观？

（5）教学评价是否注重知识与能力、过程与方法、情感态度价值观的多维评价？

第二节　教学反思的过程和方式

一、教学反思的过程

教师面对问题、困惑或有趣的现象时可能会产生三种反应：一是采取逃避的策略，不理会这些现象而去做其他事情。二是可能会想入非非，采用幻想的办法应对这些现象。三是下定决心真诚地面对这些现象。在第三种情况下，教师便开始有了反思思维。综合多位研究者的研究观点和研究发现，教学反思的基本过程为识别问题—描述情境—分析与概括—付诸行动。[①]

（一）识别问题

问题是反思的起点，识别问题是教学反思的首要环节。当行为产生预期的结果时，教师可能不会去思考它。但是，产生教师没有预期或超出预期的结果时，教师就会感到困惑，由此产生反思。比如，教师发现学生对参与回答问题积极性不高时，教师就将提问转换为让学生自己出题、其他学生回答问题的形式，提高学生的学习兴趣，这就是识别问题的过程。一项对课程改革中教师改变历程的研究发现，教师通常是在解决由于新旧教学传统所形成的矛盾过程中产生改变的，这种矛盾的出现有两方面的原因：一是教师对采用传统教学方式所产生的教学效果不满。二是由于新的改革，新的学习理念和经验与传统的教学方式之间产生紧张关系。问题是在教学实践中建构出来的，所以需要教师在实践中发现问题、识别问题。

（二）描述情境

有了问题和困惑说明有了探究的方向，但这并不等于需要解决的问题已经清晰。问题的存在一般不可能脱离特定的情境，即问题与情境是不可分离的。在识别问题的基础上要对所处的情境进行描述，只有在对问题情境进行细致描述的基础上，才能明确如何更好地界定和解决问题。

---

① 赵明仁.教学反思与教师专业发展——新课程改革中的案例研究[M].北京师范大学出版社，2009：52.

（三）分析与概括

对实践的分析与概括是教学反思过程的主要环节，分析能够解释教学中的意义，概括能够说明意义之间的关系。在确定问题和描述情境的基础上，通过对教学活动实践经验的分析与概括，借鉴已有经验和事件，加以思考和分析，提出解决问题的方法。

（四）付诸行动

积极的行动也是学习的过程，教师基于对问题的分析与概括，对自己的行动有了更深的理解，将提出的假设和解决问题的方案付诸行动，检验所形成的概括和假设。不断尝试、修正自己的教学理念、行为等，同时汲取教训，避免日后教学过程中再次出现同样的问题，促进教师的专业成长。教学反思的过程如图 5-1 所示。

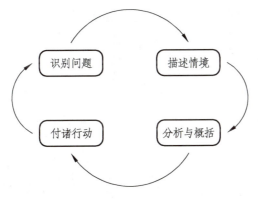

图 5-1 教学反思过程

 **拓展阅读**

教学反思的层次

教学反思帮助教师发现问题、分析问题，反思后采取相应的措施来解决问题，改善教学，更新知识体系，重构认知系统。教师在"反思—改进—提升"的良性循环中提高反思能力。教学反思的水平，反映了教师教学反思的深度。根据教师教学反思的水平和深度，通常把教学反思分为技术性反思、理解性反思和批判性反思。

第一个层次是技术性反思，主要是对一般教学行为和课堂管理进行反思，以寻找更有效的途径来达到预期目的。达到预定的课程目标知识来源于外部的权威，而非课程实践。这种知识必须以命题的形式呈现出来，是技术化的。

第二个层次是理解性反思。理解性反思主要基于教师的价值观、教育理念，不仅关注学生的学业成就，而且关注学生的心理和全面发展，还关注情境对于实践的意义。反思的焦点是教育经验的本质和质量。反思的对象不仅指外在的课程实践者的知识如何有效地运用于实践，还重视对自身实践进行深入的理解和诠释。

第三个层次是批判性反思，强调把批判性的意识付诸行动，课程目标不能依赖外在的权威，实践者具有自我决定性。实践者通过对行动情境、对自己作为教师的意象和对习以为常的教学假设的重建来进行经验的重建。

二、教学反思的方式

【问题导入】

你认为应该如何进行教学反思？请自选最近的一次课进行教学反思，写一篇教学反思记录。

教育理论研究以及教学实践都表明，一个善于对自己的教育教学行为进行反思的教师，常常是能够较快熟悉教学情境、掌握教学技能、形成教学本领的教师。教师进行教学反思的方式一般包括教学反思日记、教后感、行动研究等。

（一）教学反思日记

教学反思日记可以帮助反思者系统地反思自己的教学行为、工作状态、个人的专业发展和价值观等。反思日记的内容可以是一次教学活动，也可以是一段时间发生的事。一般会描述事件的情节，对事件作出解释和说明，运用相关理论分析原因与影响因素以及可能造成的影响，还可以记录通过事件联想到的关联事件和问题以及从中学到的东西，针对事件做出假设，提出可能的改善方案。为了保证日记能够真实、客观地反映教学现实，最好在事件发生后及时进行记录。教师通过写日记的方式，通过自我叙事、回忆、观察、评价等，记录和描述自我成长和经历中印象深刻的事件、课堂故事、学习讨论、教学体验、课堂听课、教后感等，可以使教师在更加平静和专心的情境中重新审视这些事件，针对出现的问题提出可能的解决方案，促进个人思考和思维水平向纵深发展。国外一位中学教师，曾如此描述日记与自身成长的关系："日记是一种有价值的工具。我经常回来读一读在过去一周发生了些什么。我能够注意到一些关于我教学的事情，如有用无用的教训，我每星期至少做四次记录，这看起来是能使我专注于教学的关键问题。"[①] 通过撰写日记，教师可以定期回顾和反思日常的教育教学情景。在回顾和反思的过程中，教师将更加了解自己是如何组织教学的、最适合自己的教学方式是什么等。教学反思日记既记录了教师在思考能力和问题解决能力方面的成长过程，也是对传统经验的批判和挑战，是自我理解和教学思维生成的重构，为自身专业发展奠定了良好的基础。教学反思日记既包括反思教学的闪光点，即反思教学目标是什么、为什么达到了、课堂教学中学生的精彩回答等，还包括教学的遗憾之处、对课堂中偶发事件的处理等。

案例：冲啊　（1月27日）[②]

早上分析了练习一中的练习题，又学习了"有括号的四则运算"。(15+20)×3，孩子们读："小括号 15 加 20 小括号乘 3。"我说："你们听我读。15 加 20 的和乘 3。咱们读法不同。为什么我的读法是被数学家肯定的读法，而你们的读法却被淘汰了呢？"

不问这个问题，对孩子们来说就是"不可以，你们必须这样读！"的硬命令；问了这个问题，对孩子们来说就有了探究的味道。

"因为你读的字少，数学是越简单越高级。""因为'括号''括号'很难听，你的读法听起来更有学问。""因为你读看谁与谁的和乘 3，我们不读括号也能知道是加法先算。"各种意见此起彼伏。"好吧，服了你们了。综合各位说法就是老师这样读，不仅清晰地表达理论运算顺序，而且简洁。"我在学生说完之后及时做了总结。

到现在，孩子们脑海中的四则混合运算的顺序已经有三种：同一级运算，从左往右算；加减乘除混合，先乘除后加减；有小括号的先算括号里面的。一节课犹如冲锋陷阵般就结束了第一单元新课的例题。把书本往后一翻，竟然是第二单元的内容了。孩子们不由"啊"地叫出了声。

（二）教后感

教后感指的是教师以体会、感想、启示等形式对自身教育教学行为进行批判性的思考。它不同于日志、叙事等一般性记录和白描，也不同于案例有明确的问题发现、分析、

---

① [美]阿哈（J.M.Arhar），等.教师行动研究——教师发现之旅[M].黄宇，陈晓霞，阎宝华，等，译.
　　中国轻工业出版社，2002：236.
②刘善娜.爱上我的课堂——一位小学数学教师的教学反思日志[M].宁波出版社，2014：47.

解决线索，而是在记录教育事实的基础上进行的思考和评判。[①]教后感属于对教育教学实践或行为的有感而发，即一堂课结束之后，教师可以通过回答问题来分析自己的教育教学行为。这些问题如：这堂课是否达到了预期的教学目标？为什么？在教学过程中比较成功的是什么？哪些方面还需要进一步改进？这堂课发生了哪些让人印象深刻的事件？我之后需要注意哪些方面？教后感是教学反思的源头，在撰写教后感的过程中可以以写促思、以写促改，在不断反思和改进过程中形成自己独特的教学风格。

《长城》教后感

《长城》是小学四年级上册第五单元的第一篇课文，对整个单元有开篇的作用。开篇，我让学生分享了提前准备的一些关于长城的资料，拓展关于长城的知识；接着出示长城的图片，以"说说你眼中的长城是什么样子的？"引出"作者眼中的长城是什么样子的呢？"接着请同学们朗读课文找一找，学生找得又快又准，直接找到了文章的最后一段，也就是文章的中心句；接下来让学生默读课文，感受世界奇迹长城，并请学生单独朗读。在朗读过程中，让学生思考每一段都讲了什么内容。同时，强调易错字，让学生学习本课的生字词。

通过提问和讨论，引导学生用一个词概括出每段的内容，效果很好。每次我都回到中心"奇迹"，引导学生总结本篇课文用了什么样的写作顺序、文章结构是怎样的，通过讲授、讨论、提问等较好地达到了预期的教学目标。不过，本节课还存在不足之处：一是没有给学生充足的时间思考和讨论，急于引导，没有给学生足够的自主权；二是教学方法较为单一，教学过程较为平淡。在之后的教学中将丰富教学方式，增加一些课堂分享的环节，激发学生参与课堂的积极性。

上述示例将教学过程作为反思的对象，对教学过程中的教学设计、教师的行为、学生的行为以及发生的事件进行思考与分析，对课堂教学中的成功之处和存在的问题都进行了阐释，并提出了改进措施。

（三）行动研究

行动研究即将反思嵌入真实的教育情境中，针对实践中的具体问题，运用观察、访谈、调查问卷、查阅文献等方式，分析问题产生的原因，并设计和实施研究方案，以解决问题，这是教师进行教学反思的一种策略。澳大利亚学者凯米斯(S. Kemmis)认为，行动研究是社会情境中的实践者为了提高对所从事实践的理性认识，改善他们的实践活

---

① 郑金洲.新编教学工作技能训练[M].华东师范大学出版社，2007：125.

动及其所处的社会情境而进行的自我反思的探究形式。教育中的行动研究就是反思性实践者在具体的、真实的、不确定的教育情境中不断分析和解决问题。这种反思方式的操作程序一般为：首先，教师在实践和反思之后提出自己要研究的问题；其次，围绕问题进行文献查阅、资料收集，在此基础上提出假设，制订解决该问题的行动方案；再次，根据行动方案展开行动研究，在这个过程中结合实际不断调整研究方案；最后，结合行动研究的实施，撰写研究报告。通过行动研究，教师从注重技术性转移到对教学过程的审视，将注意力从教学技能转移到批判性思考教学实践中蕴含的原理。教师在真实的教育情境中通过切实的行动研究，以"问题—计划—行动—反思—计划—行动"螺旋上升式实践逻辑，通过反思与行动相结合的形式逐步解决实践问题，在问题的解决过程中增进对教学的深入思考，深化对教师角色的认知，帮助教师形成解决问题的习惯和能力，促进教师的专业化发展。

除了上述常用的教学反思方式，还有交流探讨、自评教学录像、教学档案等。

📝 拓展阅读

反思实践问题的方式①

对教学实践的反思可以采取多种方式。

一是视频记录。录像从视觉和听觉两个方面记录了课堂上发生的事件，能够帮助教师回忆当时的事件、情绪和意图。视频也将教学内容客体化，降低教师的防卫感，使教师更加乐意考虑其他选择。观看自己的教学录像几乎总能让教师发现自己身上存在的、从前没有意识到的行为模式。反思这类行为模式对学生学习产生的效果，可以帮助教师判断是继续还是改变当前的行为模式。

二是教学档案袋。教学档案袋由记录教师专业发展和成长的资料组成（包括录像、测验、备课记录、学生作品和其他教师制作的材料）。教师可以选择放入档案袋的物品，但是需要想明白，放入档案袋的物品说明了什么、为什么要将这些物品放入档案袋。回顾和阅读档案袋使教师能够反思教学实践，发现自己在实践中的长处，思考需要改进的地方。教学档案袋既可以是数字化的，也可以是纸质的。

三是同事。与指导教师或同事一起工作，了解他人的视角和新的想法时，教师反思会更加容易。向其他教师展示自己的教学，教师的想法得以显性化，并且态度会更加开放，乐于接受他人的观摩和意见。条件允许的话，也可以观摩其他同事的教学，听别人的课能够帮助教师思考自己的实践，也会给教师新的启发。

---

① [美]詹姆斯.M.库珀.如何成为反思型教师 课堂教学必备技能[M].第九版.赵萍，郑丹丹，译.中国人民大学出版社，2018：10.

第三节　教学反思技能实训

教学反思是教师分析教学的一门技术，是教师内部、自身的意识，可以经常性地提取、使用，通过审视、回顾指导教学实践。教学反思能力的培养是对教学问题进行深度思考、深度学习的过程，可以提高问题解决能力、创新能力和批判思维能力等，帮助教师生成反思实践中的教育智慧，促进教学创新。教学反思技能需要通过专门的训练和培养获得。

一、训练目标

（1）识记教学反思的含义，掌握教学反思的内容和过程。

（2）能根据实际教学情况，做到积极反思，不断认识和改变教学过程中的不足。

（3）学会写反思笔记。

（4）能对自己的教学反思做出正确的评价。

二、训练程序

（一）理论学习

通过学习教学反思技能的基本知识，为反思技能的训练奠定基础。具体而言，应该掌握以下内容：

（1）教学反思的含义和特征。

（2）教学反思的功能。

（3）教学反思的内容和过程。

（4）教学反思的方式。

（二）实践训练

1. 案例评析

请根据教学反思的相关知识，阅读下面这个教学反思案例，进行点评。

《谁的本领大》教学反思

今天讲授了《谁的本领大》这篇课文。本课是一篇寓言，讲述了风和太阳一开始都以为自己的本领最大，后来两次比试之后才知道各有本领。在教学过程中，我先引导学生认识课文中的生词，接着带读，让学生能够正确、流利地朗读课文。然后全班学生一起朗读，接着一个组一个组朗读。还没等小组全部朗读完，感觉学生已不再兴趣盎然，因为活动形式太单一了。我叫停了小组朗读活动，转变为分角色朗读，要求要读出角色的骄傲、自大以及比赛后情感的变化，学生的积极性一下又被提高了。

点评：案例中的老师在课堂教学过程中通过观察学生的行为举止，注意到学生的兴趣不大，是因为活动形式单一，于是马上转化为另外一个活动，新的形式又提高了学生的学习兴趣。发现问题、分析问题、解决问题是课中反思过程的主要环节。教师要争取做到每堂课有反思，每堂课有进步。

2. 实践训练

（1）撰写教学反思日记。请根据教学反思的相关知识，结合下面这篇课堂实录，撰写一篇教学反思日记。

《弘扬民族精神和时代精神》的讨论

《弘扬民族精神和时代精神》一课中有两个问题：一是主要吸收外来文化的哪一方面？二是同发达国家相比我们在哪些方面还有差距？

我们主要通过讨论法来研究这两个问题。有的学生认为应该吸收外来文化中积极向上的东西；有的认为应该吸收企业管理方面的经验；有的认为要学习外国的技术，因为科学技术是第一生产力。这时，突然有个同学提出："外国的社会制度也是需要学习的。"此话一出，整个班一阵喧哗。我对他说："请说说你的理由！"这个学生回答说："因为资本主义国家都那么富裕。"有同学起来反驳："中国底子薄，起步晚，所以才相对落后。"另一位同学说："我国现在的发展速度比资本主义国家要快得多。"还有位同学说："我们只是经济发展的基数小，但发展速度还是很快的。"

教师进行总结：我想，从刚才的争论中，大家已经明确了我国经济相对落后的客观原因。可以说，因素有很多，有历史的，有现实的。但是，在众多因素中，我们只有找到根本原因，才能采取行之有效的解决办法。在这里，老师只给大家留一个问题课后去思考：近代我国贫穷和落后的根本原因是不是社会制度？是不是所有的资本主义国家都比社会主义国家富有？

（2）撰写教后感。请用教学反思的相关知识，观看自己或他人的教学录像，观察教师和学生在课堂上的表现，结合教学反思的相关知识，运用多种方法进行反思，撰写一篇教后感。

（3）训练评价。在进行教学反思技能训练评价时，可以参照表 5-1 给自己进行反思技能评分。通过分析教学反思的目的、内容、方式、相关理论分析和改进意见的提出等评价教学反思的有效性。

表 5-1　教学反思评价表

项目：　　　　　　　　　　　　　　　　日期：

评价标准	评价成绩	参考权重
教学反思目的明确		20
教学反思内容清晰（涉及教法、学法、教学设计、组织教学等关键问题）		20
反思方式多样，具有可操作性		20
反思中能结合相关理论进行分析		20
能针对自己的不足提出改进意见或新的策略		20
总评：A：优秀（90 分及以上）　B：良好（75~90 分） C：合格（60~75 分）　D：不合格（60 分以下）	总成绩	评价等级
改进意见：		

📖 本章小结

本章主要讨论了教学反思技能的内涵、特点、功能、内容，以及教学反思的过程和方式、教学反思技能的训练。

明晰教学反思的内涵是开展教学反思技能实训的前提。教学反思是教师通过回顾、重建、再现、批判性地分析、检查与评价自己的课堂表现，发现、清晰表征所遇到的教学问题，并积极寻求多种方法来解决问题，从而提高教学实践有效性的行为方式或过程。教学反思具有目的性、情境性、问题性、过程性和实践性等基本特征。

教学反思对提高教育教学质量、促进教师专业发展和推动新课程改革的实施具有重要意义。

反思内容是教学反思得以进行的载体，一般包括对教学理念、教学设计、教学过程和教学效果的反思。教学反思的基本过程为识别问题—描述情境—分析与概括—付诸行动。教师进行教学反思的方式一般包括教学反思日记、教后感、行动研究等。

学习研究

教师作为教育变革的核心参与者，是确保教育质量的中坚力量。教师的专业发展直接影响教育变革的进展与教育质量的改善。教学反思作为教师专业发展的重要途径，逐渐成为广大教育决策者、管理者以及一线教师关注的重要问题。随着社会的发展，信息技术作为社会历史发展的新生事物与教育发展的新知识形态，信息技术打破了传统的课程教学结构，带来了新的教师教学变革，改变了传统的教师课堂教学方式，也改变了学生学习的样态。

为此，国家先后制定了《国家中长期教育改革和发展规划纲要（2010—2020）》《国家中长期人才发展规划纲要（2010—2020 年）》以及《中国教育现代化 2035》等重大教育改革政策文件，要求探索现代信息技术与教育的全面深度融合，充分发挥教育信息化在教育改革和发展中的支撑与引领作用。信息技术与课程整合已成为教师教育课程改革的重要组成部分，是新课程改革的重要选择。信息技术的快速发展带来新的教育范式与新的教育形态，面向信息技术的教师专业发展也迎来了新的发展机遇，伴随着信息技术与教学反思的深度融合，教学反思的形态也会随之发生改变。

思考：在信息技术与课程整合的背景下，小学教师的教学反思应该是什么样的？小学教师应如何利用信息技术进行反思？小学教师整合技术的教学反思发展策略有哪些？

技能实训

1. 设计一节课，进行试讲并对自己的教学进行反思。

2. 收集一些教后感的案例，分析其写作反思和技巧，回忆自己的教学经历，对自己印象深刻的那节课进行思考，分析其成功之处和不足之处。

课后思考题

1. 我国著名的教育家叶澜教授说过："一个教师写一辈子教案不一定成为名师，一个教师写三年教学反思可能成为名师。"请谈谈你对这句话的理解。

2. 教学反思需要恰当的角度，在进行教学反思之前我们可以先确定一堂好课的标准，然后以这些标准为行为观测点进行反思。请查阅资料，讨论和分析"一堂好课"的标准是什么。

下 篇

学科教学技能

第六章　语文教学技能

学习目标

1. 学习《义务教育语文课程标准》（2022 年版），理解其主要精神和具体要求。
2. 认识小学语文教学技能的重要性，明确三种小学语文教学技能的特点和操作要领。
3. 结合案例分析，学习语文教学技能及其在教学实践中的运用。

学习提示

本章主要通过解读《义务教育语文课程标准》（2022 年版）的主要内容，明确课标的核心思想和创新点，并对课标在教学实施时应注意的问题进行探讨。在此基础上介绍了小学语文教学主要技能的特点和操作要领，结合案例分析对三种技能的具体运用进行了示范和评价。

第一节　课程标准解读

2022 年 4 月，在新课程理念落地 20 年之际，各学科在经历了 2001 年的"实验稿"和 2011 年的"修订稿"之后，新的《义务教育课程标准》正式颁布了。这是我国基础教育的一件大事，是广大基础教育界的教育工作者、科研工作者在践行新课程理念 20 年里不断从实践中积累经验改革创新的结晶，也是贯彻落实党的十九大精神和全国教育大会精神、深化基础教育改革、促进义务教育高质量发展的育人蓝图。

"标准"就是"衡量事物的准则"。2022 年颁布的《义务教育语文课程标准》（以下简称"2022 年版课标"）凸显了"准则"的特点，对义务教育语文课程的性质、地位、理念、目标、内容组织、学业质量评价、实施建议等方面有了更明确的要求和指引。

一、课程性质和地位

2022 年版课标开篇就说："语言文字是人类社会最重要的交际工具和信息载体，是人类文化的重要组成部分，语言文字的应用，包括生活、工作和学习中的听说读写活动以及文学活动，存在于人类社会的各个领域。"把语文学习放在一个重要的位置，为后面课程内容的组织与呈现定下了基调。

课标延续了 2011 版"语文课程是一门学习国家通用语言文字运用的综合性、实践性课程""工具性与人文性的统一,是语文课程的基本特点"关于课程性质的表述,并进一步提出语文课程"要在真实的语言运用情境中,通过积极的语言实践,积累语言经验,体会语言文字的特点和运用规律,培养语言文字运用能力;同时,发展思维能力,提升思维品质,形成自觉的审美意识,培养高雅的审美情趣,积淀丰厚的文化底蕴,继承和弘扬中华优秀传统文化、革命文化、社会主义先进文化,增强对习近平新时代中国特色社会主义思想的理解和认识,全面提升核心素养"。这段体现课程性质的具体描述,要求教师必须在真实的语言情境中开展语文学习活动,强调语文学习的实践性。

"语文课程在推广普及国家通用语言文字、增强凝聚力、铸牢中华民族共同体意识、建立文化自信、培育时代新人,实现中华民族伟大复兴等方面具有不可替代的优势。语文课程的多重功能和奠基作用,决定了它在九年义务教育中的重要地位。"这段话简明扼要地描述了语文课程育人的多功能性。语文学科是站在人的高度来培养学生的,这就要求教师在语文教学中立意要高,用心设计每一个学习活动,把弘扬中华优秀传统文化、革命文化、社会主义先进文化自然融入语文学习活动,润物细无声地全面提高学生的核心素养。

二、课程理念

理念,是看法、思想、思维活动的结果,强调对目标、原则、方法等的认定和追求。2022 年版课标既立足基础教育阶段课程的基础性、阶段性,又有前瞻性,和普通高中课程理念相衔接,充分彰显语文课程的育人功能和育人过程中阶段性和整体性的结合。修订后的课程理念包括五个方面的内容:立足学生核心素养发展,充分发挥语文课程育人功能;构建语文学习任务群,注重课程的阶段性与发展性;突出课程内容的时代性和典范性,加强课程内容整合;增强课程实施的情境性和实践性,促进学习方式变革;倡导课程评价的过程性和整体性,重视评价的导向作用。前四条在 2011 版的基础上,从语文素养到核心素养,从把握语文教育特点到建立语文学习任务群,从拓宽语文学习和运用领域到加强课程内容的整合,构建跨学科学习,理念更清晰,凸显了语文课程和时代发展的特点。值得一提的是第五个内容:倡导课程评价的过程性和整体性,重视评价的导向作用。本次课程改革,把课程评价的导向作用纳入课程理念,具有深远的意义。在 2011 版课标中,课程评价只在实施建议中提出,但 2022 年版课标把课程评价作为五大理念之一,达到的目的也不一样,因为这五个理念会始终渗透在课程目标、课程内容、学业质量、课程实施等维度。课程评价在建议中提出,强调的是对学习或学习结果作出评价;而在理念中提出,强调的是在学生语文学习过程中用合理的评价方式激发学生的学习热情。评价既是对学生学习情况的评价,也是一个引导学生向好的方向发展的导向，在评价过程中，使学生保持持续的热情，养成爱学语文和学好语文的好习惯。

三、课程目标

2022 年版课标的语文课程目标包括三个方面：核心素养内涵、总目标、学段目标。

（一）核心素养内涵

在 2011 版课标"语文素养"的基础上，2022 年版课标提出了"核心素养"要求，指出："核心素养是学生通过课程学习逐步形成的正确价值观、必备品格和关键能力，是课程育人价值的集中体现。义务教育语文课程培养的核心素养，是学生在积极的语文实践活动中积累、建构并在真实的语言运用情境中表现出来的，是文化自信和语言运用、思维能力、审美创造的综合体现。"义务教育阶段的核心素养表述简约，但与普通高中的核心素养紧密衔接，突出了作为基础教育阶段语文核心素养是文化自信、语言运用、思维能力和审美创造的综合体现。尤其是把"文化自信"放在第一，意在通过语文学习把中华文化深深地扎根于基础教育中。

（二）总目标

2022 年版课标的总目标，继承 2011 版总目标的培养爱国主义、集体主义、社会主义道德观形成正确价值观，弘扬传统文化，吸收优秀文化，学会方法，养成良好习惯，发展思维能力和实践创新能力等方面的核心要点，同时又融入关心社会文化，积极参与和组织校园、社区文化活动和从语文学习中发现美、表现美、创造美，提高审美鉴赏能力等要点来丰富核心素养。九条总目标，涵盖核心素养的四个方面，清晰全面地表述了义务教育阶段语文课程的培养目标，为各阶段教学做出清晰、明确的指引。

（三）学段目标

2022 年版课标的学段目标，融合了 2011 版"识字与写字""阅读""写作""口语交际""综合性学习"这五个方面语文实践活动的核心内容，提出了"识字与写字""阅读与鉴赏""表达与交流""梳理与探究"四类语文实践活动，既有继承，又有创新。

因为多年的小学语文课程改革为"识字与写字"教学活动奠定了深厚的基础，积累的经验值得继承，所以新课标基本继承了 2011 版课程目标"识字与写字"的要求：强调培养识字的兴趣、愿望和独立识字的能力；秉承"识字与写字"中"认写分开，多认少写"的基本原则，各学段识字和写字的总量不变，到第三学段认识 3000 个左右的常用汉字，其中 2500 个左右会写等。同时，2022 年版课标也在新课程理念指导下，对"识字与写字"提出一些新的要求，融入了弘扬中华优秀传统文化、坚定文化自信、提升核心素养的新要求，如第一学段提出"初步感受汉字的形体美"；第二学段提出"初步感受汉字的文化内涵""能感知常用汉字形、音、义之间的联系，初步建立汉字与生活中事物、行为的联系，初步感受汉字的文化内涵"等新要求；第三学段提出"感受汉字的构字组词特点，体会汉字的智慧"的新要求。新增的学段要求充分体现三个学段要求的连续性，使学生的语文核心素养在识字与写字教学活动中螺旋式提升。

"阅读与鉴赏"的学段要求也是在 2011 年版课标的基础上，有继承，也有发展。新课标继承了 2011 年版阅读教学活动的要求，即注重阅读兴趣、阅读能力和阅读习惯的培养，对阅读和积累的量都有一致要求。同时，紧扣 2022 年版核心素养和课程理念，新课标在阅读活动要求上又有发展。首先是在第二学段提出新增阅读方法目标，要求学生学习圈点、批注两种阅读方法；其次是在第三学段新增"阅读非连续性文本，能从图文等组合材料中找出有价值的信息，尝试多种媒体阅读"的阅读素养和媒介要求。最突出的新增目标是提出了整本书阅读，并且在每个学段提出明确的要求：第一学段要求"尝试整本书阅读，用自己喜欢的方式向他人介绍读过的书，养成爱护图书的习惯"；第二学段要求"阅读整本书，初步把握文本主要内容，主动和同学分享自己的阅读感受"；第三学段要求"阅读整本书，理解主要内容，积极向同学推荐并说明"。这些新增要求紧密结合了时代发展对人才的要求。

"表达与交流"的学段要求是把 2011 年版课标中第一学段的"写话"和"口语交际"，第二、第三学段的"写作"和"口语交际"的两个语文实践活动的要求进行了融合，新增的要求只有在第二学段的第三条提到"能主动参与日常生活的文化活动，根据不同的场合，尝试运用合适音量和语气与他人交流，有礼貌地请教、回应"和第三学段的第二点要求中"根据对象和场合，稍作准备，做简单的发言"。这两个学段的新增要求都是针对口头表达提出的，是对语文核心素养的语言运用，是思维能力和审美的较好体现，突出了课程育人的特点。2022 年版课标"表达与交流"把"写话""写作"和"口语交际"融为一体，对口头语和书面语进行了有机结合，真正体现"语文"这一课程的本质和特点。

"梳理与探究"的学段要求在 2011 年版课标的"综合性学习"的语文活动领域进行了较多的修改。这一学习活动学段目标基本从汉字学习、媒介运用、语文与其他学科的融合三个方面提出，且各学段之间有很好的呼应和承接。第一，观察字形，体会汉字部件之间的关系。梳理学过的字，感知汉字与生活的联系。尝试分类整理学过的字词。尝试发现所学汉字形、音、义和书写的特点，帮助自己识字、写字。分类整理学过的字词，发现所学汉字形、音、义和书写的特点，发展独立识字能力和写字能力。第二，观察大自然，热心参加校园、社区活动，积累活动体验。结合语文学习，用口头语或图文等方式整理、表达自己在活动中的见闻和想法。学习组织有趣味的语文实践活动，在活动中学习语文，学会合作。结合语文学习，观察大自然、观察社会，积极思考，运用书面或口头方式，并可尝试用表格、图像、音频等多种媒介，呈现自己的观察与探究所得。感受不同媒介的表达效果，学习跨媒介阅读与运用，初步运用多种方法整理和呈现信息。第三，对周围事物有好奇心，能就感兴趣的内容提出问题，结合其他学科的学习和生活经验交流讨论，尝试提出自己的看法。能提出学习和生活中的问题，有目的地搜集资料，共同讨论，尝试运用语文并结合其他学科知识解决问题。初步了解查找资料、运用资料的基本方法。利用图书馆、网络等渠道获取资料，解决与学习和生活相关的问题。尝试写简单的研究报告。在第三学段又单独提出："策划简单的校园活动和社会活动，对所策划的主题进行讨论和分析，学写活动计划和活动总结。对身边的、大家共同关注的问题，或影视作品中的故事和形象，通过调查访问、讨论演讲等方式，开展专题探究活动，学习辨别是非、善恶、美丑。"目标要求的内容不是简单地增减，而是立足语文学科，结合课堂内外、学校内外，拓宽语文学习和运用的领域，在开展阅读、梳理、探究中提高语言文字运用能力，让语文学习回归生活，在学习中解决各学科的问题，在解决问题中运用语言，实现跨学科学习语文。

2022 年版课标的学段目标是围绕语文核心素养的"文化自信、语言运用、思维能力、审美创造"提出的，我们在语文教学活动中制定具体教学目标时，需要体现对"文化自信、语言运用、思维能力、审美创造"的整体融合和全面覆盖，但又不能将具体课时目标和核心素养一一对应。表述教学目标时，要围绕核心素养结合教学内容和学情进行表述。如教学三年级上册口语交际"名字里的故事"，教学目标设计时要求：第一，了解自己名字里的故事，了解名字的独特性和含义；第二，敢于分享自己名字的故事，把了解到的信息讲清楚，听别人说话的时候，要礼貌回应；第三，交流讲解家谱文化，初步感受中华优秀传统文化；第四，心怀感恩，体会名字中的特殊感情。这四条目标，虽然没有和核心素养的四个方面一一对应，但都结合教学内容涵盖了四个方面的素养。

四、课程内容

2022 年版课程标准增设了课程内容方面的要求。课程内容围绕"中华优秀传统文化""革命文化""社会主义先进文化"三个大的主题设计语文学习任务，再围绕特定主题，确定内在逻辑关联的语文实践活动，整合学习内容，分三个层次设置了学习任务群。其中，第一层设"语言文字积累与梳理"1 个任务群，第二层设"实用性阅读与交流""文学阅读与创意表达""思辨性阅读与表达"3 个发展型学习任务群，第三层设"整本书阅读""跨学科学习"2 个拓展型学习任务群。根据学段特点，学习任务群安排可有所侧重。新课标修订负责人王宁教授这样解读："所谓群，是在真实情景下，确定与语文核心素养生成、提升相关的人文主题，组织学习资源，设计多样的学习任务，让学生通过阅读与鉴赏、表达与交流、梳理与探究的自主活动，自己去体验环境，完成任务，发展个性，增长思维能力，形成理解应用系统。这种人文主题的任务群，是在学校课程总设计和实施的环境下，由学校和教师组织并有计划地引导完成。它与过去的教学模式有内在区别——课程中有文本，但不以文本为纲；有知识，但不把训练当作纯技巧进行分解训练。教师是组织者，学生是主体，师生互动。"

第二节　小学语文教学技能

小学语文教学技能从教材分析到模拟上课，其间还涉及教学设计、语言表达、课堂观察、提问、导入等技能，本节主要阐述教材分析技能、语言技能和模拟上课技能。

一、教材分析技能

（一）教材分析的重要性

现代教学论认为，要实现教学最优化，必须实现教学目标最优化和教学过程最优化。"教材是课程内容的具体表现形式，是实现课程目标的载体，是教师教与学生活动的中介。"[1]因此，认真分析教材是备课的首要任务，学会分析教材是备好课的前提条件，精准分析教材是上好课的基础。

（二）教材分析的步骤

1. 研读课标

《语文课程标准》（2022年版）是教育部根据国家的教育方针及培养目标制定的语文学科教学的指导性文件，是编写教材和进行教学的依据。它详细规定了课程的性质、任务、目标和教学的实施及评价等，是全国中小学语文教师必须遵循的法律文件。因此，在分析教材时应以课标为依据，以课标的要求为目的，认真研读课标是正确分析教材的前提。

2. 关注教材的整体情况

分析教材是从整体出发，了解全册乃至整套教材编排的总体思想、体系、结构、特点以及教材内容之间的横纵向联系，明确教材"包含什么"，准确把握教材内容之间的内在关系、逻辑顺序。只有掌握这些才能够更加清楚地认识每一册教材所承担的教学任务

---

① 蒋秀云，李涛.教师教学技能培养系列教程[M].中国轻工业出版社，2016：9.

和目标，以便在具体的教学实施过程中处理好教学的阶段性、连续性和层次性等问题。

现行小学语文教材为2019年统编版教材，是以文本的形式构成教学内容的载体，它由文本系统、助读系统、练习系统和知识系统构成。教材围绕同一个主题组织每个单元，形成单元教材显性的以思想内容为目标的线索；同时，每个单元的单篇课文在语文知识与能力体系中具有某种共性特征，形成单元语文要素，成为整个单元把四个系统有机联系起来的主线。

3. 关注单元组合

根据部编教材的编写特点，分析教材还应整体分析、把握单元组合情况，深刻领悟教科书编者的意图，遵循单元组合的内在联系进行教学设计，让每一篇具体课文的教学和不同板块、栏目的教学都能聚焦本单元的核心教学目标，在真实的语文情境中开展语文教学实践活动，使学生的语言文字运用能力、思维能力、审美创造能力得到训练，同时增强文化自信，充分体现教科书编者的意图。

值得注意的是，近年来，语文教育界对"单元教学"进行了深入探索，开始采用大单元教学模式，但大单元教学不等于教材单元的整体教学。大单元的"大"，不是"大容量"，不是把整个单元的知识集中起来学习，而是指"整体"，是把具有相关语文要素的篇章或栏目等集中起来学习。这些篇章或栏目可能在一册书上，也可能不在一册书上，而是涉及几册书，将它们集中在一起学习，突出语文的共性要素。通过不同点实现知识迁移，是2022年课标倡导的学习任务群的具体体现。这需要我们对教材、单元和篇章解读得较全面，具备大单元教学设计的技能。

4. 关注每一篇课文的解读

语文教材的文本系统是由一篇篇单篇课文组成的，是语文教材的主体，承载着实现语文目标的重任，是教材分析的核心环节。因为只有认真分析单篇教材，才能明确每一篇课文在单元教材中承载的目标任务，对每一篇课文进行细致的分析、研究，筛选出体现语文学科核心知识的教学内容，才能准确把握课时的教学重点和难点，有效落实语文教学的任务和目标。分析单篇课文的关键是揣摩编者意图，对一篇课文深入分析与解读的基础上，筛选出合适的教学内容。教材中的每一篇课文都包含字、词、句、段、篇等知识，但不可能字字句句都教，那么多内容，该教什么呢？"就要根据编者的意图有针对性地进行甄别和筛选，从单元导语到单元总结，从插图到课后练习，从泡泡到课后问题，都要联系起来加以分析，弄清楚它们之间的关系、各部分的作用是什么，弄明白编者想通过这篇课文训练学生哪些语文能力、发展哪些思维。只有弄清楚这些，才能在每篇课文中筛选合适的教学内容。"[①]

语文教材分析能够让教师明确一节课的内容在整个学科或整册教材中的地位以及

---

① 蒋秀云，李涛. 教师教学技能培养系列教程[M].中国轻工业出版社，2016：9.

与前后知识或单元之间的关系，从而明确教学重点，对教材进行设想处理，这是上好课的前提。可以说，教材分析有质量，教学成功已一半。

（三）部编小学语文教材的特点

习近平总书记在党的十九大报告中指出："社会主义核心价值观是当代中国精神的集中体现，凝结着全体人民共同的价值追求。要以培养担当民族复兴大任的时代新人为着眼点，强化教育引导、实践养成、制度保障，发挥社会主义核心价值观对国民教育、精神文明创建、精神文化产品创作生产传播的引领作用，把社会主义核心价值观融入社会发展各方面，转化为人们的情感认同和行为习惯。"在报告精神的引领下，2019 年，全国义务教育语文课程教材统一使用教育部组织编写的教材，这套教材被称为"部编"或"统编"教材。这套教材的使用，开启了基础教育阶段语文教学的新篇章，因为它体现了国家意志，落实了立德树人的根本任务和社会主义核心价值观，也是一套工具性和人文性得到较好结合的教材，体现了典型性和创新性。

这套教材，立足语文核心素养，从"语言建构、思维发展、审美鉴赏与创造、文化传承"四个方面落实学生核心素养发展，很好地呼应了 2022 年版课标。同时，在编排上，更科学地规划和构建知识体系。具体有以下几个方面的特点。

1. 先学汉字，后学拼音

一年级学生入学前很少接触汉语拼音，但熟悉一些汉字与词汇，教材编者充分意识到了母语学习者的这一天然优势，所以，部编教材在编排"识字与写字"这一教学内容时，一改原来先学汉语拼音再识字的编排方式，先学部分常用汉字，再学汉语拼音，把常用汉字与词汇编入教材，作为练习拼读的实践材料，减少学习汉语拼音的陌生感和压力，使识字和拼音自然衔接、顺利过渡。同时，又将拼音学习与口头表达、观察、识字、发展想象等很好地融合，凸显拼音学习的实用性。用各种情境图配合拼音教学，能引导学生通过观察发展想象力和口头表达能力，还能进一步挖掘人文因素，进行核心素养渗透。

2. 多样化的阅读组合方式

部编语文教材在每一个单元阅读文本的篇章编排上，将人文主题和语文要素相结合，凸显语文学科的工具性和人文性。

首先，在单元的导读页中，用名言警句等呈现人文主题，用两三句话提示单元语文要素，起到总领和目标导向作用。在单元中编排精读课文、略读课文、口语交际习作和语文园地，结合单元导语、导学系统、练习系统、交流平台等形成单元的有机整体。部编教材这样的单元编排方式既有科学性又有创新性，教师容易整体把握教材中分布的语文要素，便于在教学中整合单元各部分间的内容，体现单元教学的整体性。

其次，设置了阅读策略单元。阅读策略单元从三年级开始编排，从三年级上册的"预测"单元、四年级上册的"提问"单元，到五年级上册"提高阅读的速度"，再到六年级上册的"有目的的阅读"，共四个单元。通过阅读策略单元学习，学生获得必要的阅读策略，但只是为学生学习和运用阅读方法打开了一扇窗，阅读策略的掌握和运用不只是靠这四个单元就能落实的，需要在课内和课外进行方法的迁移，在运用中形成阅读能力。

最后，体现"三位一体"的阅读模式。进入三年级后，部编教材在编排精读课文的基础上，重视加强略读课文的编排。从数量分布上看，三至六年级课文总数约为203篇，其中精读课文总数约为148篇，约占课文总数的72.91%；略读课文约为55篇，约占课文总数的27.09%。略读课文的编排数量随年级的升高而不断增加。另外，从一年级开始，编排了"和大人一起读"，引发学生的读书兴趣。随着年级的升高，教科书既注重通过课文中编排的名家名篇引导学生开展课外阅读，也注重通过专门编排"快乐读书吧""阅读链接"等栏目，打开学生课外阅读的通道，让学生阅读不同文体、不同作者、不同民族和区域的经典作品。在开展课外阅读的过程中，引导学生应用精读课文中获得的阅读策略，把精读课文学到的方法在略读课文中运用，再进一步推广到课外阅读中，构建"精读—略读—课外阅读"三位一体的编排布局，阅读教学则呈现出"单篇阅读—多篇阅读—整本书阅读—多本书阅读"的模式，体现了集中编排和分散渗透相结合的方式，开启了阅读教学的广阔视野。

3. 革命传统教育类课文有所增加

统编小学语文教科书中革命传统教育类课文在以往各类版本的基础上，数量有所增加，约40篇。"从内容上看，有赞颂英雄楷模的《金色的鱼钩》《为人民服务》等，有描写革命领袖的《朱德的扁担》《为中华之崛起而读书》等，有彰显党员形象的《桥》等，有展现爱国情怀的《梅兰芳蓄须》《小岛》等，涵盖国家、政党、榜样、民族精神四个领域。"[1]能较好地呼应课标"内容与载体"要求的三大主题中的"革命文化"。从体裁上看，有诗歌、散文、小说等多种文体，呈现出内容丰富、形式多样、易于学生接受的特点。"从编排方式上看，教材依据学生的认知及心理发展水平，从低、中年级分散的单篇逐步过渡到高年级的革命文化单元，有目的、呈序列地螺旋式上升。同时，教材借助单元导语、课后思考练习题、阅读链接、语文园地、快乐读书吧等栏目让学生在潜移默化中接受革命传统教育。从教育功能上看，先由三年级开始的单篇初步了解、感受革命传

---

① 唐德喜，高实.统编教材改了什么，课怎么上？[M].九洲音像出版公司，2020：4.

统精神，再到高年级立体、深度的主题单元学习，课文重点放在人与社会这一主题上，旨在将学生的视角从小我扩展到大我，逐渐培养学生的国家意识、高尚情操和社会基本道德品质等。"[①]

4. 编排大量古诗文

统编小学语文教科书在凸显"中华优秀传统文化"这一主题时，对内容和形式进行了多样化编排，有汉字、书法、成语、格言警句、神话传说，寓言故事等，但最突出的是编排了大量古诗文。12 册教科书共选编 112 首古诗词、14 篇文言文。从编排分布上看，集中在课文和语文园地的"日积月累"板块中。在古诗词方面，课文编排 72 首（其中一首是课后材料），"日积月累"编排 40 首。14 篇文言文编排在课文中。

体裁的编排也遵循了学生的心理认知水平，梯度分布明显，低、中年级以短小精悍的五绝、七绝古诗为主体，随着年段的上升，逐渐出现词、律诗、乐府诗等。文言文则先选简短的、易于理解的叙事性文本，然后逐渐上升到带有一定议论性的作品。整体编排便于教师开展教学，也利于学生循序渐进地接受和学习。

在注释方面，低年级古诗文没有注释，从三年级开始提供注释。所以，教师在组织教学时，要充分领悟教科书编者的意图，体现年龄段和学段要求。

二、教学语言技能

（一）教学语言的重要性

苏霍姆林斯基曾强调："老师的语言——是一种什么也替代不了的影响学生心灵的工具，教育的艺术，首先应包括说话的艺术——跟人的心灵打交道的艺术。"

"言近而旨远者，善言也。"这是孟子在和弟子交流的过程中对语言表达的要求，就是说语言要简明易解，能用精妙的语言表达深奥的道理。这也是对每一个教师在语言教学方面的要求。

教学语言主要有课堂口语、书面语言、体态语言。课堂口语是课堂教学中语言表达的主要形式。

（二）教学语言的特点

教学语言除了具备一般语言的共性之外，还有自己的特征，主要有六点。

[①] 唐德喜，高实.统编教材改了什么，课怎么上？[M].九洲音像出版公司，2020：4.

1. 示范性

教师的教学语言，不仅是在教学过程中开展教学活动、实现教学目标的重要手段，也是学生学习语言表达的榜样，因而教师语言具有示范性。

2. 教育性

教师的教学语言不是独立存在的，出现在教学的每一个环节，对学生的思想、情感、行为始终有潜移默化的影响。好的教学语言，如春雨润泽学生的心田，启人心智。教学语言的教育性，常常渗透在教学过程中，与教学内容紧密结合在一起。

3. 科学性

教学语言的科学性是学科教学内容科学性的重要保证。语言的科学性主要体现在准确、精炼，富有逻辑性。准确就是语言合乎语法规范，知识表达正确，发音准确清晰；精炼就是能用最简明扼要的语言表达出最丰富的内容；富有逻辑性就是教师课堂语言表达要合乎逻辑，合乎事物发展规律。

4. 灵活性

在教学过程中，教师虽在课前备课时对教学内容有周密的安排，对教学过程中的语言有预设。但在教学过程中，学生是课堂的主体，他们是灵动的，随着教学内容的生成，预设好的语言也会发生变化。为了在教学过程中及时反馈信息，遣词造句时没有时间仔细思考，往往根据教学情境脱口而出，较为灵活。

5. 互动性

教学语言是师生互动的手段。在课堂活动中，教师要传授知识，同时又要对学生各方面的反应及时反馈，或对学生进行引导或对回答不出问题的学生进行鼓励，或者给有较好反应的学生进行赞扬等。这是一个师生互动的过程。

6. 可接受性

"教学语言是传递教学信息的工具，要使之能达到预期的效果，所用的语言必须能为学生所接受。教学语言不能超越学生的认知能力，尽量做到深入浅出。教师要密切观察学生的反应，使自己的语言跟学生当时的思维联系起来，跟学生的接受水平一致。另外，还要注意声调的高低、语气、语速等语言的外部形式和语言的亲和力，以利于学生接受。"[①]因此，教学语言必须具备可接受性。

（三）教学语言的类型

教学语言主要有课堂口语、书面语言、体态语言。

---

① 蒋秀云，李涛.教师教学技能培养系列教程[M].中国轻工业出版社，2016：9.

1. 课堂口语

课堂口语是课堂教学中语言表达的主要形式。课堂口语技能的要素主要包括发音正确、吐字清晰，音量适当、语速适宜，语调语气正确，语法词汇规范。

发音正确、吐字清晰是指课堂教学时教师讲话一定要明确每一个字的正确读音，不误读错读，发音时要唇、舌、气息到位，清晰饱满，音节与音节之间不要重叠。

音量适当、语速适宜是指在教学过程中根据教学需要，该轻则轻、该重则重，该缓则缓、该快则快，做到虽轻亦能听见、虽重却不震耳、虽慢但不拖沓、虽快但不含糊。切忌满堂高频，造成学生疲劳；又忌柔细无力，让学生听不清而走神。语速则根据教学内容发展的需要和交流时情感变化的需要进行变化。在不同情况下，语速可能出现快速、中速、缓速等状况。很多时候，语速过快或过慢都是备课不熟练造成的。因为对教学内容没有深刻领悟，不能将书面语转化成教学口语，只能背教案，所以语速会快；有时又因为对教学内容不熟，教学思路不清晰，语言不连贯，不能把设计好的教学内容在课堂上呈现出来。所以，要把握好适当的语速和音量，备好课是前提。

语调语气正确是指教师在课堂教学过程中，说和讲的腔调、语调与内容情境相适应，能运用不同的语调恰当地表达疑问、感叹、惊喜、沉思等复杂感情，从而极大地增强教师的语言表现力，激发起学生的各种情感，形成和谐愉快的课堂教学氛围。

语法词汇规范是指教师在课堂教学过程中使用的语言要规范、准确、生动。语法要符合语法规则。严密有条理的语言是课堂口语的生命。

2. 书面语

教学使用的语言是有书面蓝本的，这就是教材和教案。所以，教学语言也有书面语。尤其是语文学科，很多知识系统中的描述、专门的术语、课文中的词句和有些板书都是书面语。书面语言作为教学的内容，在教学语言中是必然要出现的。这需要教师根据情况灵活应变，规范使用。

3. 体态语言

体态语言主要是指由表情、目光、手势、身姿等构成的辅助性语言。体态语言是教学语言的重要组成部分，主要有表情语、目光语、手势语、身姿语。

表情语是指人通过面部表情来交流感情、传递信息，如教师在教学过程中根据教学情境表现出微笑、严肃、愤怒、痛苦、悲伤等表情。

目光语，是指用眼睛的角度或眼神来传递信息和感情的一种体态语言。眼神可以传递各种复杂的感情和心理活动，甚至难以找到合适的语言表达的思想情感。用一个眼神就能传递。有时，一个眼神能抵过千言万语。教师在教学过程中可以用环视和点视来管理课堂，表达出对学生的提醒、鼓励、欣赏等，让学生心领神会。

手势语，是指用人体上肢的动作表达思想、传递信息的一种体态语言。教师在讲课时，用适当的手势配合教学口语，会使教师教态自然大方，同时也辅助说明事物情况，使表达较为生动形象，又有感染力。如对回答问题较好的同学竖起大拇指进行赞扬，对答得不够好的同学摸摸他的头表示关心鼓励。

身姿语，是指通过身体的各种姿态传递信息的一种体态语言。教师在教学过程中，通过点头表示赞许，通过摇头表示否定或拒绝，侧身转向学生表示关怀或倾听，直立昂头表示自信等。

教学语言是语文教学技能中最基本也是最重要的技能，直接影响其他技能的效果。

三、模拟上课技能

模拟上课是教师在没有学生的情况下进行的一种情景模拟教学形式。因为它是基于真实课堂教学的"模拟"，所以现在广泛用于对在职教师教学技能的考核、教师招聘、名师选拔等。

（一）模拟上课的特点

1. 时间紧

模拟上课时间和说课时间一样，一般是 10~20 分钟，在这么短的时间要完成相应的教学任务，教学思路必须十分清晰，各环节安排都要紧凑。

2. 内容多

模拟上课面对的是一篇课文，需要教学的内容很多，要从一篇课文中选出相应的教学内容进行教学，需要对课程标准、教材和学生年龄段特征等有全面的了解。

3. 形态独特

模拟上课的形态与日常教学是不一样的，课堂里没有学生，只有开展教学研究的同事、专家或评委，所以没有和自己互动的人。

4. 情境真实

模拟上课要组织相关的学习活动，但没有互动的学生，这就要求教师依据自己的教学设计和对学生回答状况的预估来模拟学生活动，模拟出互动的真实情境。这是模拟上课的重点，也是难点。

5. 环节完整，评价全面

模拟上课的评价标准是依据教师开展课堂教学的教学技能要素来制定的，虽然模拟上课的时间较短，但教学环节一步不能少，技能要素也一样不能少。这需要执教者依据一节课的教学设计加以实施，所有环节都要得到落实。但这种模拟上课也需要对教学内容加以详略处理、突出重点，非重点内容可以一句话带过。这样就使关键环节得到充分展示，在有限的时间里让评委更清晰地看到你的亮点。

（二）模拟上课的基本要求

1. 眼中有学生

虽然模拟课堂里没有学生，但教师在模拟时，一定要眼中有学生，关注每一位学生的学习情况，用眼神和学生交流互动。

2. 口头语和体态语的有机结合

模拟上课几乎是执教者一个人唱"独角戏"，没有真正的学生活动，这就要求执教者一方面要语言清晰，语速适宜，表达准确，发音标准，语言有感染力；另一方面，要用体态语言辅助，表现出倾听、交流、启发、鼓励等教态，使得模拟课堂真实生动。

3. 思维敏捷

模拟上课是教师对课标的领悟、对教材的把握、对教学设计的构思、对教学情境的模拟等多方面的展示，能充分体现一个教师的综合素养。模拟过程中需要教师思维敏捷，能够清晰、全面、有条理地陈述问题，语言表达有逻辑性；能够提出创新性的解决问题的思路和方法，展示作为语文教师应有的思维品质。

4. 较好的学科素养

模拟上课如果是技能比赛或人才遴选，一般只有 20 分钟时间进行教学设计。教师必须熟悉课标，能深刻领悟课程目标和要求，准确把握教学内容，确定重点和难点，选择合适的教学形式与方法；在施教过程中以学生为中心，围绕重点层层推进，突出重点，化解难点，达成教学目标。因此，执教者必须要有较好的学科素养。

5. 较强的实施能力

教学实施要求执教者能够有效组织学生的学习活动，激起学生的兴趣，能够科学、准确地表达和呈现教学内容；能够适当地运用板书，板书工整、美观、适量；能够合理分配时间，把主要时间放在抓住重点，化解难点，达成主要教学目标。其他环节，语言简洁地连接而过，做到重点突出，详略得当。[①]

---

① 叶黎明，陈隆升.语文教师教学技能实训教程[M].科学出版社，2016：10.

（三）模拟上课的基本程序

模拟上课的基本程序包括课前准备、情景模拟上课、模拟结束三个基本阶段。

1. 课前准备

语文模拟上课的前准备主要是指为了完成 10～20 分钟的课堂情景模拟活动而进行的备课。因为模拟上课时间只有 10～20 分钟，因此需要发挥教师的教材分析技能，明确课标要求，准确把握教学内容的主旨和难点，再根据学情、教材和执教者的特长选出重点教学的内容进行设计。设计时，要对学生可能出现的问题加以充分估测，尤其是要考虑学生会出错或理解不到位的地方，要设计好如何帮助学生解决。另外，还要反映教学设计意图，凸显重点、难点，做到形象直观，还要进行教学辅助作用显著的板书设计。

2. 情景模拟教学

情景模拟教学是模拟上课的核心环节，模拟者需要根据教学设计面对虚拟的学生开展教学活动。这就要求教师能快速进入课堂情境，用良好的精神状态、自然的大方的教态，用接近真实的课堂现场表现展开教学。在教学过程中，要充分发挥课堂语言方面的教学能力，做到语言连贯、音量适中、吐字清晰，朗读时声情并茂，有富有启发性的引导，有机智幽默的衔接，有满含鼓励的评价……同时又要体现学生"互动"的过程，模拟学生的反应。学生的反应要通过教师的语言或表情来间接呈现。如教师在模拟教学《走进春天的树林》一课时，为了设置春天树林的情境，老师模拟在学生预习时，让每个学生画好一棵树。在课堂上，老师问："这位同学，你画了一棵什么树？""哦，是一棵刚长出新叶的苹果树啊，请你把它贴到黑板上。""你画了一棵什么树？""哇，这棵榕树真大！请你把它贴到黑板上。"……最后老师模拟每个同学带来一棵树，都贴在黑板上，模拟春天一片树林的情境。当然，树是老师事先画好的。在教学过程中，还要及时板书，出场亮相之后马上要把课题写在黑板上，接下来的板书需要随着教学的进程逐步呈现出来，板书完美地呈现教学过程的重要知识点。因为时间紧迫，对教学内容的处理不能平均用力，一定要有详有略，重点内容要详细讲，突出重点，非重点内容简单带过，体现出教学过程的层次性。

3. 模拟结束

模拟上课要控制好时间，时间一到就要及时收束。模拟上课最后要"总结"，简要引导学生概括所学内容的要点，然后做好与课后的衔接（布置作业或安排拓展内容），一定要保持结束的完整性。在出现预设的内容还没有处理完而时间又不够的情况时，要学会放弃，一句话交代把没有讲完的内容放在后面学习。

"模拟上课作为一种独特的教学形式，他的主要功能是训练教师的教学技能或评估教师的教学技能，训练或评估的技能是指语文课堂教学中需要的教学语言、教态变化、演示、提问、讲解、板书等基本技能和教学设计、教学过程、教学评价这三大实施技能。"[1]

所以，模拟上课时间虽短，但浓缩了所有语文教学技能，可谓十八般武艺样样齐全，是打造和提升教学技能的好方法。

第三节　教学技能案例分析

良好的开端，成功已一半

——小学语文教材分析技能案例分析

《什么比猎豹的速度更快》教学案例

一、教材分析

《什么比猎豹的速度更快》是统编小学语文教科书五年级上册阅读策略单元的一篇课文，本单元的语文要素是"阅读要有一定的速度"。围绕这一阅读策略，教科书对单元文本系统、导读系统、知识系统和练习统都做了有序、有层次、有梯度的编排。本课文位于该单元的第三篇，具有桥梁作用。教师一方面要在前面两篇课文提出的"集中注意力，不回读"和"连词成句地读文章"的基础上，巩固这两种方法；另一方面要结合本课的文体和特殊篇章结构，引导学生发现这篇说明文在写法上的独到之处，即段落的表达方式相似，运用准确的数据，借助比较说明，每个自然段基本上讲的都是一种事物要比另一种事物速度快的特点。抓住这一清晰的脉络，就能快速阅读并把握主要内容，从而掌握本单元提高阅读速度的第三种方法。

二、教学过程（部分）

师：同学们，今天我们继续学习本单元的一篇课文——

生：《什么比猎豹的速度更快》？

师：这篇课文是第二单元的第几课？

生：第三课。

师：那我们来回顾一下，本单元的导读页中向我们提出了什么单元目标？

生：第二单元的学习目标是阅读要有一定的速度。

师：说得很正确。这个单元还向我们提出了哪些要求呢？

生：我们要学习提高阅读速度的方法。

师：在这个单元的前两节课中，我们已经掌握了两个提高阅读速度的方法，你还记得吗？

---

[1] 叶黎明，陈隆升.语文教师教学技能实训教程[M].科学出版社，2016：10.

生：在《搭石》这篇课文中，我学习的方法是阅读时要集中注意力，遇到不懂的字或词，也不要回读。

师：非常好，说得很准确。还有补充吗？

生：我在《将相和》这篇课文中了解到，阅读时要连词成句地读，不要回读。

师：我相信这种方法你一定掌握得很好。那在今天要学习的《什么比猎豹的速度更快》这篇文章中，我们又会有哪些阅读收获呢？一起翻开书。

师：哪位同学能为我们读一读学习提示（一）的内容？

生：结合前两课学习的阅读方法，用较快的速度默读课文，思考文章的主要内容，并记录时间。

师：在这个学习提示中，我们要完成几项内容？

生：三项内容。

师：分别是什么？

生：先是结合方法默读课文，然后思考文章内容，最后记下阅读时间。

师：老师为大家准备了时间秒表，当你们开始阅读时，老师点击启动键，阅读结束时记录你的阅读时间。我们开始阅读吧！

（学生自主阅读）

师：阅读结束，谁愿意和大家分享一下这篇文章的主要内容？

生：这篇文章中描写了很多事物的速度都快得惊人，而且这些事物的速度一个比一个快。

师：能交流一下你的阅读体验吗？

生：这篇文章我用了 4 分 32 秒读完，用时较长，读得有些吃力。课文虽然篇幅不长，但是文中描写的有些内容我不懂，虽然我也结合了前两课的阅读方法，但这篇文章中有一些新奇之处我不太理解，就往回读了。文中还有一些生字，我不认识，就在书后的生字表查了生字的读音。

师：谢谢你的分享。从你的分享中，我们了解到在刚刚的阅读中，在不理解的地方回读了课文。谁还想分享自己的阅读体验？

生：我用了 5 分 01 秒，在读课文时发现有很多生字不认识，所以读得稍慢了一些。

生：我读这篇课文用了 2 分 53 秒，用时较短。我首先做到了像前两篇课文说的不回读，而且我还抓住了文中的关键词语。

师：她做到了利用前两课学习的"不回读"的方法，遇到不认识和不理解的词就跳过去继续往下读，做到学以致用。

师：我们请阅读速度较快的同学来分享一下，这篇课文你是怎么做到快速阅读的？

生：我用的时间是 2 分 29 秒，我读这篇文章时，先关注题目，找到"比猎豹速度更快"这个关键词，在读的时候我发现了有很多事物都比猎豹的速度更快。

生：我还抓住了文中各个自然段都很相似这个特点，每个自然段中都描写了一至两个事物，将这两个事物进行比较，一个比另一个更快。

师：在她的分享中，你有什么发现吗？

生：首先借助文章题目，在文中找到提到的具体事物。而且所有的自然段，结构都十分相似。

师：还有想分享的同学吗？

生：我用时 2 分 54 秒，时间也不长，我也用到了她的方法，先关注题目，而我抓住的是"速度"这个词，题目说的是猎豹的速度，但文中还会提到其他物体的速度，我就在文中找不同事物的速度，这样就会快很多。

师：他的分享给我们带来什么启示？

生：他抓住了题目和课文中的关键词。

师：在阅读文章时，我们还能用什么方法？

生：借助关键词语。

师：好，那我们就用刚才总结的方法，再读一遍课文并记录好时间，看看这一遍有没有什么变化？

师：谁来为我们读一读学习提示（二）的内容？

生：用刚刚交流的阅读方法默读课文，圈画出文中介绍的具体事物的速度，并记录时间。

（学生自主阅读）

师：和上一次默读相比，这回你的阅读速度发生变化了吗？

生：我的阅读速度明显变快了，上一次读我用了 3 分 01 秒，这次用了 1 分 20 秒。这次我按照阅读提示，找到了关键词，就明显变快了。

生：我上次用了 2 分 49 秒，这次用了 1 分 33 秒，我将所有学过的提高阅读速度的方法全都用上了，明显提高了阅读速度。

生：我上一次用了 4 分 17 秒，这次用了 1 分 27 秒，速度有了明显的提高，我也用到了同学们提出的方法，提高了阅读速度。

师：看来用了这些阅读的方法，确实可以提高我们的阅读速度。希望同学们在以后的阅读中能够结合文章情况学以致用，提高阅读速度。

点评：在该案例中，整个教学开展得非常有序。在教师的引导下，学生每一次读都能学到阅读方法并提高阅读速度，而且在提高阅读速度的同时，加深了对文本的理解，既落实了语文要素，又训练了阅读能力，很好地达成了教学目标。教师本次课教学的成功，得益于对教材的分析到位。该教师深刻领悟五年级上册阅读策略单元的突出特点，明确该课文在整个单元（第三篇）的地位，设计出有层次、有梯度的提高阅读速度的方法："方法总结—尝试运用—独立运用—发现创新—方法总结"，体现了教科书编者的意图："学习—应用"，落实了课程标准对提高阅读能力的要求。

教材分析技能训练评价见表6-1。

表6-1　教材分析技能训练评价表

项目：　　　　　　　　　　　　　　　　　　　　　　　日期：

评价指标	评价成绩	参考权重
教材分析目的明确		20
教材分析内容清晰完整（涉及课标要求、教材特点、单元语文要素、课文在单元承载的任务目标等关键问题）		20
文本分析简洁，突出重点		20
领悟编者意图，合理确定教学内容		20
教材分析具有可操作性		20
总评：A：优秀（90分及以上）　B：良好（75～90分） C：合格（60～75分）　D：不合格（60分以下）	总成绩：	
改进意见：		

做语文课堂里的贝多芬

——教学语言技能案例分析

《夜宿山寺》教学案例

【教材分析】

《夜宿山寺》是部编版小学语文教材二年级上册第七单元《古诗二首》中的第一首。这个单元的教学重点是"展开想象，获得初步的情感体验"。此诗是唐代诗人李白所作的一首五言绝句。全诗用通俗的语句、夸张的手法、绝妙的想象，表达了诗人夜宿山寺、身临高处的感受。全诗仅20个字，但足以令读者身临其境。教学此诗要图文对照，引导学生置身于夜静、星朗、山高、楼危的情景之中，展开丰富的想象，感受山寺高耸入云的特点。

【教学目标】

1. 会认"宿、寺、危、辰、恐、惊"6个生字，会写"危、敢、惊"3个生字。

2. 正确、流利、有感情地朗读古诗，并背诵古诗。

3. 想象画面，理解古诗的意思，感受山寺高耸入云的特点。

【教学重难点】

1. 认识本课的生字，能正确、美观地书写生字，理解"危楼、高声"的意思。

2. 想象画面，理解古诗的意思，感受山寺高耸入云的特点。

一、游戏激趣，导入新课

1. 看图猜诗句：孩子们，请仔细看图，你能由图想到学过的古诗吗？（出示插图，学生背诵相应诗句）刚才我们背的诗句，是谁写的？

2. 你对李白有哪些了解呢？

师补充：这就是大诗人李白，相机出示：字太白，号青莲居士，被后人誉为"诗仙"，与杜甫合称"李杜"，是唐代伟大的浪漫主义诗人。这是学习古诗的第一步：知诗人（板书）。李白写的诗充满奇妙的想象，这节课我们就学习李白的《夜宿山寺》，跟老师一起写题目。

3. 识记"宿、寺"。

（1）题目中有两个要识记的生字——"宿""寺"，都是平舌音，跟老师读。那你怎么来记住它们呢？

（2）宿：字源识字，组词巩固。

（3）寺：加一加"土+寸"或熟字减偏旁"诗——讠"，组词，联系生活说说认识的寺庙。

4. 齐读诗题，抓住关键字的意思理解诗题意思：夜晚住在山上的寺庙里。

5. 过渡：抓住了关键字，古诗题目的意思我们一下就明白了，这是学古诗的第二步（板书：解诗题）。就让我们一起走进李白的《夜宿山寺》，跟着李白去想象吧。

二、初读古诗，感受诗韵

1. 指名读古诗，其他孩子仔细听，听听他哪里读得好。

2. 学生评价。师：是的，我们读诗，就要做到字字读准。（板书：字字读准）

3. 学习生字"辰""恐""惊"。

（1）"辰"是前鼻音，你有什么好方法来记住它？（组词：星辰、生辰）

（2）再来读读这两个生字，你又有什么发现？（预设：这两个都是后鼻音）口头组词，识记生字。

4. 过渡：现在，把生字放回诗句中，你能读正确了吗？谁来试试？

5.读好古诗：读准字音，读好节奏。

（1）指名读，相机评价。

（2）齐读，读准字音。

（3）师：这首诗是一首五言绝句。我们已经学过《寻隐者不遇》《梅花》等五言绝句了，根据你的经验，该怎样来读呢？

（4）指名说（预设：朗读时，在第二个字后面稍作停顿）你们同意吗？听老师读。朗读时，要做到声断气不断，听起来就更有韵味了。

（5）学生自己练读，师生合作读、男女生合作读，指名读、齐读，读准节奏。

三、再读古诗，展开想象，感受楼之高

1. 读完这首诗，你仿佛看到了怎样的画面？（板书：高）

2. 学习"危楼高百尺"。

（1）你是从哪句诗里读出楼很高的呢？

（2）出示：危楼高百尺，指名读。

（3）高百尺（板书：高百尺）那李白住的这座楼到底有多高呢？借助古时候一尺长的卡片、茅屋和高楼比较，发挥想象，感受楼高。

（4）楼的确很高，但真的正好高一百尺吗？

3. 小结：孩子们，这就是想象。李白把这座楼想成了许许多多把尺子连起来那么高，让我们一下子就感受到楼的高耸入云。

4. 出示"危"的篆书写法的图片，学习"危"字，理解"危楼"就是高楼。

5. 让我们边读边想象，通过朗读把楼的高表现出来。

6. 过渡：你还从哪里感受到楼很高的呢？

7. 出示：手可摘星辰。

（1）做动作理解"摘"，出示星空图，学生展开想象，感受能否摘到星星。

（2）师：此时李白正站在高楼上，他感觉只要自己一伸手，就可以摘到天上的星星了。孩子们，这座楼得有多高啊！

（3）抓住"可"字感受李白摘星星特别容易，体会李白的想象多么丰富、大胆。

8. 展开想象，补充句子，体会楼之高。

（1）出示句子，补充句子。

楼可真高啊，我一抬脚，好像_____。

楼可真高啊，我一呼气，好像_____。

楼可真高啊，_____。

（2）指导朗读，感受到这座楼的高耸入云。

9.过渡：读诗句是学习古诗的第三步（板书：读诗句），读好诗句还要明白意思。谁来说说这句诗的意思？指名说。

10.小结：真棒，这是学习古诗的第四步（板书：明诗意）。

11.学习"不敢高声语，恐惊天上人"。

（1）这首诗还有一句，谁能读好它？指名读。

（2）我们来看看这句诗是什么意思。（抓住关键字引导学生理解诗意）

（3）师：是呀，我们学古诗，就要读懂每句诗的意思，这是（板书：句句读懂）。

（4）指导小声读诗句——"不敢高声语，恐惊天上人"。

（5）是呀，大诗人李白和我们都不敢大声说话了（板书：不敢），如果声音太大，恐怕就会惊动天上的神仙了呢。（板书：恐惊）

12.孩子们，天上真的有神仙吗？我们高声说话，真的会惊扰到天上的神仙吗？

13.小结：这些都是李白的想象啊，李白奇妙的想象真是无处不在啊！（板书：处处想象）

14.引导学生由"桃花潭水深千尺，不及汪伦送我情""飞流直下三千尺，疑是银河落九天""危楼高百尺，手可摘星辰"等诗句了解夸张的修辞手法，感受诗人奇妙的想象。

15.想象的同时加上动作，吟诵《夜宿山寺》，体会李白对古代寺庙工程艺术的赞叹和对神仙般生活的向往。了解学古诗的第五步。（板书：悟诗情）

16.尝试背诵古诗。

四、学习生字，指导书写

1.出示生字"敢""惊""危"，指名读。

2.观察"敢""惊"和"危"的结构，指名说说写字时要注意什么。

3.教师范写，提醒要点。

4.学生在写字本上练写，展评，再写。

五、总结全文，拓展延伸

今天我们跟着大诗人李白的脚步，学习了《夜宿山寺》，展开了丰富的想象，感受到了山寺的高耸入云。今天请同学们回去把这首诗深情地背诵给家长听，让他们感受"手可摘星辰"是多么神奇美好啊！

点评：《夜宿山寺》是二年级上册的古诗教学课文。该教师教学本课的优点在于熟悉教材和课标要求，以学生的认知水平为起点，不刻意地去解诗题、理解诗意，而是充分发挥教学语言技能，灵活运用口语技能的示范性、互动性、启发性等，让学生通过读明白诗意，突破体会寺院的藏经楼之高这一难点，同时还通过朗读巧妙地启发学生从诗句中感受诗人大胆神奇的想象，初步感知夸张这一修辞手法。

教学语言技能训练评价表见表6-2。

表 6-2　教学语言技能训练评价表

项目：　　　　　　　　　　　　　　　　　　　　　日期：

评价指标	评价成绩	参考权重
突出教学语言的科学性和示范性，即语言规范、发音准确、吐字清晰		20
思维敏捷，语言灵活，能及时反馈信息		20
启发得当，能调动学生自觉性和积极性，在良性互动中推进教学进程		20
教学语言渗透着教育性		20
声调高低、语气、语速和语言亲和力利于学生接受		20
总评：A：优秀（90分及以上）　B：良好（75~90分） C：合格（60~75分）　　D：不合格（60分以下）	总成绩：	
改进意见：		

十八般武艺耍起来

——模拟上课技能分析

《识字10　升国旗》模拟教学案例及分析

【教学目标】

1. 学会本课"国旗""美丽""升起""多么"等生字词。

2. 正确、流利地朗读课文。在朗读中理解国旗的含义，知道升国旗是一种庄重的仪式，要立正、敬礼。

3. 激发尊敬国旗、热爱祖国的情感，懂得要尊敬国旗，热爱国旗。

【教学重点】

1. 学会本课"国旗""美丽""升起""多么"等生字词，正确书写"五、中"。

2. 正确、流利地朗读课文。在朗读中理解国旗的含义，知道升国旗是一种庄重的仪式，要立正、敬礼。

【教学难点】

在读中理解国旗的含义，懂得要尊敬国旗，热爱国旗。

【模拟教学过程】

一、图片导入

师：小朋友们，上课之前，老师请大家看一张照片。请你告诉老师，图片上的小朋友在做什么？（出示升旗的照片）

师：对，升国旗！我们学校每周一都会举行升旗仪式。今天我们就来学习课文——《升国旗》。（板贴：升国旗）

模拟齐读、指名读（正音：升，后鼻音），师领读，生齐读课题。

二、初读课文

师：（出示国旗图片）这是？（微笑鼓励回答的眼神）

模拟生答后：是呀，这是国旗！（板贴，指读2~3个）

师："旗"这个字笔画有点多，左边的字，我们认识，长方形的"方"，瞧，我们的国旗可不就是四四方方的嘛！小朋友们睁大眼睛，记住它。让我们再一起读一次——国旗。

师：谁来说一说，你在国旗上看到了什么呢？

模拟生答后：是的，五颗黄色的星星！所以，我们的国旗有一个好听的名字——五星红旗。（出示词卡：五星红旗）

谁来读一读？

师指读，指导："星（xīng）"读后鼻音。

活动：男生读、女生读、齐读。

师：五星红旗是我们中国的国旗（随即出示中国地图给孩子们看），这就是我们中国的地图。（出示词语：中国）

师："国"是个全包围结构的字，外面这个框，是我们今天要学的一个新偏旁——国字框，它就好像这图上这长长的边界线，牢牢地守住祖国的领土。相信每一位小朋友都是十分热爱我们祖国的，让我们再次呼唤祖国的名字吧。（模拟和声深情齐读：中国）

师：课文里是如何写小朋友升国旗的呢？先听老师读一遍，认真听，把读不好的字词圈出来。（范读）

师：老师也想听同学们读一读，读准字音、读通句子。

模拟分句指名读：相机指导读音，注意停顿。

三、随文识字

1.学习第一句。

师：小朋友们，我们刚刚说国旗是四四方方的，现在谁来说一说国旗是什么颜色的？（红色+黄色）是的，我们的国旗是由无数革命先烈的鲜血换来的，所以它的底色是鲜艳的——红色。

红：左边的部分是它的偏旁——绞丝旁。（出示绞丝旁的古文字，和丝线有关）

右边的部分，是"工"，表示漂亮、精致。

师：我们的五星红旗，以鲜艳的红色为底，左上角镶嵌着五颗金黄的星星。我们的国旗多美啊!

师:谁来把这一句读一读,边读边想象那美丽的五星红旗。(语速慢,带有启发鼓励的表情)

(出示五星红旗)模拟指名读。

师:国旗不仅美丽,还代表着我们的国家,是我们祖国的象征。所以说,五星红旗是——

模拟生(齐):我们的国旗!

再指名读(请你再来试试);男生读,女生读。

师:下面我们一起把这句话用自豪的语气再读一遍。

师模拟生齐读:我们的国旗!(声音洪亮深情,充满自豪)

2.指导看图,引读第二句。

师:小朋友,升国旗的时候,我们还会听到什么?(国歌)

"歌"在生活中很常见——小时候,爸爸妈妈会教我们唱儿歌;音乐课上,老师会带我们一起学习好听的歌曲。对了,咱们的学校,还会有属于自己的校歌。所以,能表现出一个国家民族精神的歌曲,就称为——国歌。

师:小朋友们说得真好,那现在把我们的小手当作国旗,请你让国旗在国歌声中升起来吧。

(1)模拟请学生上台表演。

师:大家说这个升国旗的速度怎么样?(好)像这样用稍微有点儿慢的速度做动作,就叫——"徐徐"。(伴随手势动作)

指读词语、齐读词语。

(2)"升起"。

师:每天清晨,我们的太阳公公从遥远的海平面缓缓——(升起);到了中午,小镇的烟囱里,会有炊烟不断——(升起);天渐渐黑了,月亮姐姐慢慢从东方——(升起)。

在悠扬的国歌声中,我们的国旗——徐徐升起。(语音深情,伴随手势动作)

3.学习第三句。

师(深情地):鲜艳的五星红旗升得多高啊!飘扬在祖国的蓝天上。多美啊!谁能美美地读出来?

指名读。("多么美丽""么"轻声)

师热情赞扬:读得多么流利、多么认真、多么响亮、多么好听!

师:"美丽",指好看。在生活中,有哪些事物是美丽的呢?

模拟生:花朵、大海、高山、晚霞。

师赞:大家都有一双发现美的眼睛!

4.学习第四句。

师:回想一下,升国旗时,我们会做什么?

模拟生答后，师：是的，面向国旗的时候，我们的身体要——立正。（出示词卡：立正）

"立"，甲骨文图片像一个人（头、肩膀、两条腿）站在地上，一横表示地面。"正"，（zheng）读后鼻音。

指读、齐读。

师：现在我们知道了，升国旗时，我们应当这样做：面向国旗。

四、游戏巩固

1.摘星星。旗、红、歌、国、升、起。

2.升国旗（读词，小旗子往上升）。国旗、多么、升起、国歌、美丽、五星红旗。

五、整体回归，诵读品悟，指导背诵

迎风飘扬的五星红旗多美丽呀！让我们一起美美地朗读全文。

齐读（课件出示全文）

点评： 该教师在进行模拟教学的过程中，虽然是一个人在讲，但眼中有学生。整个教学过程中，教师的启发引导、学生的回答、教师的评价，再加上各种态势语言的辅助，较好地模拟出和学生的互动情形，使教学环节紧凑、层次清晰。同时，在模拟教学过程中灵活运用多种教学方法，恰当运用多媒体课件等辅助，在20分钟内抓住重点教学，最终突出重点，突破难点，达成教学目标。

模拟教学技能训练评价表见表6-3。

表6-3 模拟教学技能训练评价表

项目： 　　　　　　　　　　　　　　　　　　　　　　　　　　　日期：

评价指标	评价成绩	参考权重
眼中有学生，口头语和体态语结合，关注每一位学生情况		20
思维敏捷，语言有逻辑性		20
准确把握教学内容，确定重点和难点，教学形式与方法得当		20
情景模拟自然		20
较好地控制教学时间和节奏，合理安排教与学，突出重点，化解难点，较好地完成教学任务		20
总评：A：优秀（90分及以上）　B：良好（75～90分） C：合格（60～75分）　D：不合格（60分以下）	总成绩：	
改进意见：		

本章小结

本章主要学习了《义务教育语文课程标准（2022 年版）》的内容，讨论了小学语文教学技能中的教材分析技能、语言技能和模拟上课技能，并结合案例分析，探讨了三种技能训练的评价要点。

把 2022 版新课标与 2011 版课标进行比较分析，主要明确新课标对语文课程的性质和地位、课程的基本理念、课程的目标以及课程内容组织方面的新要求，便于小学教师尽快领悟课标精神，指导教学，引领学生学习。

小学语文教学技能主要有教材分析技能、教学设计技能、语言技能、课堂观察技能、导入技能、提问技能、讲解技能、说课技能、模拟上课等，本章主要学习了三种技能。分析教材是备课的前提，是准确制定教学目标的关键，是教学过程得以有序、有效开展的基本条件。所以，首先讨论了小学语文教材分析技能的重要性、教材分析的步骤和部编小学语文教材编排的特点。教学语言技能是教师完成教学工作的主要工具，是整个教学技能的核心，于是紧接着讨论了教学语言的重要性、特点和基本类型。模拟上课将教师备课、教学研究和上课有机结合起来，能同时达到说课和上课实践活动的目的，既是一种教研活动，也是对教师技能训练考核的常用方式。因此，本章继续讨论学习模拟上课技能的特点、要求和基本程序。在进行各项教学技能的讨论学习中，探讨了每一种技能进行实训的评价方式和标准，以便于一线教师和学生职前实训评价参考。

技能实训

任选部编版三年级小学语文教材一篇课文进行教学设计，并模拟教学。模拟过程中录制视频或开展教学研讨活动，根据教材分析技能评价表、教学口语技能评价表和模拟教学技能训练评价表进行自评或互评。

课后思考题

1. 分析语文教材时为什么要揣摩教科书编者的意图？
2. 一位刚走上讲台的新教师上一节语文课，准备一节课的内容，但 20 分钟就上完了。究其原因，主要是上课语速太快。请谈谈这位教师应该从哪些方面注意控制语速。
3. 情景模拟是模拟上课的核心，课堂情景模拟活动要注意做到哪些方面？

第七章　数学教学技能

学习目标

1. 了解数学课程标准的理念，理解数学课程标准的课程目标和课程内容。
2. 掌握小学数学教材分析技能、目标陈述技能和说课技能。
3. 学会运用小学数学教材分析技能、目标陈述技能和说课技能来指导自己的教学行为。

学习提示

　　本章主要解读新版义务教育阶段数学课程标准的理念、数学课程标准的目标和课程内容等相关知识。同时，介绍小学数学教材分析技能、目标陈述技能和说课技能，能运用小学数学教材分析技能、目标陈述技能和说课技能来指导自己的教学行为。

第一节　课程标准解读

　　课程标准是规定某一学科的课程性质、课程目标、内容目标、实施建议的教学指导性文件，是对学生在经过一段时间的学习后应该知道什么和能做什么的界定和表述，反映了国家和社会大众对学生学习结果的期望。课程标准主要有内容标准（划定学习领域）和表现标准（规定学生在某领域应达到的水平）。

　　下面我们基于《数学课程标准》2022 年修订版（以下简称数学课程标准），分别从课程标准的形成与发展、课程理念、课程目标、课程内容几个方面解读。

一、课程标准的形成与发展

　　新中国成立以来，新课程实施以前，我国经历了七次大的课程改革历程。

　　第一次课程改革（1949—1952 年），以解放区经验改造旧课程，形成大一统的课程格局；

　　第二次课程改革（1953—1957 年），整顿、巩固和发展阶段，1956 年颁发第一套齐全的教学大纲；

第三次课程改革（1957—1963年），调整修改课程，重视地方教材和乡土教材的编写；

第四次课程改革（1964—1976年），无统一大纲和教科书，各地自编生活式教材；

第五次课程改革（1978—1980年），拨乱反正后，颁发全国统一教学大纲，重组人民教育出版社，组建教材编写组；

第六次课程改革（1981—1985年），邓小平同志指示"要办重点小学、中学、大学"，人民教育出版社编写出第六套教材；

第七次课程改革（1986—1996年），义务教育法实施，首次将"教学计划"改为"课程计划"。

2001年6月，教育部发布《基础教育课程改革纲要》，拉开了共和国历史上第八次课程改革的帷幕。同年，《义务教育阶段数学课程标准》（实验）2001版由北京师范大学出版社出版。

自新课程实施以来，我国数学课程标准的形成与发展主要经历了两个阶段，即过渡期（2001—2014年）和初创期（2014年至今）。前者实现了从学科教学大纲到学科内容标准的逐渐过渡；后者实现了从学科内容标准到核心素养统领的"内容标准＋学业质量标准"的初步发展。

（一）2011年版课标：实现从"教学大纲"到"内容标准"的过渡

2001年6月《基础教育课程改革纲要（试行）》颁布，拉开了21世纪国家层面课程改革的序幕，课程标准应运而生。《全日制义务教育数学课程标准（实验稿）》的颁布，标志着新中国基础教育课程改革开始从教学大纲时代迈入课程标准时代。作为新课程改革的产物，课程标准比教学大纲更关注学生的发展。具体表现包括《全日制义务教育数学课程标准（实验稿）》提出"双基"，以及2011年版课标修订和完善后提出的"四基""四能"与"十个关键词"，凸显了数学课程的育人价值。例如，2011年版课标在培养学生的问题解决能力方面，要求小学第一学段学生能体验与他人合作交流解决问题的过程；第二学段学生经历与他人合作交流解决问题的过程，尝试解释自己的思考过程，体现了课程标准关注学生的全面、持续与和谐发展。教学计划、教学大纲虽然也提到在教学过程中要重视学生全面发展、思想品德的养成，但主要是规定各学科的知识内容。

由此可见，2011年版课标实现了从关注学科知识的教学大纲到关注个体发展的内容标准的过渡，不失为基础教育课程改革的一大突破。但作为过渡期（2001—2014年）的课程标准，尚未形成与内容标准一致的评价体系。

（二）2022 年版课标：实现从"内容标准"到"内容标准＋学业质量标准"的统整

为了贯彻落实党的十九大精神和全国教育大会精神，树立立德树人根本任务，深化课程改革，促进义务教育高质量发展，教育部组织专家对义务教育课程标准进行了修订。各学科义务教育课程标准（2022 年版）于 2022 年 4 月正式颁布，这是我国基础教育界的一件大事。

2022 年版课标中的"学业质量标准是以核心素养为主要维度，结合课程内容，对学生学业成就具体表现特征的整体刻画""是学业水平考试命题及评价的依据，同时对学生的学习活动、教师的教学活动、教材的编写等具有重要的指导作用"。2022 年版课标小学阶段学业质量标准分别描述了各学段学生在一定问题情境下，以结构化的数学知识主题为载体，形成与发展数感、量感、符号意识、运算能力、几何直观、空间观念、推理意识、数据意识、模型意识、应用意识、创新意识等学业内容。如果说内容要求、学业要求和教学提示为教师的教和学生的学提供了依据，那么学业质量标准则是学业水平考试命题和评价的依据。学业质量标准是现有课程标准的有益补充和完善，二者联合构成一个有机的整体。2022 年版课标实现了从内容标准与学业质量标准两方面构建更为完善的义务教育阶段育人体系的飞跃。

这一来自顶层设计的变化，引领我国课程标准从"内容为纲"转向"内容为纲"与"质量驱动"并驾齐驱。

二、课程理念

课程理念是人们在对某一课程现实的分析和未来展望的基础上形成的课程观念，具有时代性和前瞻性，是课程的灵魂和支点。新课程观认为课程不仅是知识，也是经验和活动；不仅是文本课程，也是体验课程。它体现了教师和学生共同探求新知识的过程。义务教育数学课程标准理念的 2001 年版和 2022 年版各有侧重，经历了一个不断改进发展的过程（见表 7-1）。

表 7-1　三次课程理念的变化

2001 年版	2011 年版	2022 年版
1. 人人都学有价值的数学 2. 人人都能获得必需的数学 3. 不同的人在数学上获得不同的发展	1. 人人都能获得良好的数学教育 2. 不同的人在数学上获得不同的发展	1. 确立核心素养导向的课程目标 2. 设计体现结构化特征的课程内容 3. 实施促进学生发展的教学活动 4. 探索激励学习和改进教学的评价 5. 促进信息技术与数学课程的融合

从表 7-1 可以看出，2001 年版课程理念有三条：一是人人都学有价值的数学，说明数学是有价值的，值得学。二是人人都能获得必需的数学，"必需"而非"必须"，说明是每个人自己的需要，而非权威和指令所迫，获得的数学是自己想要的数学。"都能获得"说明大家都能够学得会。三是不同的人在数学上获得不同的发展，体现了学习的个性化、因材施教原则。

2011 年版课程理念的变化是，强调能获得良好的数学教育，凸显了获得"数学"与获得"数学教育"的差异。2022 年版理念最重要的变化是确立核心素养导向的课程目标，强调"四基"（基础知识、基本技能、基本思想和基本活动经验）与"四能"（运用数学知识与方法发现、提出、分析和解决问题的能力）。核心素养导向是本次新课标所有课程都遵循的依据。在课程内容方面，2022 年版课标强调要设计体现结构化特征的课程内容。其中，有两点值得关注：

（1）关注数学学科发展前沿与数学文化，继承和弘扬中华优秀传统文化；

（2）重视数学结果的形成过程，处理好过程与结果的关系。

在教学活动方面，2022 年版课标要求："教学活动应注重启发式，激发学生学习兴趣，引发孩子积极思考，鼓励学生质疑问难，引导学生在真实情境中发现问题和提出问题，利用观察、猜测、实验、计算、推理、验证、数据分析、直观想象等方法分析问题和解决问题；促进学生理解和掌握数学的基础知识和基本技能，体会和运用数学的思想与方法……"

三、课程目标

2022 年版课标指出，课程目标的确定，立足学生核心素养的发展，集中体现数学课程育人价值。"核心素养"一词被提出的目的是通过发展学生的学科核心素养，达到培养具备能适应终身发展和社会发展需要的必备品格和关键能力的社会主义建设者和接班人的目标。研制学生发展核心素养体系被作为此次深化改革的关键领域和主要环节之一。

下面尝试从数学核心素养的内涵与构成两个方面对 2022 年版课标进行解读。

（一）小学阶段数学核心素养的内涵

东北师范大学史宁中教授认为数学核心素养的本质就是"三会"——会用数学的眼光观察世界、会用数学的思维思考世界、会用数学的语言表达世界。为了彰显数学课程在培养不同阶段学生的核心素养上具有整体性与一致性，2022 年版课标直接以"三会"为课程目标进行顶层设计，以此统领"四基""四能""情感态度价值观"，构建了义务教育阶段学生发展核心素养的数学课程目标体系。

2022 年版课标用"主要表现为……"的形式，在"三会"与核心素养的主要表现之间给出了大致的对应关系，如数感、量感、符号意识等对应数学的眼光，而推理意识、运算能力等对应数学思维，目的是引导教材编写者、教师和教研工作者能在具体的实际工作中，充分关注核心素养主要表现与"三会"之间的对应关系，始终把它们联系在一起考虑。

1. 会用数学的眼光观察现实世界

数学为人们提供了一种认识与探究现实世界的观察方式。与其他自然科学不同，数学的研究对象是现实世界中抽象的数量关系与空间形式，因此需要通过数学特有的手段，如"量化""符号化"等，得到数学的研究对象。数学的眼光可以看作数学抽象的门槛，更接近一种从数学出发看问题的角度。在小学阶段，要初步学会用数学眼光观察世界，形成和发展数感、量感、符号意识、几何直观和空间观念，让学生初步认识和了解数学的抽象特征。

2. 会用数学的思维思考现实世界

数学为人们提供了一种理解与解释现实世界的思考方式。在得到数学的研究对象之后，需要借助数学的方法得到数学的研究结果，逻辑推理是数学得以严谨发展的有效方法。小学阶段需要有推理意识，包括能通过一些简单的归纳或类比，猜想或发现一些初步的结论，或运用算法法则，体会数学从一般到特殊的论证过程，但还达不到逻辑推理的高度。因此，在小学阶段，初步学会用数学的思维思考现实世界，形成和发展推理意识、运算能力，让学生初步认识和了解数学的严谨性特征。

3. 会用数学的语言表达现实世界

数学为人们提供了一种描述与交流现实世界的表达方式。在得到数学的研究结果后，要将研究结果应用于现实世界，构建数学模型是应用数学的基本途径。小学阶段需要有构建数学模型的意识，如能够意识到生活中的大量问题都与数学有关，有意识地用数学的概念与方法予以解释，但还达不到数学建模的要求。因此，在小学阶段，要会用数学的语言表达现实世界，形成和发展模型意识、数据意识，让学生初步认识和了解数学的广泛应用性特征。

（二）小学阶段数学核心素养的构成

2011年版课标提出了体现数学内涵的"十个关键词"：数感、符号意识、空间观念、几何直观、数据分析观念、运算能力、推理能力、模型思想、创新意识和应用意识。它们是思想、方法或者关于数学的整体理解与把握，也是学生数学素养的具体表现。2022年版课标在此基础上增加了"量感"，将这"十一个关键词"作为义务教育阶段学生核心素养的具体表现，并依据"三会"观点进行了归类。此外，不同学段的核心素养有不同程度的要求。在义务教育阶段，核心素养的表现分为小学与初中两个层次，其中小学阶段侧重对经验的感悟，初中阶段侧重对概念的理解。

1. 数学眼光：数感、量感、符号意识、几何直观、空间观念、创新意识

在小学阶段，数学眼光主要体现为通过对现实世界中基本数量关系与空间形式的观察，让学生能够直观理解所学的数学知识及其现实背景，直观感悟数与数量、数量关系及运算结果，直观感知事物的可测量属性及大小关系，并领悟符号的数学功能，培养运用图表描述和分析问题的意识与习惯，并认识空间物体或图形的形状、大小以及位置关系。此外，数学眼光还体现在学生能主动尝试从日常生活、自然现象或科学情境中发现和提出有意义的数学问题。

2. 数学思维：推理意识、运算能力

在小学阶段，数学思维体现为学生能初步感悟逻辑推理过程及其意义，知道可以从一些事实和命题出发，依据规则推出其他命题或结论，以及能够根据法则和运算律进行正确运算，能够明晰运算的对象和意义，理解算法与算理之间的关系。2022 年版课标指出，小学阶段的数学思维主要表现为运算能力和推理意识。将 2011 年版课标中的推理能力弱化为推理意识，更符合小学生的认知特点。

3. 数学语言：数据意识、模型意识、应用意识

在小学阶段，数学语言体现为学生能有意识地利用数学的概念、原理和方法解释现实世界中的现象与规律，能够意识到生活中的大量问题都与数学有关，并有意识地用数学的概念与方法予以解释。在当今的大数据时代，数学语言也体现在学生能够感悟数据的意义与价值，有意识地使用真实数据表达、解释与分析现实世界中的不确定现象。因此，2022 年版课标指出，小学阶段的数学语言主要表现为数据意识、模型意识和应用意识。将 2011 年版课标中的"模型思想"改为更符合小学生认知水平的"模型意识"，将"数据分析观念"弱化为"数据意识"。

四、课程内容

在课程内容部分，2022 年版课标未改变 2011 年版课标对小学数学内容领域的划分，仍包括四个学习领域：数与代数、图形与几何、统计与概率、综合与实践。不同的是，2022 年版课标调整了学段划分以及部分领域的内容结构，并更加注重综合与实践部分的布局。数与代数、图形与几何、统计与概率以数学核心内容和基本思想为主线循序渐进，每个学段的主题有所不同。综合与实践强调培养学生综合运用所学知识和方法解决实际问题的能力，采用主题式和项目式学习方式，以跨学科主题学习为主。2022 年版课标除了在内容上有要求，还增加了学业要求和教学提示。

（一）数与代数

数与代数领域把负数、方程和反比例移到了初中阶段，把常见的量的学习移到了综合与实践领域。把百分数相关知识移动了统计与概率领域。调整后，小学阶段的数与代数领域就彻底被划分成了"数与运算"和"数量关系"两个主题。2022 年版课标要求学生在理解整数、小数、分数意义的同时，理解整数、小数、分数基于计数单位表述的一致性。

（二）图形与几何

图形与几何领域内容变化不大，但是侧重点有所调整。2022 年版课标更强调几何直观，增加了尺规作图相关内容，加强了动手操作，在第二学段"图形与几何"部分，增加了两个尺规作图："作给定线段"和"作三角形周长"。在内容要求的描述方面，如图形的认识部分，2022 年版课标在 2011 年版课标要求能通过实物和模型辨认简单的立体图形和平面图形基础上，增加了能对图形分类，会用简单图形拼图（见图 7-1）。

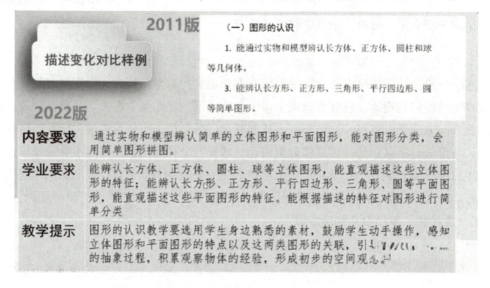

图 7-1　2022 年版课标与 2011 年版课标要求对比

（三）统计与概率

为了适应大数据时代的发展形势，2022 年版课标将"百分数"放在"统计与概率"部分进行学习，进一步帮助学生了解百分数的统计意义。同时，引导学生了解扇形统计图可以更好地表达和理解百分数，体会百分数中部分和整体的关系。同时，2022 年版课标将 2011 年版课标第一学段中的"分类"调整为"数据分类"。

（四）综合与实践

综合与实践领域改动较大，地位有了很大提升，这也是为了更好地培养学生的核心素养。把原来数与代数领域中常见的量这部分内容以主题活动和项目学习的形式在综合与实践中呈现，强调跨学科融合，提高学生解决实际问题的能力，形成和发展核心素养。

第二节　小学数学课程的主要教学技能

教师不仅是一种职业，还是一门专业。教师既要拥有广博的专业知识，还需要具有教学技能和实践能力。教学技能是教师专业标准的重要组成部分，是提高教学质量的基本要素。考虑到乡村小学全科教师的实际需要，本教材主要介绍小学数学的教材分析技能、目标陈述技能和说课技能。

一、小学数学的教材分析技能

教材分析是教师备课中一项重要的工作，是教师进行教学设计、编写教案、制订教学计划的基础，是备好课、上好课和达到预期教学目的的前提和关键，对顺利完成教学任务具有十分重要的意义。现代教学论认为，要实现教学最优化，就必须实现教学目标最优化和教学过程最优化。对教材分析的研究，正是实现教学过程最优化的重要内容和手段。

在新教师招考中也有这方面的要求。特岗教师考试大纲中是这样描述的：应试者要能根据提供的小学数学教材片段，初步分析该章节的教学目标，教学重点、难点，关键点，在小学数学知识体系中的地位及作用，属于哪一阶段的内容，编者编排的意图等。这里提到的目标、重点、难点、地位、意图等正是教材分析的关键。

（一）教材分析的基础

作为教材分析的基础，以下知识点是我们必须弄清楚的：什么是教材？教材有什么特点？教材的功能是什么？

教材有广义和狭义之分。广义的教材，泛指教科书、练习册、教学挂图、课件等一切供教师指导学生学习的材料。狭义的教材，通常是指教科书或课本。

义务教育课程标准实验教科书《数学》1~6年级有以下主要特点：

（1）较好地处理了继承传统与发展创新之间的关系。

（2）较好地处理了新理念与具体实施之间的关系。教材的整体结构注意不同内容的交错安排，符合学生的学习特点。

（3）注重反映数学知识的形成过程，积极为学生的数学学习提供生动活泼、主动求知的材料与环境。

（二）教材的功能

1. 承载功能

教材是课程目标的具体体现载体，也是课程内容的主要载体。

2. 导向功能

教材为教师备课、上课、布置作业和制作试卷以及对学生学业成绩评定提供了方向性规定。

3. 素材功能

教材是教师教学和学生学习最基本的素材。

我们认识了什么是教材、教材的特点和功能，那么小学数学教材的重点、难点、关键点又是什么？它们有何区别呢？

教材的重点，是对教材的内容而言的，是指在某一部分教材中，关系全局、直接影响其他知识学习的那些知识，即为教材的重点。例如，"同分母分数加减法"的教材重点是同分母分数加减法的算理和算法，如果不学好这一知识，就会影响后续学习"异分母分数加减法"。

教材的难点，是对学生学习而言的，是指学生难学难懂难掌握，以及学生学习中容易产生混淆和错误的内容。例如，"同分母分数加减法"的教材难点是理解同分母分数加减法的算理。

教学的关键点，是对教师的教学而言的，是指教学中有些内容对掌握某一部分知识或解决某一类问题有决定性的作用。例如，"同分母分数加减法"的教学关键点是建立同分母分数加减法的算理、算法与整数加减法算理、算法的联系。

（三）教材分析的核心

教材分析的核心，就是要真正读懂教材。下面我们选择一个小学数学教材片段《认识钟表》的不同版本教材，来具体说说学习《小学数学教材》应该从哪些角度分析。

人教版一年级上册第八单元的《认识钟表》一节内容，教材结合学生的生活实际，将时间（准确地说时刻）与学生熟悉的活动对应起来，让学生不仅会看钟面和电子表认整时，还会对看不见、摸不着的时间有所感觉。知道什么时间该做什么，培养学生良好的作息习惯。

教材通过一张妈妈叫小女孩起床图，结合学生的生活经验，说明在日常生活中要用钟表看时间。主题图下面并排呈现了3个钟表，显示了3个时刻，同时用中文和电子表的形式表明了它们的时刻。通过对这3个时刻的观察以及小精灵的问题，学生学会认整时，同时知道如何记录整时。教材"做一做"按时间发展的顺序，将小明一天的主要活动呈现出来，让学生根据每个钟面上的时间，学习写出整时，巩固对整时的认识。这里出现了比较特殊的6时、12时。教材还通过小明一天的作息时间，培养学生学会合理安排自己每天的生活和学习，养成遵守和珍惜时间的好习惯。

北师大版教材直接将小明一天的主要活动呈现出来，让学生根据每个钟面上的时间，学习写出整时和几时半。相比人教版难度加深。并且，教材还巧妙地通过"我说你拨"练习设计将整时、半时认识与动手操作结合起来。

苏教版教材通过卡通图片"小辣椒"的提示，让学生根据每个钟面上的长针、短针认识钟面上的时间，学习读出整时和接近整时的时间。

三个版本的教材的不同之处是：在"试一试"中，苏教版强调先认识一个时间，7时和大约7时。人教版要求同时认识多种方式表示的时间。就这点来看，苏教版相比人教版难度降低。

另外，人教版让学生自己从图中看懂时间的读法，对识图要求很高，为了降低难度采用电子表给出数字；苏教版（由"胡萝卜"）直接给出，再通过"做一做"巩固，学生相对容易掌握，但是思维难度也降低了。在"做一做"中，苏教版强调先认识一个时间：7时和大约7时。人教版要求同时认识多个时间。

在整体内容上，人教版偏向单一钟面和多时间认识，而苏教版更强调单一时间和多钟面认识。两个版本的案例和联系选材都注重贴近学生生活实际，融入珍惜时间的良好习惯养成教育。

从以上分析可以看出，读懂教材的关键是既要看出教材直观呈现出来的内容，即是什么，也要读出隐藏在图片和文字表述中的编者意图，即为什么。

（四）教材分析的内容

一般情况下，教材分析包括以下内容：

（1）目标制定的依据分析。主要从课标要求、内容要求和学情定位三层次来展开叙述。

（2）目标分析。通常从三个维度来叙述，即知识、能力和情意。

（3）编排意图分析。含重、难点分析。

（4）教学设想分析。含关键点与理念。

二、小学数学教学目标的陈述技能

教学目标是预期教学结束时所应达成的学习结果或终点行为，或者说是对学生学习终点行为的具体描述。

（一）教学目标的陈述要求

教学目标的陈述基本要求有两点：其一是详细说明目标内容。教学目标应明确地表达或阐明教师的意图，以使人们观察、了解学生的行为或产品后，便能判断目标是否已达到以及达到的程度。其二是要用特定的术语描述。阐明教学目标所用的描述语言必须是特定的、准确的术语，是可以观察和可以测量的，而不是含糊的和模棱两可的。

（二）教学目标的陈述方法

教学目标的陈述一般有 ABCD 陈述法、行为目标陈述法和内外结合陈述法。这里重点给大家介绍行为目标陈述法。

行为是指人在主客观因素的影响之下产生的外部活动。行为目标，也称操作目标，是指用可以观察和可以测量的学生行为来陈述的目标，是用预期学生学习之后将产生的行为变化来陈述的目标。行为目标最先由美国泰勒教授提出。泰勒认为最有用的陈述目标形式就是行为目标，即用可观察的学生行为来陈述某一特殊的学习结果。在泰勒的影响下，美国行为派心理学家马杰出版了《准备教学目标》一书。在书中，马杰认为教学目标应该陈述"学生能做什么以证明他的成绩以及教师又是怎样知道学生能做什么"。

行为目标有三个要素。

1. 可观察的行为

行为目标用可以观察的行为来表述教学目标。在目标表述时要避免描述内部心理过程即人的心理活动发生、发展的过程。心理过程包括认识过程、情感过程与意志过程三个方面，其中认识过程是基本的心理过程，情感与意志是在认识的基础上产生的。当人以感知、记忆与思维等形式反映客观事物的性质、联系及其对人的意义时，是认识过程；由认识引起人对客观事物的某种态度的体验，是情感过程；认识的支持与情感的推动，使人有意识地克服内心的障碍与外部的困难而坚持实现目的的过程，则是意志过程。可见，情感与意志过程中都含有认识的成分，都是由认识过程派生的；反之，情感与意志又对认识过程产生影响。因此，认识、情感与意志虽然都有一个发生、发展的过程，但不是三个彼此独立的过程。用行为目标陈述教学目标时，应避免使用心理活动过程方面的动词，如"知道""理解""欣赏""记住"等，而应该使用行为动词，如"背诵""解释""选择""写出"等。使用行为动词，可以使我们很容易观察到目标行为是否实现以及何时实现。

2. 行为发生的条件

行为目标中的条件要素说明了在评价学习者的学习结果时，是在什么条件下进行的。行为发生的条件通常包括下列因素：

（1）环境因素：空间、光线、温度、气候、室内、室外、安静或噪声等。

（2）人的因素：独立进行、小组集体进行、在教师指导下进行等。

（3）设备因素：工具、仪器、图纸、说明书、计算器等。

（4）信息因素：资料、教科书、笔记、图表、词典等。

（5）时间因素：速度、时间限制等。

（6）问题明确性因素：提供什么刺激来引起行为的发生。

3. 可接受的行为标准

行为标准是衡量学习结果的行为的最低要求。通过对行为标准作出具体描述，使行为目标具有可测量的特点。标准的表述一般与"好到什么程度""精确度如何""完整性怎样""要多少时间""质量要求如何"等问题有关。下面是主要的表述方式：

（1）正确的次序。如"将水的净化过程的六个步骤按正确顺序排列"。

（2）正确的百分比或程度。一般要在80%以上。

（3）精确度。如误差在多少之内。

（4）在多少时间内。如"8分钟内装好调好零件、并操作万用表"。

（三）行为目标及其要素举例（见表7-2）

表 2-7　行为目标及其要素

目标	条件	行为	标准
给出一系列句子，学生能找出每个句子中的介词	给出一系列句子	找出	每一个
给出10道除法计算题，学生能正确解决8道	给出10个问题	解决	10个问题中的8个正确
给出直尺和圆规，学生能够画出一个角的等分角，误差在1°之内	给出直尺和圆规	画出	误差在1°之内

根据行为目标的要求设计教学目标，可以改变传统教学目标陈述上的含糊性，使之变得更加明确、可操作。例如，数学课的传统教学目标表述为"通过教学培养学生的归纳推理能力"，是一个十分含糊的目标，难以操作、测量。改用行为目标陈述法可以表述为："提出一个可供探究的素材，学生能将素材中蕴含的规律归纳出来并能用这个规律解决相关问题，正确率至少为 85%。"

三、小学数学说课技能

说课是教师在总体把握教材内容的基础上，说出在教学过程中，教师对各个环节具体操作的想法和步骤，以及形成这些想法和采用这些步骤的理论依据。它是介于备课和上课之间的一种教学研究活动，包括课前的思考和课后的反思。

（一）说课与上课的区别

从上面的定义我们知道，说课本质上是一种较灵活、较高层次的教研活动，是教师上课前对同行说一说自己将要教学的一节课的想法和打算。那么，说课与上课有什么不同呢？

（1）要求不同。上课主要解决教什么、怎么教的问题；而说课不仅要解决"教什么""怎么教"，还要解答"为什么这样教"。

（2）对象不同。上课的对象是学生，而说课的对象是具有一定教学经验的教师和专家以及领导。

（二）说课的内容

知道了说课与上课的不同，我们再来看看说课要说哪些方面。一般来说，说课主要围绕以下五个方面来进行。

（1）说教材。说出教材的课标要求、内容定位和学生基础。

（2）说目标。一般按三维目标来分别叙说，其中包含重难点也要一并说清楚。

（3）说方法。包括教学方法和学习方式、说学习方式的时候尽量以新课程倡导的学习方式为准。

（4）说过程。就是要说清楚教学环节以及设计理由。

（5）说板书。要将标题及主要内容呈现出来。

说课前的主要准备工作有哪些？主要有以下五点：

（1）领会课标，找理念；研究课本，定重点。

（2）借鉴教参，明意图。

（3）了解学生基础，定目标。

（4）了解学习态度，激兴趣。

（5）研究教学环节，巧安排。

另外，在具体说课时特别要注意以下几个方面：

（1）说课源于教材，但一定不能拘泥于教材。

（2）说课基于教案，但不依赖于教案，要说清为何这样设计教学过程。

（3）说课不能视听课对象为学生。

（4）说课突出说，注意将说课稿中的文本样式变化为口头描述样式，切忌读和背说课稿。

（5）准备说课稿时多问自己几个"为什么"。找准"说"点，把握"说"度，把"课"说"活"。

（三）说课的评分标准

在一般情况下，说课主要从以下几个方面评分。第一，教学目标要求表述明确，科学具体，占 25 分。第二，教学过程与理论依据占 45 分，其中流程设计突出重点 15 分。第三，活动设计凸显实效，占 15 分。第四，过程体现新课程理念，占 15 分。第五，教师基本功，占 20 分。其中又分为表述清晰，语言流畅（10 分）；设计讲解有个性，有特色（10 分）。第六，总评，占 10 分，看整体效果。

第三节　小学数学教学技能案例

为了更清楚地掌握小学数学教学技能，我们选取了如下教学技能几个案例。

一、小学数学教材分析案例——《统计》

（一）目标制定的依据分析

《数学课程标准》认为，收集、整理数据，做出决策，进行交流的能力，是学生未来生活所必需的数学基本素养，也是他们就业和进一步学习不可缺少的基础知识和基本技能。统计与概率是《数学课程标准》四大学习内容之一，通过对数据收集、整理、描述和分析以及对事件发生可能性的刻画，帮助人们做出合理的推断和预测。人教版《义务教育课程标准实验教科书数学》第四册安排的内容主要是在一年级学习简单的收集、整理数据、认识象形统计图的基础上，学习用统计表来表示数据整理的结果。

（二）目标分析

1. 知识与技能目标

（1）使学生初步认识直观的条形统计图，能用这样的图表示统计的结果，并能根据图中的数据回答或提出一些简单的问题。

（2）培养学生的观察能力、动手操作能力和问题解决能力。

2. 过程与方法目标

（1）让学生经历简单的数据收集、整理、描述和分析过程，学习一些简单的收集方法，初步体验分类统计的意义。

（2）培养学生的交流、合作、竞争意识，体验解决问题策略的多样性。

3. 情感态度与价值观目标

通过探究、展示和调查等活动，让学生感受成功的喜悦，体验教学和日常生活的联系，激发学生学习数学的兴趣。

（三）编排意图分析

1. 重点

（1）认识直观的条形统计图，表示统计的结果。

（2）根据图中的数据回答或提出一些简单的问题。

2. 难点

体验分类统计的意义。

（四）教学设想分析

围绕分析的教学目标，在设计本节课的教学过程时力求体现以下理念。

1. 教学内容充满生活味

在本节课的教学中，要注重从学生的实际出发，把数学知识和生活实际紧密联系起来，让学生体验"生活数学"。所以，本节课的选材为：创设游戏情景、教师收集统计图、学生准备统计的内容等。尽量从学生的数学现实取材，使其贴近小学生的生活实际，让他们领悟统计的范围很广，觉得生活中处处有数学；让他们通过统计图表获取信息、解决问题，培养学生爱数学的情感、用数学的意识和解决简单实际问题的能力。

2. 教学过程体现活动化

本节课组织小学生进行收集数据的实践活动——夹弹子游戏、课中探究活动、课后课外延伸，让他们体动、手动、嘴动、脑动，师生、生生、组组之间互动、交流、分工、竞争和多能的操作活动，交互式的合作活动，以及流动式的自由走动，使整个教学过程在活动中完成，以活动促发展。这样既与孩子爱动的天性相契合，又使他们在愉快的活动中主动地获取知识。

3. 探究时空体现广延性

在教学中，要给学生提供两种不同规格的方格纸，呈现给大部分学生的是与他们已有的知识体系相矛盾的现象，营造一个让学生自己发现问题、分析问题、解决问题的良好气氛，激发他们探究的欲望。接着安排大量的时间、空间，引导学生主动探究，再进行交流、分析，使每一位学生自始至终参与统计的全过程，把学习的时间、空间还给学生，让其拥有自行探索、自行创造的机会。

总之，教材分析的根本目的是在分析的基础上理解教材，进而驾驭教材，使其更好地为教学服务。教材只是提供了一个教学的基本素材，为了更好地开展教学，还需要对不同版本的教材进行比较研究，取长补短，优化教材的结构，完善教材的细节。

二、小学数学课程目标陈述案例

教材版本：北师大版六年级上册。
陈述内容：《小学数学课程标准》（实验稿）第二学段"空间与图形"中《圆的认识》。

（一）目标撰写

2011 年版课标是这样描述《圆的认识》要求的：通过观察、操作，认识圆，会用圆规画圆。根据课标要求，我们如何来分解和陈述目标呢？

第一步：找出"内容标准"中的关键词。

通过观察、操作，认识圆，会用圆规画圆。

显然，行为动词是：认识、会画。

核心概念是：圆。

第二步：分析、拓展核心概念，构建概念图表。

圆的认识概念体系可以分为四个：圆的含义，圆各部分的名称，圆的画法和圆的应用问题。从知识地位来看，这些都是重点。

第三步：对应"概念体系"，分解"行为动词"。圆的含义，适用的行为动词是表述；圆各部分的名称，适用的行为动词是认识；圆的画法，适用的行为动词是绘制；圆的应用问题,适用的行为动词是解决。从学生经验来看,对于以上四点,学生都无前备经验。

第四步:确定行为条件。圆的含义的表述,行为条件是"用自己的语言";认识圆各部分的名称,行为条件是"在教师指导下,通过操作、比较、观察";圆的画法的行为条件是"亲自用工具操作";解决圆的应用问题的行为条件是"通过亲自制作模型、演示等实验操作,并在具体情境下"。

第五步:加上程度副词并综合叙写学习目标。

一是能用自己的语言准确表述圆的含义。

二是在教师的指导下,通过操作、观察、比较,准确认识圆的各部分名称。

三是通过亲自用工具操作,会正确画圆。

四是通过亲自制作模型、演示等实验操作,在具体情境下正确解决和圆有关的实际问题。

(二)达成目标的教学策略设计

1. "能用自己的语言准确表述圆的含义"的教学策略

活动一:

出示生活中与圆有关的实物图片,让学生观察这些图片有什么共同特点,与以前学过的图形有什么不同。初步认识"圆"。

活动二:

观察与思考:哪种方式更公平?

一群小朋友玩投掷游戏,是站在一条直线后向目标投掷公平,还是分别站在正方形的各边、各角公平,或者站在一个圆的外围向处于中心位置的目标投掷更公平?

在讨论中,学生认识到一个圆的各个点到中心的距离都是一样的,这种方式最公平。由此认识到"圆是由到中心距离都相等的无数个点组成的一条曲线"。

2. "通过亲自用工具操作,会正确画圆"

活动一:

你能想办法画一个圆吗?

学生自己画圆,会选择用圆规画圆。

学生画好后,老师引导学生讨论用圆规画圆应该注意的事项,使学生会正确画圆。

活动二:

讨论:要在操场上画一个大圆,该怎么办?

组织学生讨论后,再组织全班交流,使学生认识到无论用哪种方法画圆,都要先确定好中心,再确定活动位置到中心的距离。在画的过程中,保持中心的位置不变,保持活动的点到中心的距离不变。

3. "在教师的指导下，通过操作、观察、比较，准确认识圆的各部分名称"的教学策略

活动一：

每人再画几个大小不同的圆。观察我们画好的圆，思考：一个圆中有哪些基本要素？

从前面的活动中学生不难找出这些要素，学生进而认识一个圆有圆心 O、半径 r、直径 d。

活动二：

在自己画好的圆中标出半径和直径。标好后思考：一个圆中有几条半径？有几条直径？

活动三：

（1）以点 A 为圆心，画两个大小不同的圆。画好后思考：圆的大小与什么有关系？

（2）再画一个半径为 2 厘米的圆。画好后思考：圆的位置与什么有关系？

4. "通过亲自制作模型、演示等实验操作，在具体情境下正确解决和圆有关的实际问题"的教学策略

活动一：

出示自行车、小汽车、公交车等图片，观察与思考：车轮为什么是圆的？

学生用硬纸板做成正方形、圆形、椭圆形等，描出中心 A，在桌面上做滚动实验，并把中心 A 在滚动过程中留下的痕迹画在平铺于桌面的白纸上。

观察并解释哪种形状的车轮在滚动时最平稳？为什么？

活动二：

解释生活中的现象：

（1）井盖为什么做成圆形的？

（2）人们在围观时，为什么会自然地围成圆形？

三、小学数学说课技能案例

本案例选自云南省保山市实验小学董学江老师参加云南省教师技能大赛时获得一等奖的说课稿。

《找规律》说课稿

各位尊敬的专家、评委、老师们，大家好！我是保山市实验小学的老师董学江，我说课的内容是人教版九年义务教育课程标准实验教材小学数学一年级下册第八单元《找规律》第一课时。

下面我将从教材分析、学情分析、目标定位、教学准备、教法运用、教学过程、教学效果及反思几方面来进行说明。

[教材分析]

《找规律》是根据数学课程标准改革理念新增设的内容，主要是教给学生数学思想和方法。本课时是《找规律》这一单元的第一节课，主要介绍一些图形简单的排列规律，培养学生用数学观点发现规律的意识，为进一步学习有关数的排列规律做好准备。

[学情分析]

对于活泼好动的一年级孩子来说，对于规律现象他们有一定的生活体验。同时，一年级学生形象思维能力较强，可以利用他们对图形的形状、颜色的视觉刺激来寻找规律。有了以上认识，我拟定了本节课的教学目标。

[目标定位]

1. 知识目标：让学生在生动活泼的情境中找出图形简单的排列规律。

2. 能力目标：培养学生初步的观察、推理能力，增强学生合作交流与创新意识。

3. 情感目标：培养学生发现和欣赏数学美的意识。

教学重难点：通过实践活动找出事物的变化规律。

[教学准备]

教具（教师准备例1彩旗、彩花和彩灯图片条）、课件。

学具（每人各种形状学具或图片若干）、水彩笔、硬纸板。

[教法运用]

课程标准指出，数学教学要从学生生活情境和感兴趣的事物出发，采用"动手实践、自主探索、合作交流"的方式，让学生体会到数学就在他们身边，对数学产生亲切感。本节课我以这一理念为指导，根据低年级学生好动的特征，从学生的实际出发，主要采用了游戏导入、情境创设、动手实践等方法配合现代教学手段，努力为学生营造一个生动活泼的学习氛围，让学生始终处于探索问题的积极状态，通过"猜一猜""找一找""涂一涂""摆一摆"等一系列活动感知规律、认识规律、创造规律，让学生真正成为学习的主人。

[教学过程]

一、游戏引入，感知规律

在新课开始时，我设计了一个猜珠子颜色的游戏。"同学们，数学小精灵托老师给大家带来了两份礼物，想知道是什么吗？"边说边拿出两个袋子。此时，全体学生的注意力都吸引到老师手中的袋子上。在学生期待的眼神中，我打开了第一个袋子，逐一抽出4个珠子后，让学生猜下一颗珠子的颜色（学生猜不出来）；紧接着，我打开第二个袋子又逐一抽出4个珠子，再让学生猜，学生猜得很准，越猜越起劲，最大限度地调动了学生学习的热情。此时，我见机问："为什么前一串珠子的颜色大家猜不出来，而后一串珠子大家又猜得这么准呢？"引导学生思考像这样一个红一个绿反复出现，这就是规律。这样的现象还有很多，今天我们就一起来找规律。这样就很自然地把学生引入新课的学习中，让学生在不知不觉中初步体验"规律"的含义，为下一个环节探究规律指明了方向。

二、创设情境，发现规律

导入课题后，我利用教材中的一幅主题图创设了故事情境，把学生带到举行过"六一联欢会"的教室，引导学生观察"教室里都挂了些什么？它们的排列有什么特点？"先让学生独立思考，再在同桌之间进行交流，从而发现彩旗、灯笼、花以及小朋友们的排列规律。在学生找出小朋友排列规律的基础上，我又让一个小组的同学像主题图中的小朋友那样到讲台上排一排。引导学生思考："除了按这样的规律排列外，你还可以排出什么有规律的队形？"此时，学生在老师的引导下想出了各种有规律的队形。这样的安排遵循了学生认知由易到难的特点，不但面向全体学生，而且满足了思维活跃的学生想自己探究、排出不同规律队形的要求。在这之后，我利用例2的"摆一摆"、例3的"涂一涂"及时加以巩固，并在此基础上引导学生发现这些图形不仅在形状的排列上有规律，而且颜色上也有一定的规律。

三、动手实践，创造规律

针对学生的年龄特点，在这一过程我设计了三个环节。

第一环节：涂一涂。让学生独立完成课本第89页"做一做"，引导学生根据颜色交替规律，用彩笔给图形涂颜色，并进行展示，请个别同学说说"自己是按什么规律涂的？"

第二环节：摆一摆。请学生发挥想象，利用学具摆出一组有规律的图案，并与同桌说一说是按什么规律摆的；然后将摆好的作品展示给大家看。教学中，我发现学生特别乐意把自己摆的作品拿上台展示。学生通过这样的活动，亲身感知数学美，很自然地实现了教学中的情感目标。

第三环节：我让学生跟老师一起做有规律的动作。发出有规律的声音，让他们发现其中的规律，并自己创造出有规律的动作和声音。课前，我担心这一环节对学生来说可能有些难度，但实践证明我的担心是多余的。他们相当活跃，在跟着我做了有规律的动作后，很快就自己创造出其他有规律的动作，并迫不及待地想上台表演。有的同学竟然能把声音和动作结合在一起，这是我课前没有预想到的。

四、联系生活，寻找规律

这一环节，我先安排学生欣赏日常生活中有规律的图片，紧接着请学生列举"生活中还有哪些有规律的事物？"让学生感受数学与生活的密切联系。

在课的尾声布置作业。让学生回家后，继续观察我们周围有规律的事物，并讲给爸爸妈妈听。

这样的设计旨在引导学生把本节课的学习兴趣带到课外，继续寻找各种有趣的规律。

[评价反思]

学习就是生活，课堂生活应该是快乐的、和谐的、充实的。在教学时，我创设了让学生猜的环节，给学生提供了独立思考的机会、尝试的机会、猜想的机会、成功的机会，这就是以情促思、以情导学。课程标准注重强调学生身临其境地去进行全方位体验。本节课我充分调动学生的多种感官，让他们动口、动手、动脑，在"猜一猜""找一找""说一说""涂一涂""摆一摆"等一系列活动中，多数同学都能充分发挥自己的想象。通过精心设计，学生始终处于一种积极的学习状态中，真正体现了以积极的情感投入，极大地调动了思维活动，成为学习的真正主体。

本章小结

　　本章主要解读了 2022 年版义务教育阶段数学课程标准的理念、数学课程标准的目标和课程内容等相关知识，2022 年版课标是对 2001 年版课标和 2011 年版课标的继承与发展，将原有课程目标中的"四基""四能"、情感态度与价值观作为根本，用"三会"观点作为顶层设计进行统整，完成了以核心素养为导向的义务教育阶段数学学科内容标准与学业质量标准的研制。同时，本章以案例形式介绍了小学数学教材分析技能的意义、重点和内容，以及目标陈述技能中的行为目标陈述方法和说课技能的技能技巧等相关内容，目的是促使小学全科教师学会运用这几种重点技能来指导自己的教学行为。

课后思考题

　　1. 简述三个版本义务教育数学课程标准的理念差异。

　　2. 简要分析你对 2022 年版《数学课程标准》课程内容变化的理解。

　　3. 简述小学阶段数学核心素养的内涵及构成。

　　4. 自选一个小学数学教材片段，尝试分析并回答以下问题。

　　（1）该教材由几部分组成？各部分之间有什么样的联系？

　　（2）你觉得这部分教材的主要内容是什么？教材中的每句话、每幅图是什么意思？

　　（3）标出教学目标的行为动词、条件和标准。

　　4. 尝试用行为目标陈述法改写下列教学目标。

　　（1）联系生活中的具体物体，通过观察和动手操作，初步体会生活中的对称现象，认识轴对称图形的一些基本特征，并初步知道对称轴。

　　（2）让学生认识人民币，知道人民币的单位元、角、分，认识 1 元=10 角、1 角=10 分。

　　5. 说课前的一些主要准备工作有哪些？说课有哪"五说"？

　　6. 自选一节小学数学教材片段，按照说课"五说"要求，尝试设计一份说课稿。

第八章 英语教学技能

学习目标

1. 理解英语教学技能的重要性。

2. 熟悉《义务教育英语课程标准》（2022年版）。

3. 对照《义务教育英语课程标准》（2022年版），结合小学英语教学实际，思考小学英语的有效教学方法。

4. 掌握小学英语课堂教学技能，能够将这些主要的教学技能运用到实际的课堂教学中。

学习提示

本章对《义务教育英语课程标准》（2022年版）的内容与要求进行解读，并介绍小学英语课堂教学技能，旨在帮助学生掌握如何对照《义务教育英语课程标准》（2022年版）的要求进行有效的课堂教学。通过对某一技能训练的举例分析，使教师理解小学英语教学技能在实际英语课程中的作用并熟练运用。

第一节 课程标准解读

一、英语教学技能简介

英语教学技能是英语老师在课堂教学中使用的行之有效的技能和方法。可以说，是否具备一定的英语教学技能是检测英语课堂教学成败的关键。一名合格的英语教师，应该具备比较系统的英语知识体系和扎实的教学技能。在我国基础教育的小学阶段，英语就作为一门主要的外语来开设和教学。但是，由于英语和汉语分属不同的语系，词的构造、句子的结构等各不相同，因此给小学生的学习带来了许多困难，同时，也给从事小学英语教学的老师，特别是新教师带来了困惑。那么，如何有效地开展小学英语教学呢？在开展英语教学之前应如何对与英语教学相关的信息展开分析？凡事预则立，不预则废。只有做好了充分的教学准备，才能更好地实施英语教学。其中，最重要的准备之一就是熟悉现行小学阶段英语课程标准。

二、《英语课程标准》解读

2022 年，教育部印发了最新的《义务教育英语课程标准》。该标准对英语教师进行教学设计和课堂教学提出了新的要求。为了更有效地开展教学，小学英语教师需要认真研读此标准，以便用它来指导今后的英语课程教学。

《英语课程标准》（2022 年版）为教师制定教学目标提供了良好的依据，使教师更好地通过课堂指导学生开阔视野，丰富生活经历，形成跨文化意识，增强爱国主义精神，发展创新能力，形成良好的品格和正确的人生观、价值观。

2022 年版标准首次将英语课程的性质界定为"具有工具性和人文性双重性质"，明确告诉全体英语教师：语言教学不仅是为了培养学生交流、沟通的能力，还能在语言教学过程中，培养学生的意志品格、正确的价值观、自主学习意识与能力以及良好的学习习惯。一个人如果具有较强的语言交际能力、较高的综合人文素养，就会更快地适应社会变化，更好地服务于社会。工具性和人文性统一的英语课程符合社会发展对人才培养的需求，有利于为学生的终身学习奠定基础。

2022 年版标准在面向全体学生、突出学生主体、尊重个体差异的基础上，更注重语言学习的整体性、渐进性和持续性。这一课程理念更关注学生个性发展、终身发展的需要，更具有人文性；同时，更符合语言学习的特征和规律。它不仅体现在按学生发展设计的课程总目标、分级目标和分级标准的描述中，也体现在课程内容的设置和课程容量的调整中。语言学习是一个长期积累的过程，学生的学习必然经历由浅入深、由易入难的渐进深入过程。在学习方式上，重视语言学习的实践性和应用性特点，强调教师要创设有意义的语境，为学生学习、实践和运用英语创造条件。此外，进一步完善了形成性与终结性评价相结合的评价体系，以促进学生综合语言运用能力的发展。

2022 年版标准更注重以下几个方面：

第一，凸显基础学习，关注语音和书写训练。从修改稿中可以看到，无论是对字母的读音还是对字母的书写，要求都有明显的提高。其实现阶段，教师对学生语音这一块的关注已经做得很不错，但是否每节课都在坚持。也许我们只是有这样的意识，并没有持之以恒。而语音训练和字母的书写训练是一个长期的过程，所以我们应该在每节课都关注学生的语音和书写。

第二，面向全体学生，为学习奠定基础。"面向全体学生，注重素质教育"是英语课程标准一个重要的理念，面向全体学生也是国家义务教育阶段的基本要求，目的是使每一个学生都受到良好的教育。在小学英语教学中就是要使每一个学生受到良好的英语语言教育，为每一个学生在小学阶段打下一个良好的英语基础，为学生将来的可持续发展做好铺垫。但在实际教学中，由于受主观因素和客观因素的影响，小学生（尤其是农村小学生）的英语水平两极分化的趋势越来越明显，教材内容也越来越深入。小学生英语水平两极分化现象严重阻碍了学生的可持续发展，现已成为当前小学英语教学中亟待解决的问题。这是一个很大的难题，也是每一个小学英语老师会面临的难题。虽然这个难题要很快解决并不容易，但英语老师一定要有一颗面对全体学生的心，在平时的课堂中多关注那些英语语言能力弱的学生，设计不同的活动，倡导分层教学，提高个别辅导的实效。

第三，注重语境创设，倡导体验式学习。2022年版课程标准进一步强调教学应紧密联系学生的生活实际，创设尽量真实的语言情境，组织具有交际意义的语言实践活动。英语教师作为实施课程的主体，应学会巧妙自然地寓英语学习于生活体验之中，提倡体验式学习。体验式学习是学生学习英语最直接有效的方法。学生在真实的情境中体验学习的乐趣，保持学习英语的兴趣。

第四，重视课程、教学、评价的一致性。评价是英语课程标准的重要组成部分，英语课程的评价应紧扣课程标准的目标和要求，对教学全过程和结果实施有效监控。2022年版课程标准提出"小学的评价应以激励学生学习为主"，因此，我们应采用符合学生认知水平、具有多样性和可选择性的评价形式，以形成性评价为主，重点评价学生平时参与各种教学活动的表现。

三、《英语课程标准》在小学英语教学中的实施建议

2022年版课程标准提出了实施建议，加强对小学英语的明确要求和指导。

（1）教学建议。强调小学英语教学要培养学生对英语的感知能力和良好的语言学习习惯。

（2）评价建议。提出"小学的评价应以激励学生学习为主"，应采用符合学生认知水平、具有多样性和可选择性的评价形式；评价应以形成性为主，重点评价学生平时参与各种教学活动的表现；小学高年级的终结性评价合理采用口试、听力和笔试相结合的方式，重点考查学生用英语做事情的能力。

（3）2022年版课程标准提供了大量操作性很强的小学英语课堂教学实例、评价方法与案例、技能教学参考建议等。这些有助于教师从课堂教学实践的角度，理解课程标准的要求和内涵，研究如何在教学中落实课程标准的理念和要求。

总而言之，2022年版课程标准对广大教师提出了更高的要求，不仅要求教师深刻理解课程性质和课程理念，还需要教师在教学中综合考虑语言技能、语言知识、情感态度、学习策略和文化意识五个方面的课程目标，将课程目标与具体教学实际结合起来，并逐步转变为自觉的课堂教学行为。在小学阶段，教师尤其需要注意培养学生浓厚的学习兴趣、积极的学习态度、良好的学习习惯和创造性运用语言的意识；同时根据学生的实际，面对普遍存在的大班额教学，关注学生的个体差异，注重对学生的人文关怀，让学生感受语言学习的真正意义。另外，要避免过分强调对知识的考查和脱离语言实际运用的倾向，开展符合教学目标和要求的评价探索，为学生的可持续性发展和学生整体人文素养的提高奠定基础。

第二节 英语课程主要教学技能

总的来说，英语课程的教学技能主要包括教学准备技能、教学设计技能、教学实施技能和教学评价技能四个方面。

一、教学准备技能

教学准备技能主要帮助我们在开展英语教学设计之前明晰应如何对与英语教学相关的信息展开分析。教学准备是实施教学技能的理论基础，这些理论主要包括英语课程标准相关知识、英语课程目标分析、学情分析和教材分析。关于英语课程目标分析，我们需要了解英语课程标准中关于课程目标的结构图（见图 8-1）。

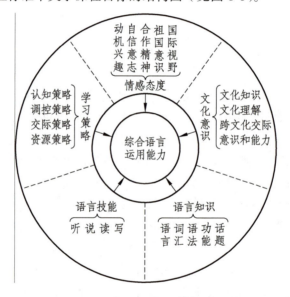

图 8-1　课程目标的结构图

这张图清晰地体现了课程目标设计的三个层次。内圆中的文字"综合语言运用能力"是课程的总目标；外圆中的五个板块"语言技能、语言知识、情感态度、学习策略、文化意识"是课程分级目标。每个分级目标大括号旁的描述是各部分的分级标准。只有认真研读了课程标准，才能对所要教学的内容进行分析。学情分析是教学设计及教学活动安排的重要依据，包括教学前对学习者的总体分析和课前分析。教材分析有助于教师对教学内容进行取舍重组，从而突出教学重点、突破教学难点，包括教材单元整体分析和教材单元项目分析。

二、教学设计技能

教学设计是教师根据课程标准的要求和教学对象的特点，将教学中的各个要素有序安排，确定适合的教学方案的规划过程。根据小学英语课程教学的特点，这部分技能主要设计两个方面：一方面是与教学整体设计有关的技能，包括教学目标设计、教学内容设计、教学过程设计、教学方法设计、教学组织设计和教学设计说明；另一方面是与教学细节设计有关的技能，包括教学媒体设计、教学板书设计、教学情境创设、教学活动设计、课堂练习设计和课后作业设计。

三、教学实施技能

教学实施是教师根据教学设计方案，开展教学活动，实现教学目标的活动过程。根据小学英语课程教学的特点，这部分技能涉及三个方面：一是与英语语言知识教学有关的技能，包括语音教学技能、词汇教学技能、词法教学和句法教学技能；二是与英语语言技能培养有关的技能，包括听力教学技能、口语教学技能、阅读教学技能和写话教学技能；三是与英语教学指导有关的技能，包括课堂提问技能和教学反馈技能。教学实施技能是英语教师教学技能的具体体现形式，建立在教学准备技能和教学设计技能的基础之上，也是检测英语课堂教学成败的关键因素。教学实施技能开展得好，就可以实现教学目标，使学生学有所获。

四、教学评价技能

教学评价是教师依据教学目标对教学过程与结果进行价值判断，并为下一步教学决策服务的活动，是对教学活动现实的或潜在的价值做出判断的过程。教学评价是研究学生的学和教师的教的价值的过程，主要是对学生学习效果的评价和对教师教学工作过程的评价。因此，这部分技能主要包括两个方面：一是与学生学业评价有关的技能，即形成性评价和终结性评价技能；二是与教师教学评价有关的技能，包括课堂教学评价和课后教学反思技能。

五、常用教学技能训练项目介绍

教学准备、教学设计、教学实施、教学评价这四项技能构成了英语教师教学技能的总体框架。如何对这些技能进行训练呢？我们应遵循由易到难循序渐进的原则。我们可以先从英语教师常规辅助教学技能开始进行训练，如英语字母书写及教学技能、英语歌曲教学技能、英语游戏组织技能、简笔画技能等；再训练教具与常用教学设备使用技能、信息化外语教学等技能；接着集中训练备课技能、课堂教学微技能（包括教态、课堂教学语言、导入、呈现、操练等技能）；最后强化语言知识与语言技能（包括语音、词汇、语法、听力、口语、阅读和写作技能）的训练。只有通过循序渐进地训练，并根据各个技能的评价指标进行检验，多向有经验的教师请教学习，不断进行反思和训练，才能逐渐掌握英语教学技能。

六、重点技能训练提示

我们知道，小学英语教学技能训练的项目较多，每一项都有自身的特点与要求，结合教材，下面指出进行小学教学技能训练时的一些重难点供大家参考。

第一，英文字母书写教学技能。英文字母书写看似简单，但我们是否能对这 26 个英文字母的大小写按照正确笔画顺序来书写呢？作为英语教师，我们应该在学习者进行英语学习的初学阶段，就教给学生正确的英文字母书写顺序，这样才能使其在启蒙阶段形成良好的书写习惯（见图 8-2）。

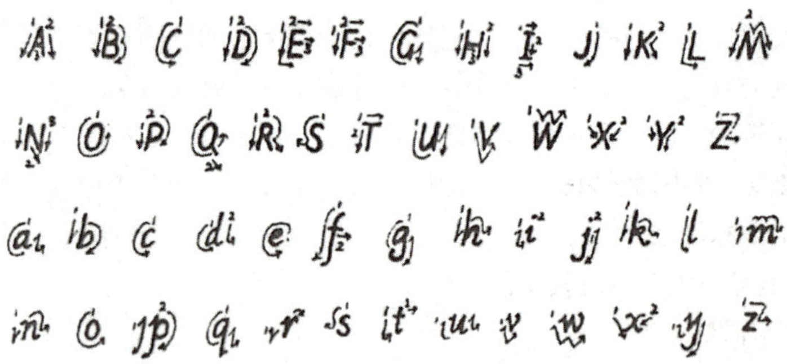

图 8-2　英文字母书写的笔画顺序

图 8-3 为匀笔斜体行书英文字母的正确笔画顺序，请大家检查自己是否都书写正确了。

图 8-3　匀笔斜体行书英文字母的正确笔画顺序

另外，在进行英文字母教学的时候，英语语言的初学者应该先在四线三格纸上练习书写。英语老师应该从四线三格英语字母书写教学开始来规范学生的字母书写。在进行四线三格教学的时候，要注意几点：首先，教师对这四条线的名称要有所了解，从上到下分别是：顶线、主体线、基准线、底线。在进行大小写字母书写教学时，应告知学生字母斜度要一致，都稍向右倾斜约 5°，如图 8-4 所示。

ABCDEFGHIJKLMN

图 8-4　英文字母倾斜度一致

第二，大写字母都要占上、中格，但要注意字母上端不能抵到顶线如图 8-5 所示。

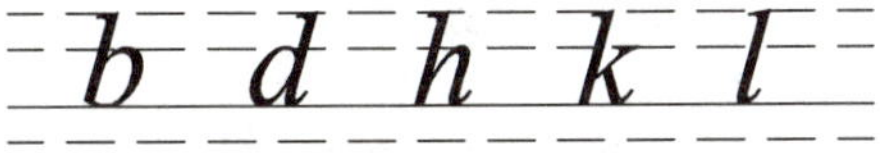

b d h k l

图 8-5　大写英文字母的书写

第三，小写字母上、下都要抵线，如图 8-6 所示。

acemnorsuvwxz

图 8-6　小写英文字母的书写

第四，教师只有在自己掌握好这些基本的英文字母书写规则之后，才能在教学中正确规范地指导学生进行英文字母的书写，使其养成良好的书写习惯。

第五，英文歌曲和游戏的使用。英语课堂上教唱英文歌曲不但有助于帮助学生培养学习英语的兴趣，培养语感，还可以寓教于乐，活跃课堂教学，是英语教学和素质教育的重要手段。所以，小学英语教师应学会 10 首以上英文歌曲，结合学生实际和教学内容进行教学。例如，为了练习某一个音素、语法结构、某一课的生词等，选取恰当的英文歌曲教唱、改词唱等。另外，还可以结合学生的兴趣爱好，给学生播放和推荐一些欣赏歌曲，以培养学生对英语学习的兴趣，培养他们的节奏感，掌握音高、音长、音重等知识和技能，以达到现行课程标准的培养目标。

另外，英文游戏的组织也是教师应该掌握的一项辅助技能。英语教学游戏紧扣小学生好玩、好动、好胜的心理特点，能充分调动他们的非智力因素和潜意识，将英语教学交际化、游戏化，让学生在愉快的情感体验中不知不觉地学习，有利于克服腼腆羞怯的心理障碍，使其养成大胆说英语的习惯，提高英语学习的效率。因此，英语教师可以结合教学内容组织学生进行听音反应型游戏（TPR Game），如 Bingo、Simon Says, Listen and Draw, Listen and Response, Number Counting 等都是比较适合给小学生玩的 TPR 游戏；猜谜型游戏（Guessing Game），如 Riddle Guessing, Crossword, Q& A，以及模拟型游戏（Imitating Game），如 Role Play 等。这些都是根据小学生的身心特点来设计的英语课堂游戏，可以很好地提高小学英语教学的艺术化水平。

小学英语不仅是语言的启蒙，而且是思维拓展和国际素养的起点。科学的早期英语教育能让学生在未来更具适应力和竞争力。根据《中国学生发展核心素养》研究成果，在进行小学英语教学准备、设计、实施及评价各阶段，教师应该以语言能力、文化意识、思维品质、学习能力为学科教育目标，根据小学生身心发展规律确定具体的教学内容和方法，引导学生掌握相应的英语运用能力，使小学英语教育实现高质量发展。

掌握小学英语教学技能，需要不断训练和反思，如此才能提高自己的教学技能。

第三节　英语课程教学技能案例分析

下面以英语教学中的机械性操练组织技能为例进行演示。

在进行演示之前，先介绍一下进行技能训练的大致流程：首先，了解技能训练相关理论知识，包括概念、意义等；其次，了解技能训练的主要方法或途径；最后，对所训练技能进行实际操练。

First, Let's get to know some theoretical knowledge about mechanical practice.We'll mainly focus on introducing the ways to do mechanical practice. 我们今天主要来介绍进行机械性训练的组织方法。但在此之前，就像刚才所提到的，任何实践都是以一定的理论为指导的，所以我们先来了解进行机械性操练的理论基础。

The organization and the general process of an English classroom teaching includes three steps:First step is input.The teacher should present the new language item to students.即输入，教师首先将所要学习的新的语言知识呈现给学生。Then,after the presentation,students are asked to do some practice.And last,the students can produce their own language output. 即输出，学生在进行各种练习之后，通过输出来检测学生对所学知识的理解和掌握情况。在这三个阶段当中，我们的重点就是 practice,即练习。练习主要有三种方式：机械性练习（mechanical practice）、意义练习（meaningful practice）和交际性练习（communicative practice）。可以说，机械性练习（mechanical practice）是最基础的练习方式，可以帮助学生对所学的知识进行初次记忆和运用。

从这一概念我们可以了解到，机械性练习适用于英语初学阶段，可以帮助学习者有效掌握单词的读音、拼写等方面的知识。在实际教学中，小学英语教师应该如何使用呢？我们可以通过下面两个短视频来做了解。（播放视频）从视频中，大家可以了解到，两位不同的老师在教水果类词汇和 Water 这一单词时都做了大量的听读训练（Listen and Repeat），目的就是让学生掌握单词的发音与拼写。在小学阶段，对学生进行语言的机械性训练是很有必要也很重要的一种操练方式。

在了解机械性练习的概念及理论基础之后，下面介绍机械性练习三种常见的方式。
① Repetition:say after the teacher.② Chain work:ask questions and answer them one student

after another.③ Substitution:The teacher gives an alternative word,then the students need to say the whole sentence with this word.

（1）简单重复（Repetition），如：T:I come by bus.Repeat,class!

Ss: I come by bus.

T: I come by bus. Li Ping.

Li: I come by bus.

简单重复是最简单的一种机械性练习形式，主要目的是让学生对所学项目的语音与拼写进行理解和记忆。

（2）连锁问答(Chain work)，如：L1:What's he doing?(shows the picture)

L2: He's swimming. What's she doing? (shows the picture)

L3: She's dancing. What's he doing? (shows the picture)

L4: He's riding a bicycle.

在进行连锁问答的时候，老师要注意结合小学生活泼好动、对新鲜事物感兴趣的性格特点，将机械性练习设计得灵活有趣，如可以加入一些简笔画来提高学生进行练习的积极性。

（3）替换（Substitution）。替换有两种形式：一种是简单替换（Simple Substitution）；另一种是渐进替换(Progressive Substitution)，如：

A：simple substitution

    T: I come by bus.（change "bus" to "train"）

    Ss: I come by train.

    T: Car. (change "bus" to "train"）

    Ss: I come by car.

B：progressive substitution

    T: I come by bus. (change "I" to "she")

    Ss: She comes by bus.

    T: Foot. (change "bus" to "foot")

    Ss: She comes on foot.

第一种简单替换，在例子中我们发现只是替换了交通工具类单词。第二种渐进替换，不仅替换了交通工具类单词，人称也进行了替换。因此，学生必须要在了解，不同人称谓语动词会有不同变化；不同的交通工具，所使用的介词也会有所不同。只有了解这些基础知识，才能进行正确的替换练习。

总的来说，在对学生进行操练的时候，教师应该根据学生实际，采取不同的操练方式，开展多样化的课堂活动，使学生从不同方面对所学知识进行理解和运用。

📋 本章小结

本章通过对《义务教育英语课程标准》（2022 年版）进行解读，对小学英语教学的实施提出了一些意见和建议，使小学英语教师意识到小学英语教学技能的重要性和训练的紧迫性。

小学英语课程的教学技能主要包括教学准备技能、教学设计技能、教学实施技能和教学评价技能四个方面。在进行技能训练时，可以先从英语教师常规辅助教学技能开始进行训练，如英语字母书写及教学技能、英语歌曲教学技能、英语游戏组织技能、简笔画技能等；再训练教具与常用教学设备使用技能、信息化外语教学等技能；接着集中训练备课技能、课堂教学微技能（包括教态、课堂教学语言、导入、呈现、操练等技能）；最后强化语言知识与语言技能（包括语音、词汇、语法、听力、口语、阅读和写作技能）的训练。只有通过这样循序渐进的练习，并根据各个技能的评价指标进行检验，多向有经验的教师请教学习，不断进行反思和训练，才能逐渐掌握英语教学技能。

通过对英语字母书写技能、英文歌曲教唱技能以及机械性操练技能的讲解分析，从理论和实践的角度使教师理解和掌握小学英语教学技能，并将其运用到自己的实际课堂教学中，让小学生在有限的课堂学习时间里有效掌握知识。

英语教学技能评价表见表 8-1。

表 8-1 英语教学技能评价表

项目：　　　　　　　　　　　　　　　　　　　　　　　　　日期：

评价指标	评价成绩	参考权重
《英语课程标准》目的明确、内容清晰		20
英语教学技能训练意义明确		20
英语教学技能种类明确（各项技能的概念、特征、教学组织方式）		20
英语教学技能训练方式多样，具有可操作性		20
能针对自己实际教学中的不足提出改进意见或新的策略		20
总评：A：优秀（90 分及以上）　B：良好（75~90 分） C：合格（60~75 分）　　D：不合格（60 分以下）	总成绩：	
改进意见：		

📋 课后思考题

1. 研读《义务教育英语课程标准》（2022 年版）并撰写研读报告。
2. 选择某单元中一个课时进行教学设计，并撰写一份教学设计说明。
3. 学会 10 首以上英文教学歌曲，尝试在教学过程中进行教唱。
4. 请写一份 H 字母大小写教学的教案。
5. 请结合所学内容，写一份 some 和 any 用法的机械性操练教案。

第九章 音乐教学技能

📑 学习目标

1. 理解音乐教学技能的重要性。
2. 学习《义务教育艺术课程标准（2022年版）·音乐》，并对其进行理解分析。
3. 思考如何将《义务教育艺术课程标准（2022年版）·音乐》要求运用到小学音乐实际教学中。
4. 认识小学音乐课程中教学技能的主要内容，并掌握如何对这些技能进行操练与运用。

📑 学习提示

本章主要通过解读《义务教育艺术课程标准（2022年版）·音乐》的内容与要求，介绍小学音乐教学中教师应该注意的事项以及如何实施教学。在此基础上，学习小学音乐课程中教师应掌握的教学技能的主要内容、操练方式以及注意事项。通过对技能训练的举例分析，使教师能在实际音乐课程中熟练掌握并运用小学音乐教学技能。

第一节　课程标准解读

一、《义务教育音乐课程标准》（2011版）解读

（一）音乐课程改革的背景与成效

2001年我国启动了新世纪基础教育课程改革，颁布实施《2002版音乐课程标准（实验稿）》。经过十年的实践探索，课程改革在音乐教育观念的转变、音乐教学方式的变化、音乐教学内容的更新、音乐教师专业能力发展等方面取得了显著成效，构建了有中国特色、反映时代精神、体现素质教育理念的基础教育课程体系，音乐课程标准得到中小学教师的广泛认同。同时，在课程标准执行过程中，也发现一些标准的内容、要求有待调整和完善。为了贯彻落实《（2010—2020年）国家中长期教育改革和发展规划纲要》，适应新时代全面实施素质教育的要求，深化基础教育课程改革，提高教育质量，教育部组

织专家对义务教育各学科课程标准进行了修订完善。根据教育部基础教育课程教材专家咨询委员会的咨询意见和教育部基础教育课程教材专家工作委员会的审议结果，经研究决定正式印发《义务教育音乐课程标准》（2011版）（以下简称《2011年版标准》），并于2012年秋季开始执行。

（二）音乐课程标准的内容

《2011年版标准》由前言、课程目标、课程内容、实施建议四个部分构成，明确了音乐课程标准以坚持社会主义核心价值体系为导向，培养学生良好的审美情趣和人文素养；强调了音乐美育功能的四个价值，即审美体验价值、创新性发展价值、社会交往价值、文化传承价值；体现了音乐课程的人文性、审美性、实践性，注重音乐课程的五大理念，即"以音乐审美为核心、以兴趣爱好为动力，强调音乐实践、鼓励音乐创造，突出音乐特点、关注学科综合，弘扬民族音乐、理解音乐文化多样性，面向全体学生、注重个性发展"。

1. 音乐课程目标

音乐课程目标有总体目标和学段目标，总目标从宏观上可分为三个维度。一是情感态度与价值观目标，具体包含：丰富的情感体验；培养对生活的积极乐观态度；培养音乐兴趣，树立终身学习的愿望；学生在循序渐进的音乐学习中，逐渐形成良好的音乐习惯，提高音乐审美能力，陶冶高尚情操；培养爱国主义情感，增强集体主义精神；尊重艺术，理解世界文化的多样性。二是过程与方法目标，具体包括体验、模仿、探究、合作、综合不同的音乐内容以及方法，是学习音乐的重要途径。三是知识与技能目标，具体包括音乐基础知识，如掌握音乐基本的要素、识谱、编创等；音乐基本的技能，如学习歌唱、器乐、创作等技能；音乐历史与相关文化知识，如了解中外的音乐发展、音乐家，尊重各国艺术等。

《2011年版标准》将义务教育音乐课程的学段分为1~2年级、3~6年级、7~9年级三个学段。对学段目标也做了明确的规定：一二年级要充分注意这一学段学生以形象思维为主和好奇、好动、模仿力强的身心特点，善于利用小学生的自然嗓音和灵巧的形体，采用歌舞、图片、游戏等相结合的综合手段，也就是"唱游"来进行直观教学，以激发和培养学生对音乐的兴趣，开发他们对音乐的感知力，体验音乐的美感，能自然、有表情地演唱，参与其他音乐表现和即兴创编活动，培养乐观的态度和友爱的精神。

三到六年级音乐课程的目标是注意引导学生对音乐的整体感受。丰富教学曲目的题材形式，增加合唱、乐器演奏以及音乐创造活动，以生动活泼的教学形式和艺术魅力来吸引学生。使学生保持对音乐的兴趣，培养音乐感受与欣赏能力，初步养成良好的音乐欣赏习惯，能够自信、有表情地演唱，乐于参与其他音乐表现、创造活动，培养艺术想象力和创造力、乐观的态度和友爱的精神，增强集体的意识，培养合作的能力。还需要注意的是，五年级和六年级的少部分学生会进入变声期，应该渗透变声期嗓音保护的知识。

七到九年级音乐课程的目标是通过多种形式的艺术实践活动，巩固和提高表现音乐的基本技能。扩大音乐欣赏的范围，有意识地将音乐的人文内涵融入教学中，提高学生的音乐兴趣，提高音乐感受与评价欣赏能力。养成良好的音乐欣赏习惯，能自信地、有感情地演唱，积极地参与演奏与创造活动，发展表现音乐的能力，丰富和提高艺术的想象力和创造力，培养丰富的生活情趣和乐观的态度，增强集体意识，锻炼合作与协调能力。还需注意的是，这一学段的学生正处在变声期，应注意嗓音的保护。

2.音乐课程的内容

音乐课程的内容构成包括感受与欣赏、表现、创造、音乐与相关文化四个部分。具体见图 9-1。

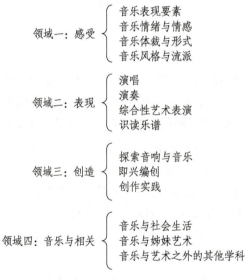

图 9-1　音乐课程的内容构成

3. 音乐课程的实施建议

遵循听觉艺术的感知规律，突出音乐学科的特点；重视教学目标的设计与整合；注意音乐教学各领域之间的有机联系；正确处理教学中的各种关系；积极引导学生进行音乐实践活动；合理运用现代教育技术手段；因地制宜实施课程标准。

4. 音乐课程评价

音乐课程评价，要做到"三个结合"：形成性评价与终结性评价相结合，定性评价与定量评价相结合，自评、互评及他评相结合。

二、《义务教育艺术课程标准（2022年版）·音乐》解读

（一）音乐课程改革的背景与成效

这次课程改革以习近平新时代中国特色社会主义思想为指导，全面贯彻党的教育方针，遵循教育教学规律，落实立德树人根本任务，发展素质教育，以人民为中心，扎根中国大地办教育。坚持德育为先，提升智育水平，加强体育美育，落实劳动教育。反映时代特征，努力构建具有中国特色、世界水准的义务教育课程体系，聚集发展核心素养，培养学生适应未来发展的正确价值观、必备品格和关键能力，引导学生明确人生发展方向，成长为德智体美劳全面发展的社会主义建设者和接班人。

课程标准规定了教育目标、教育内容和教学基本要求，体现了国家意志，在落实立德树人根本任务中发挥了关键作用。2001年颁布的义务教育课程设置实验方案和2011年颁布的义务教育各课程标准，坚持了正确的改革方向，体现了先进的教育理念，为基础教育质量的提高作出了积极贡献。随着义务教育的全面普及，教育需求从"有学上"转向"上好学"，必须进一步明确"培养什么人、怎样培养人、为谁培养人"，优化学校育人图。当今世界科技进步日新月异，网络新媒体迅速普及，人们生活、学习、工作方式不断改变，儿童青少年成长环境发生深刻变化，人才培养面临着新挑战。因此，义务教育课程必须与时俱进，进行修订完善。

2022年版课程标准的修订，坚持秉承目标导向、问题导向、创新导向原则，从课程方案和课程标准两个方面对新时代的艺术课程标准进行完善，并于2022年秋季学期开始实施。

（二）《义务教育艺术课程标准（2022年版）·音乐》的内容

《义务教育艺术课程标准（2022年版）·音乐》由课程性质、课程理念、设计思路、课程目标、课程内容、学业质量和课程实施等构成，明确了音乐课程标准是以立德树人为根本任务，聚焦核心素养，坚持以美育人，重视学生在学习过程中的艺术感知和情感体验；以各艺术学科为主体，加强与其他艺术的融合，充分发挥协同育人功能，促进学生身心健康全面发展。

1. 课程目标

课程目标的制定围绕核心素养——审美感知、艺术表现、创意实践、文化理解四个方面进行，将学段划分为四个学段，分别是：第一学段：1~2年级；第二学段：3~5年级；第三学段：6~7年级；第四学段：8~9年级，制定总目标和学段目标。

2. 课程内容

音乐学科内容包括"欣赏""表现""创造"和"联系"4类艺术实践，涵盖14项具体学习任务，分学段设置不同的学习任务，并将学习内容嵌入学习任务中。整体结构如图9-2所示。

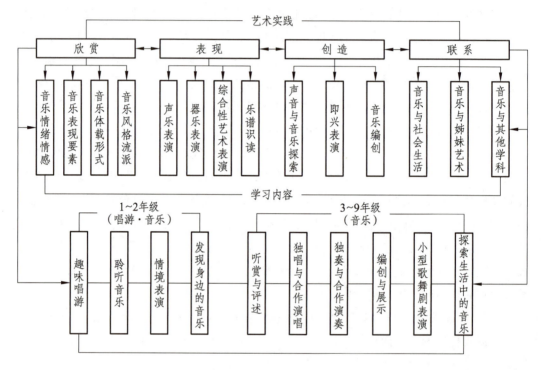

图9-2 音乐学科课程内容框架

3. 学业质量

学业质量是学生在完成课程阶段性学习知识的学业成就表现。学业质量标准是以核心素养为主要维度，结合课程内容，对学生学业成就具体表现特征的整体刻画，也是教师教学评价的重要依据。音乐学科学业质量分学段进行描述，确定学生需要达成的学习目标。

4. 课程实施

艺术教学要以立德树人为根本任务，以核心素养为导向。教师要深入理解课程的性质、理念、目标、内容、学业质量，充分考虑学生的身心发展、个性特点和学习经验，设计并实施教学。

第二节　优秀音乐教学法的运用

一、影响世界广泛的著名音乐教学体系

匈牙利柯达伊音乐教学体系、德国奥尔夫音乐教学体系、瑞士达尔克洛兹音乐教学体系，是世界著名的三大教育体系。

（一）柯达伊音乐教学体系

1. 柯达伊其人其事

柯达伊·佐尔坦（1882—1967 年），出生在匈牙利，其家庭艺术环境氛围较好，幼年起从父母那里接受古典音乐的熏陶，从小就学习钢琴、小提琴、大提琴等多种乐器，还参加合唱团。中学时期就开始了早期音乐创作活动，高中毕业后进入了布达佩斯音乐学院学习作曲和指挥。学习期间，他对匈牙利民族音乐感兴趣，注意搜集匈牙利音乐，他的博士论文就是写匈牙利民谣音乐的结构。1904 年作曲专业毕业，1906 年获得哲学博士学位。1907 年被聘为音乐学院音乐理论与作曲教授。由于对本土民族音乐的喜爱，他和匈牙利另一位作曲家巴托克一起搜集民间音乐。柯达伊的作品中最受到瞩目的就是合唱曲，他被认为是 20 世纪合唱创作的天才之一。柯达伊从 1925 年以后，也就是他近 50 岁时，开始关注儿童音乐教育，此后 40 余年致力于普及和发展匈牙利音乐教育事业，创立了具有匈牙利特色的音乐教育体系。对于音乐的教学，柯达伊认为音乐教材是非常重要的，柯达伊从小就体现出作曲天分，也写了大量乐曲并运用于儿童音乐教学，如歌唱练习曲、儿童歌曲、儿童合唱曲等。他的音乐教育体系，不但在匈牙利音乐教育中被普遍采用，而且大大影响了世界各地的音乐教育。

2. 柯达伊的音乐教育思想

一是以培养高尚的人格为目的。柯达伊认为音乐属于每一个人，是人的内心世界中最主要的精神支柱，是人类灵魂的外在体现和反映。音乐教育的目的应当是发扬和继承民族的音乐文化传统，要教育儿童对优秀的音乐文化有自己的认识。对于歌唱者来说，不仅要处理好歌唱中的音色、呼吸等基础性问题，还要注意渗透国家和民族凝聚力，要有越来越多的人参与集体的歌唱（合唱）中，将整个国家的音乐教育植根在民族音乐教育的基础之上，以提高匈牙利的全民音乐水平和培养匈牙利人民的爱国主义理想，提高匈牙利人民的道德修养，使匈牙利的民族文化得到弘扬与传承，国家综合实力得到进一步提升。

二是以民间音乐为基础。柯达伊主张通过音乐教育让匈牙利人民找回自己的音乐文化，唱歌是整个音乐教学系统的基础，柯达伊对民族民间音乐的喜爱反映在教学法上。他主张所有音乐家都必须熟悉自己国家文化中的所有民谣，认为一个有文化修养的音乐教师应尽的公民责任就是要对自己的音乐、母语拥有充足的知识，这是柯达伊对音乐的坚持。他认为最好、最顶尖的音乐就是传统的民间音乐。这些民间音乐有最完美的形式和强有力的表达能力。

三是儿童音乐教育。柯达伊认为最顶尖的音乐还包含古典音乐中的经典音乐，只有这两类音乐才可以教导儿童。学校老师要保护学生不要受低俗音乐的污染。因此采用柯达伊教学法，选曲是非常重要的。还有就是以选择最好的教材为原则。强调教师在音乐教育中的作用。柯达伊音乐教学法最重要的内容还有音乐的读写，他认为如果不会读写，就像是音乐的文盲一样，是欣赏音乐最大的障碍，所以要熟悉音乐中的演奏、分析、作曲以及音乐的历史，必须在老师的指导下学会读谱记谱。

3. 柯达伊音乐教学法的内容与方法

（1）首调唱法。柯达伊认为首调唱法非常适合音感训练，因为首调唱法强调音与音之间的关系，而不是按照固定的音高来习唱。学生对首调、读谱、写谱都熟悉之后，就可以介绍固定唱名（ABCDEFG）。首调是训练听力、人声最好的方式。

（2）固定音名唱法教学。柯达伊教学法虽然推崇首调唱名法，但是对固定唱名法并没有一味否定。固定音名唱法在学习乐器以及无调性作品的时候显得尤为重要。欧洲固定唱名体系有两种方式，其中一种是固定唱名唱法，这一方法在我国的专业音乐教育中使用得比较多。另外一种是固定音名的唱法，运用得较少。匈牙利的二年级教学采用的是德国的固定音名唱法，因为这样能规避固定音名唱法和首调唱名法在音高相同的时候出现唱名不同的尴尬，避免学生混淆。同时，学生从小就接触这两种唱法，就会将两种唱法熟记于心并且加以运用，不容易混淆，也不会有矛盾的情况，还可以在运用中取长补短。当然，在课堂教学中，唱名有时候并不是最重要的，唱准音高才是根本，有时候会使用 la 或者 lu 或者 li 来进行音高练习。在匈牙利基础教育中，固定音名唱名法大多是在竖笛吹奏时进行练习。匈牙利的音乐教学利用首调唱名法，结合固定音名的唱法来辅助学生建立起音的相对概念，让学生理解全音以及半音的概念及其区别，这是音乐教学中极其重要的内容。

（3）字母标记和柯尔文手势谱。为了便于快速记忆音调上的关系，柯达伊采用字母标记和英国科尔文手势谱开展教学，学生以动作连接字母简谱，每唱一个音就做出代表手势，从视觉上就可以看到音与音之间的关联性。

（4）音乐节奏与读写教学。柯达伊节奏教学是通过拍点动机来进行的，透过"声音"

将音符的长度表现出来。柯达伊采用法国人艾米里-约瑟夫·契夫节奏唱名改编而成。四分音符：ta；八分音符：ti；二分音符：ta-a；十六分音符：tiretire；全音符：ta-a-a-a；切分节奏：titati；附点节奏：ta-me-ti、ti-ta-me；四分休止符："嘘"；八分休止符："嘶"。在记谱初期，会省掉音符的符头，以音符的符尾来写节奏。唱名也以第一个字母为代表，如 do 变成 d，re 变成 r 等。柯达伊最重要的就是让音乐学习者能够流利地读写乐谱，这样对初学者来说比较方便，也容易上手。

（5）歌唱教学。歌唱是柯达伊教学的基础。柯达伊非常推崇歌唱和合唱。在教学之初，会采用儿童的轮唱曲、节奏游戏、押韵诗、诗节；下一步采用自己国家的民谣，让学生熟悉匈牙利的歌谣；接着学习其他国家的民谣。柯达伊还为儿童编写音乐学习的教材，包括四册《五声部歌曲》，以匈牙利民谣为基础创作的二声部、三声部练习曲及儿童合唱曲等。这些都适合在教学中使用，使儿童对合唱有强烈的兴趣。

（二）奥尔夫音乐教学体系

1. 奥尔夫其人其事

奥尔夫出生在一个音乐家庭，从小跟随母亲学习钢琴，展现了作曲方面的天分。他祖父对他的成才也很重要。祖父经营一个剧场，所以奥尔夫从小就有机会观摩各种音乐表演，并接触很多歌剧和现代舞的表演内容。

奥尔夫教学法其实源自达尔克洛兹教学体系，奥尔夫的朋友魏格曼是达尔克洛兹的学生，他从魏格曼的身上吸取了许多达尔克洛兹律动教学的教学理念和想法，激发了他将律动的方式运用在奥尔夫教学法中。1924 年，奥尔夫成立了钧特学校。这所学校融合了体操、音乐和舞蹈，奥尔夫负责音乐部分。在观摩祖父剧场中的音乐、舞蹈表演时，奥尔夫对教学有了新的想法："舞者可不可以来演奏乐器呢？"所以在钧特学校中，他设计了许多乐器由舞者来使用，当然，这些乐器就是奥尔夫乐器的前身。不过好景不长，战争摧毁了这所学校所有的设备，奥尔夫乐器也付之一炬，学校被迫关闭，于是奥尔夫专心进行音乐创作。1948 年，奥尔夫接受巴伐利亚电台的邀请制作儿童音乐节目，节目播出后大受欢迎，大家觉得奥尔夫的音乐非常好听，于是建议他尝试做一些关于儿童音乐教育的课程设计，奥尔夫才开始涉足儿童音乐教学理念。1961 年，在萨尔斯堡的莫扎特音乐学院成立了奥尔夫教学法中心，这是奥尔夫教学法训练的重要场所。

2. 奥尔夫的音乐教育思想

（1）"原本的音乐"思想。奥尔夫认为律动教学是非常重要的。节奏是音乐元素中重要的元素。受达尔克洛兹的影响，他认为通过动作来表达节奏是非常好的学习模式。奥尔夫在钧特学校教学的时候，并未把语言教学纳入进去，但在儿童音乐教学中，他把语言放在最核心的位置，这是为什么呢？因为他觉得对于初学者而言，语言是一个最自然的出发点，音乐中旋律、拍子都蕴含语言的要素，在我们日常说话中也包含节奏的要素。所以，语言、节奏是学习音乐的重要核心。在奥尔夫教学法中，语言、动作是常常结合在一起的。奥尔夫认为要注重孩子的天性、创造性，不可以抹杀孩子的天赋，因此，奥尔夫主张要提供很多机会给孩子创造音乐。让孩子有创意地、积极主动地参与学习音乐。不断为孩子提供制造声音及音乐的机会，是奥尔夫至高无上的法则。

（2）人本主义思想。奥尔夫强调亲身体验的重要性，因此在奥尔夫音乐教学法学习中，"经验"先于"概念"。当儿童有了经验之后，我们才可以向他们讲述音乐的元素，如同通过走路、跑步体验后知道了快慢、强弱。当然，奥尔夫教学法也非常重视音乐的创造方式，鼓励儿童去创造一些音乐，鼓励他们探索和体验。

奥尔夫音乐教学法是儿童中心的教学方式，所以整个教学方法要符合儿童的自然发展特点。刚开始的时候，要从说白和打击乐开始；随着儿童的成长，可以从口语、动作中慢慢导入歌唱、身体节奏以及打击乐器。在音乐的曲目上，首先是一些儿歌、歌谣，再慢慢增加难度，由"简单"到"复杂"，让儿童自然而然地学习音乐。至于读谱、记谱技能则被放在奥尔夫教学的最后阶段，因为这不是奥尔夫教学法的最终目标，而只是学习音乐的一种工具，只有在需要的时候，才会使用。

（3）充分利用媒介物的思想。奥尔夫教学法中有三个重要的媒介：肢体、人声、乐器。在学习初期，多做一些跑步、走路、跳跃、转身等动作，鼓励儿童自由即兴肢体创作，通过人体的自然动作，学生可以学习到丰富的节奏、不同的音乐曲式变化，再加上播放音乐反映出的各种不同文化背景，让学生感受到不同的音乐风格，然后加以本土化利用。

3. 奥尔夫音乐教学法的内容与方法

（1）嗓音训练。语言是奥尔夫教学的核心，所以运用嗓音说白节奏来开展节奏教学，是奥尔夫教学的特色之一，说白节奏包括童谣、诗歌、谚语、格言，不同的语言、一些无意的音节都可以成为节奏教学的素材。在教学时，先请学生背诵歌谣或顺口溜，然后用手拍出这些歌谣或顺口溜的节奏。

例：吟诵练习。《拍手歌》

×× × ｜×× × ｜×·× ×× ｜×× × ‖
你拍 一 我拍 一 一只 小猫 在钓 鱼

（2）动作训练（包括律动、舞蹈、声势活动等）。身体节奏也是奥尔夫教学法经常使用的方式，可以将肢体当成打击乐器来使用。如捻指、拍手、拍腿、踩脚等，这些方式

220

可以分开练习，也可以组合练习，体验音乐中的节奏。除了让孩子通过自己身体的不同部位发出声音之外，还可以通过自己的身体去感受节奏，也可以用耳朵聆听。因此，身体乐器常常充当歌曲或者口语活动的重要工具。

例如：声势训练。

捻指 0 0 0 × | 0 0 0 × | 0 0 0 0 | 0 0 0 × ‖

拍手 0 × 0 0 | 0× 0× 0 0 | 0× 0× 0× 0× | 0× 0× 0 0 ‖

拍腿 0 0 0 0 | 0 ×0 0 0 | 0 ×0 0 ×0 | 0 ×0 0 0 ‖

跺脚 × 0 × 0 | ×0 0 × – | ×0 0 × – | ×0 0 × – ‖

（3）器乐训练。奥尔夫乐器训练的教学内容主要分为器乐伴奏练习与器乐演奏练习。当学生掌握律动、音乐的元素以及身体技巧之后，可以让学生使用“奥尔夫乐器”的学习。“奥尔夫乐器”分为无音高的打击乐器和有音高的打击乐器两类。无音高的打击乐器又有皮革类（定音鼓、铃鼓、手鼓、小军鼓等）、木竹类（木鱼、双响筒、单响筒、蛙鸣筒等）、金属类（三角铁、碰铃、锣等）、散响类（沙锤、串铃等）。有音高的打击乐器有木琴、钟琴、杯琴、金属琴等。还有一个便利的乐器是“竖笛”，“竖笛”可以让孩子们感受音乐旋律。

（三）达尔克洛兹音乐教学体系

1. 达尔克洛兹其人其事

在世界三大教学法中，达尔克洛兹教学法可以说是最早的一个模式，也影响了奥尔夫教学法和柯达伊教学法。达尔克洛兹出生在维也纳，父母都是瑞士人，音乐教育的启蒙来自身为音乐教师的母亲，再加上居住在“音乐之都”维也纳，良好的音乐成长环境对他音乐素养的形成提供了较好的帮助，影响了达尔克洛兹的整个音乐生涯。达尔克洛兹 27 岁时，进入日内瓦音乐学院教授“和声”与“音感训练”，开始与一群志趣相投的老师共同开发节奏律动教学系统。刚开始时，此项教学改革并没有被学院管理者重视。1905 年，在苏黎世士国际音乐教育会议中，达尔克洛兹的训练方式引起了学者的注意，很快受到音乐界和教育界的重视，发现达尔克洛兹的音乐教学方法非常新，也非常吸引人，德国的企业家资助设立达尔克洛兹教学训练机构，有许多学生也慕名从世界各地来到这所学校学习达尔克洛兹律动教学方法，在巴黎、斯德哥尔摩、柏林等地也成立了达尔克洛兹律动学校。第一次世界大战之后，达尔克洛兹返回日内瓦，1915 年成立达尔克洛兹音乐学院，成为达尔克洛兹音乐训练中心。直到他 85 岁过世，他一直在此机构任教，并坚持到世界各地做讲座，他的一生都致力于达尔克洛兹音乐教学法的推广。

2. 达尔克洛兹的音乐教育思想

（1）动作和音乐的结合。达尔克洛兹认为，节奏是音乐中最重要的元素，而音乐的节奏来自人类身体中自然的节奏。节奏是动态的，可以通过动作来了解节奏，而这些动作可能是外在的肢体动作，也可能是内在的动作。譬如，我们在心里哼唱一首歌时，在头脑中就会想象模拟一些动作、一些唱歌的形式，或演奏的形态，这些就是内在的动作。音乐中三个基本要素是旋律、节奏、节拍，节奏的长短和节拍的强弱等都需要通过身体动作来表达。音乐中的快慢、渐强、渐慢这些变化，必须通过身体来表达。通过身体来学习音乐，才是最适当的方式，动作和音乐的结合成为达尔克洛兹教学重要的内容。

（2）音乐中的艺术性表达。除了动作和音乐的结合之外，达尔克洛兹教学法还重视良好的音乐听力。音乐听力不只是单纯的音乐听写记谱，还包括能够感受音乐中的艺术性，并把它传达出来，表现为外在的听觉能力、内在的理解以及情感的反应。

3. 达尔克洛兹音乐教学法的内容与方法

（1）体态律动教学。节奏律动是脑力和身体动作的快速交流，对听到的音乐做出准确的动作反应，思考与动作要协调一致。引导孩子做出自发性肢体动作，即对音乐的理解进行即兴表达，知晓自己的肢体动作、音乐元素与音乐结构之间的关联。它触及人类四个重要的层面：集中力、智力、感受性、体能性。这四者并不是孤立的，而是同时发生的。节奏律动包含的节奏、旋律、和声、曲式、乐句、速度、表情上的细微变化，都是音感训练和即兴创作练习的内容，这是用肢体动作来体验和学习音乐。要求学生用整个身体的动作去感受不同的音乐元素。体态律动的练习方式有快速反应练习、跟随表现练习、因素替换练习、卡农式练习。

（2）视唱练耳教学。学生必须学习一年或以上的节奏律动课程后，才能同时进行节奏律动与音感训练课程的学习。音感训练是建立在能够立即正确地辨识出半音和全音基础上的，掌握之后，就可以探讨不同的调性，以及音程、和弦、转调等，帮助学生发展听觉和记忆能力，培养绝对音感，发展内心听觉，提高学生在节奏、调式、和声、旋律、复调等方面的技巧和能力。

（3）即兴创作教学。每堂课的老师都会要求学生以不同的动作、口语的声音、歌唱、打击乐器来进行即兴创作表现，表达自己内心的想法。基础较好的学生可使用自己擅长的乐器进行即兴创作。即兴音乐活动形式有即兴问答、即兴演唱、即兴演奏、即兴指挥与表演。

总之，瑞士达尔克洛兹教学法非常重视肢体运动，认为音乐的学习从节奏出发，对音乐的感受性也是达尔克洛兹教学法所重视的内容。体态律动音乐教育体系认为，人类的每一个成员都先天具有一种音乐创造力量和发展潜质，对音乐的感悟、体验与理解，是人类生存与成长的基本方式之一。学生的学习收获应该是"我感受到了"而不是"我知道了"。擅长肢体律动的老师可以选择达尔克洛兹教学法，通过肢体动作让学生学习音乐的律动、旋律的变化，感受音乐的美妙。其核心是：音乐教育应从身、心两方面同时入手去打动学生，让学生一开始接触音乐，就不只是学习用听觉去感受音乐，还要用整个肌体和心灵去感受节奏的疏密、旋律的起伏、情绪的变化规律。

二、新体系小学音乐教学

新体系教学法是学校音乐教育新体系教学法的简称，是在引进柯达伊、奥尔夫、达尔克洛兹音乐教育体系等的基础上，结合中国音乐课程的现状而产生的教学法。不同于传统音乐教育体系的理念与标准，新体系教学法有新的教学目标、内容和方法，即以掌握基本的情感体验为目标，以音乐的律动、歌唱训练、器乐学习、音乐欣赏、即兴表达为主要教学内容，以实现音乐情感体验为主的教学方法。

（一）新体系小学音乐教学的特点

1. 让音乐属于每一个学生

随着社会的发展和制度的革新，我国教育开始转向素质教育，即重视人的道德素质、个性发展、个人能力、身体健康等方面的教育。教育的对象是全体学生，只有面向全体学生，才能满足学生对音乐的需求。所以，新体系将音乐教育理念定位为让"音乐属于每一个人"，也就是说，音乐教育要让每个学生都能体会到音乐的美好，能用音乐来表达自身的情感。新体系的这一教育理念体现了以人为本的宗旨。学生只有感受、体验到音乐情绪，才能真正掌握音乐的情感，实现教学目标。

2. 让学生掌握系统的感性音乐经验

新体系音乐教学法将情感论作为音乐心理学与音乐美学的基础。学生通过一系列音乐实践活动感受、体验音乐，掌握基本的音乐情绪和情感。音乐情感体验分为对主体有限制、为音乐从事者使用的形式性情感体验，从作品的内容来探究音乐情感的内容性情感体验，以内容性情感体验为基础，学生从音乐形式入手，直接体会作品的经验性情感体验。新体系音乐教学法重视学生的主体地位，以感性音乐经验为主要教学目标，培养学生形成感性音乐经验系统，提高学生的感性认识、理解和感性表达音乐的能力。

3. 注重获得感性音乐经验的过程

音乐是感性的，学生在课堂中首先体会的必然是感性而不是理性。所以，新体系把获得感性体验作为教学的目的。相应地，把课堂中音乐的各类感性活动过程作为主要教学内容。学生在音乐课堂中用耳朵、身体等来聆听音乐、主动参与和表现音乐，体会音乐的情感，学到音乐知识，积累音乐经验。这就要求老师在音乐课中要通过感性活动来开展教学，让感知、认知、联想体验等贯穿音乐艺术活动的整个过程，使学生在形成性经验的基础上，最终获得感性体验。

4. 培养学生的音乐联觉

音乐联觉是指在音乐活动中通过听觉、视觉、动觉、触觉将音乐中的要素表现出来。实践证明，单一的听觉训练难以激起学生对音乐的兴趣，而且这种孤立的听觉训练应用在教学的过程中，学生所获得的学习信息较少。而将听觉联合视觉、触觉、动觉，"激活"人的通感，会使课堂教学获得更好的效果，学生也会更加深刻地体会到音乐的美。因此，我们要通过音乐活动使学生不断地获得音乐的体验和感受，在活动中学习音乐的基本技能，提高对音乐的兴趣，使身心和谐发展。

5. 音乐实践活动是重要的教学途径

新体系音乐教学法将学生的感性体验作为教学的基础，实践则是获得感性经验的重要途径之一。单纯地聆听音乐，只能获得浅显的情感体验，只有在音乐实践活动中，学生才能自由地获得感性体验，丰富音乐经验，获得精神愉悦。音乐实践不仅能激起学生对音乐的兴趣爱好，还能使学生积累和更新已有的音乐经验。

新体系音乐教学法的课堂教学与评价不同于传统的音乐教学与评价，强调经验多于知识，因为经验来自知识积累。

（二）新体系小学音乐教学的目标与内容

新体系小学音乐教学目标需体现"情感态度与价值观""过程与方法""知识与技能"三个维度。

新体系小学音乐教学的内容分五个方面。

第一，音乐律动。这是音乐（唱、击、奏）的体态表现，是音乐活动中最基本的联动，其主要教学功能是通过将音乐节奏的动作外显，加强学生对节奏的情感体验。新体系音乐教学法将音乐律动作为教学的入门内容，律动是培养学生感受音乐、理解音乐和创造性表现音乐的良好途径。在教学中要注意介绍什么是律动、怎么样进行律动；体验音乐情感，对音乐律动表达进行教学；开展舞蹈性律动（节奏性、旋律性、情绪性、情节性、经典性、传统性），运用律动活动进行音乐节奏教学。

第二是歌唱训练。嗓子是人天生的乐器，歌唱可以抒发人的内心情感，是学校课堂音乐教学的主要形式和内容，通过歌唱可以学习音乐旋律和其他音乐要素。采用新体系音乐教学法，学生学习歌唱的内容包括基础性歌唱、体验性歌唱、表达性歌唱、合唱等几个方面。

第三，器乐学习。这是指以乐器演奏为主的学习方式。器乐和歌唱有共同的特点，但歌唱有个人局限部分，如音域、音色等的限制，而器乐表现力更为宽广，给人带来更为广阔的想象和联想。器乐学习包括器乐知识、器乐音乐体验、乐器演奏训练、小型乐队训练、交响乐知识与实践。学校音乐教育中可采用小型奥尔夫乐器、竖笛、口琴等，这些乐器既简单，又能使学生提高表现音乐、创造音乐、欣赏音乐的能力，培养合作意识。

第四，音乐欣赏，属于接受性音乐活动。小学阶段的音乐欣赏是音乐欣赏教学的初级阶段，目的是使学生获得对经典作品公共体验的基础经验，培养他们参加公共音乐活动的基本能力，以继承人类社会的音乐文化遗产，提高学生的社会音乐交流能力。律动、歌唱、奏乐是此阶段音乐课的主要形式，欣赏内容的实践方式、方法体验和教材应与律动、歌唱、演奏等同步，实现互通互动。

第五，即兴表达。这是指主体对眼前事物有所感触，临时产生兴趣而进行创作表达。音乐中的即兴表达，是指学习者根据当下的情绪所进行的音乐活动创作，包括即兴演奏、即兴演唱、即兴律动、即兴创作等。即兴律动是指分别为同一乐曲制定不同的情绪、不同的动作和自我心态的即兴的律动；即兴创作是指节奏、旋律、音乐创作体现出层层递进的教学过程。小学音乐教学内容以歌曲、欣赏、器乐、创作、即兴等音乐活动为主，强调综合性音乐活动在音乐课堂教学中的地位。

总的来说，小学音乐教学的内容以歌曲、欣赏、器乐、创作、即兴等音乐活动为主，基本内容元素有基本乐理知识、歌曲演唱、音乐欣赏等，采用"元素—整体"的课堂教学结构，由知识点、元素线、知识面、教学线组成，体现了以人为本的教育宗旨。在课堂音乐教学中，让每一个孩子都参与进来，通过多元化的教学手段、思路与方法，提高学生的学习兴趣，不断积累孩子的感性经验，培养孩子的音乐感觉。激励学生通过音乐表达自我，构建学生的音乐学习经验系统，发展学生的音乐表达能力，培养学生感受与表达音乐的能力。

总之，新体系小学音乐教学法是结合国际三大音乐教育体系、根据中国国情和音乐文化形成的。其强调在艺术体验的基础上，通过感受的方式对知识化的教学内容进行内化和吸收，结合区域音乐文化，形成自己的特色。对小学生来说，新体系小学音乐教学法更具有综合性，学生的实践、感受更加充分，丰富的教学内容和形式更加容易吸引他们的注意力。

第三节　歌唱教学法

歌唱教学是音乐教学中的一项重要内容，属于学校音乐教学中的"表现音乐"范畴。歌唱教学是培养和发展学生感悟音乐、表现音乐、创造音乐能力的有效途径，对于实现音乐教育的目标具有十分重要的作用。

一、歌唱教学及其意义

第一，歌唱教学是基础音乐教学中的一项重要内容，是培养和发展学生感悟音乐、表现音乐、创造音乐能力的有效途径，对学生浸润美的熏陶、提高艺术修养，实现音乐教育的目标具有特别重要的地位。

第二，歌唱活动是音乐教育的基础。自古以来人们就用歌唱表达自己的情感，歌唱是音乐教育的重要途径。音乐教学的各项内容都离不开歌唱活动，歌唱也是乐器、创作、视唱练耳、欣赏等音乐学习活动的基础。

第三，歌唱是学生易于接受和参与的音乐活动，是一种直接表现人的感情的艺术，符合青少年的心理活动要求。歌唱能表达学生的情感，使学生身心愉悦，是最易于普及、最易被青少年接受和乐于参与的音乐表现形式。学习歌唱能增进对音乐的感受、理解和表现，增强音乐素养。

第四，歌唱教学是实现音乐教育目标的重要途径。歌唱教学实践活动有利于培养学生爱音乐的情趣，直接体验音乐的美妙，培养学生的审美能力、表现能力、创造能力，提高音乐素养。

二、歌唱教学的方法要点

（一）歌唱的课程内容标准与教学要求

2022年版音乐课程标准提出了歌唱教学要达到的目标要求：在一二年级，小学生有好奇、好动、好模仿的特点，所以这一时期的学生，要做到自然、有表情地演唱；三至六年级的学生随着认知的进一步扩展，其学习的体验感受和创造能力进一步加强，这时期的歌唱目标是能自信、有表情地演唱。2022年版音乐课程标准还详细地规定了小学各学段演唱活动的具体内容：一二年级学生学唱儿歌、童谣以及其他短小歌曲，参与演唱活动；能用正确的姿势发出自然的歌声，有表情地参与独唱、齐唱，能对指挥的动作做出反应；能够采用不同的力度、速度表现歌曲的情绪；每学年能够背唱歌曲 3～5 首。三至六年级的学生要乐于参与各种演唱活动；能够用正确的姿势和呼吸方法，培养良好的唱歌习惯；能够用自然的声音、准确的节奏和音调，有表情地独唱或参与齐唱、轮唱、合唱，并能对指挥的动作做出恰当的反应；了解变声期嗓音保护知识，初步懂得嗓音保护的方法；能够对自己和他人的演唱做出简单的评价；每学年背唱 4～6 首歌曲，要学唱京剧或地方戏曲的唱腔片段。关于歌唱的内容要求涵盖"有表情地歌唱、演唱的技能、对演唱的评价、背唱歌曲、嗓音保护、合作意识"等。这些都是对小学各年级在歌唱教学活动当中的要求，也是实现歌唱教学目标的重要手段。

（二）用科学的方法训练演唱的技巧

1. 歌唱的姿势与呼吸方法

（1）正确的歌唱姿势。身体端正自然，重心放在两腿间，双目平视，头部前俯或后仰，面部肌肉要自然、放松。

（2）常用的呼吸方法。启发学生用"猛吃一惊""闻花香""打哈欠"等生理动作，体会深呼吸时横膈膜扩张的感觉。常用的呼吸方法有胸式呼吸、腹式呼吸、胸腹式联合呼吸。

正确的呼吸习惯必须通过歌唱实践获得。教学中要注意选择有针对性的歌曲进行呼吸训练。如用《七子之歌》《雪绒花》等做缓吸缓呼练习，用《铃儿响叮当》等做急吸缓呼练习。

2. 歌唱时自然圆润地发声

要获得自然圆润的发声法，需要做到以下几点。

（1）发声部位保持松弛。介绍发声器官，有条件的则观看发声器官剖面图，使学生了解人声的发声原理，保持发声部位的松弛状态。

（2）打开口腔。首先是上下颚同时打开，上颚抬起，下巴放松。其次是口腔后部喉咙打开，像"打哈欠"，吸住软腭（小舌）。最后，口型以"竖开口"为好。

（3）扩大音域练习。从巩固自然声区开始，逐渐扩大音域。

① 练习的一般顺序：自然声区— 头声区—胸声区。

② 少年儿童的音域及声区划分。胸声区：a—e1；自然声区：f1—b1；头声区：c2—e2。

少年儿童的练声多用声音比较容易集中、避免喊叫的韵母，一般用"o""u"来进行训练。如：

```
12 34  | 54 32  | 1 —   ‖
 Lu u     u        u
```

3. 注意咬字及吐词准确清晰

（1）咬字和吐字的基本要求。咬字是指发声时要找准声母的着力点（如唇、齿、舌、牙、喉等处），即咬准字头。吐词是指将韵母的主要母音按照开、齐、撮、合这"四呼"的口型加以延长，然后归韵。

（2）咬字和吐字的训练方法。一是选节奏较密、速度较快的歌曲，用快速读歌词的方法训练咬字。二是选节奏较宽松、速度较慢的歌曲，做韵母延长发音练习，用轻声、慢速读歌词，练习吐字。同时，注意及时纠正不正确发音和方言口音。

4. 重视变声期的嗓音保护和嗓音训练

（1）嗓音保护。不大喊大叫；注意饮食，不吃刺激性的食物，顺利度过变声期；教师及时调整教学计划，增加音乐知识、欣赏、器乐教学内容。

（2）变声期的嗓音训练。练唱注意音量、音域、时间控制；注意养声练习，如气泡音、哼鸣等练习。

（三）歌唱教学的方法

歌唱教学的方法体现直观、形象、生动、有趣味。

（1）努力为学生创造和保持一种可以积极开口唱歌的氛围。这是使演唱教学可以顺利进行的先决条件。在教学中，一要提倡鼓励式教学。在学生开口唱时，教师应及时给予真诚而恰如其分的肯定和表扬。教师要鼓励学生树立自信心，让他们觉得自己很有歌唱潜质，每时每刻都在进步，只要坚持，就可以唱得更好。二要强调演唱中情感的抒发。相信学生的感觉，在教师的引导下，学生根据自己的体会去表达心声。在集体演唱时，要注意相互配合，帮助每一位同学进步。三要用生动的语言激励学生演唱。四要鼓励学生用身体语言来演唱。

（2）注重演唱作品的选择及新时代价值引领。要选择音域适中的作品，音域适中对变声期的学生来说尤为重要，如果歌曲唱起来让学生觉得不舒服，他们就会自动放弃歌唱，甚至讨厌歌唱。因此，我们要给学生可以唱好的作品，而不是花里胡哨的东西。让学生尽快地学会唱歌，使他们更好地表现音乐、创造音乐。容易学的作品也更容易增强学生的自信心。选择具有情感和美感价值的作品。这里的情感是指容易引起学生产生感情共鸣的作品，美感是作品本身具有的魅力。对发声练习曲的选择，既可以选择中外名曲的主题或片段，也可以根据学生的实际需要自己创编。选择学生熟悉的歌曲和唱法。现在的学生对流行歌曲非常喜爱，教师不应该排斥任何唱法，应有选择地吸收优秀的流行音乐进课堂，用孩子们喜欢的方式引导他们学习音乐。

（3）激发学生歌唱的兴趣，培养有感情地歌唱。歌唱具体包括欣赏歌曲、激发情感，分析歌曲、体验情感，演唱歌曲、表现情感。教师要借助各种教学手段，如实物展示、多媒体辅助展示等，营造出歌唱情景，激发学生的学习兴趣。鼓励用情感来表现歌曲，做到声情并茂。在教学活动中，老师可通过听音、模唱的方式，让学生感受与体验旋律的美感，借助音乐要素，如音高、节奏、力度、速度、音色等，提高学生的听觉能力和歌唱能力。在小学生发展的初级阶段，也就是低年级时应该重视认知、情感、道德的培养，要拓展学生的认知能力和视野范围，培养学生真实的情感，端正学习态度，建立正确的世界观、人生观、价值观。在小学音乐课堂上，老师要从自身的感受出发，深入钻研教材，从歌曲的音色、速度、力度、织体、和声等方面入手，充分介绍歌曲的主题思想，挖掘教材中有教育价值的因素，然后运用科学的方法使学生歌唱时真正做到"声情并茂""以情带声"，提高小学生的审美能力。

（4）充分发挥教师的示范作用。教师的示范作用是指教师发挥良好的范唱和合理用琴作用。示范作用是通过启发而不是机械模仿起作用。教师的示范可以给学生树立最直观的艺术形象，也容易拉近师生之间的距离。一般要注意：一是教师的范唱要完整、有感染力。范唱不是音乐课的形式，也不是哗众取宠，而是一种需要，即范唱可以为学生建立最初的、完整的听觉表象，而教师有感染力的表演又可以激发学生的歌唱欲望。二是用琴合理。音乐教师应该学会自弹自唱，良好的伴奏不但可以使音调准确、速度平稳、和声丰富，还可以激发学生的歌唱欲望，增强学生演唱的表现力。此外，也可以使用吉他、口琴、竖笛等便于携带的乐器进行教学。

三、唱游与合唱教学

（一）关于唱游教学

唱游课是根据小学低年级的生理、心理特征设置的新型音乐课。唱游课主要是将音乐教学内容和生动有趣的游戏结合起来，即采用音乐游戏、律动、歌唱表演、集体舞等综合性音乐艺术手段，以激发小学生学习音乐的兴趣为目的，以培养学生的审美情趣为核心，在唱、跳、动、玩中感受音乐、理解音乐和表现音乐，激发学生学习音乐的兴趣，使学生在唱歌和游戏相结合的活动中，积极主动地感受和表现音乐，提高低年级小学生的音乐素质，增进友谊，促进其身心全面发展。

唱游课的指导思想是"动中学，玩中学，乐中学"。

（二）唱游课的主要教学手段与方法

按照唱游课"创设情境，模拟游戏，竞赛表演，归纳总结"的总要求，在教学中要做到：一是运用唱游课实现师生互动，激发学生学习音乐的兴趣。二是采用形象化的音乐素材与故事相结合的唱游模式，促使学生积极主动参与音乐活动。三是启发学生展开想象、联想，用游戏方式的音乐活动，激发孩子们的创造力，并通过集体的音乐活动与比赛，培养学生的竞争与协作意识。四是音乐审美感受的思政引领。素质教育的目的是使学生全面发展，美育要与德育相结合。因此，在运用唱游方式上好音乐课的同时，还应当不失时机地进行德育教育，发挥社会主义核心价值观的引领作用。

总之，围绕音乐本体设计教学，开展歌唱课堂教学活动，提高音乐教学工作质量，是课程改革及新文科背景下对音乐课堂教学的根本要求。音乐教师既要会唱还要会教，学习声乐教学方法，运用音乐教学原则、音乐教学模式、掌握音乐课堂教学设计方法，开展以歌唱为主的音乐综合教学活动。

第四节　音乐欣赏教学法

一、音乐欣赏教学及其意义

感受与欣赏是整个音乐学习活动的基础，也是培养学生音乐审美能力的有效途径。培养良好的音乐感受能力与欣赏能力，对于丰富情感、提高文化素养、增进身心健康有重要作用。其主要任务是通过对古今中外优秀音乐作品的欣赏、分析和讲解，培养学生高尚的审美情趣和音乐鉴赏能力，扩大音乐视野、发展形象思维，并获得有关音乐史及音乐表现手段方面的基础知识。

音乐能够陶冶情操，修身养性，塑造完美的人格。古今中外，人们都非常重视音乐教育，并且强调音乐对人的感化作用。我国春秋时期伟大的思想家、教育家孔子就把"乐"列入"六艺"之中，并且提出"兴于诗、立于礼、成于乐"的观点。在音乐欣赏教学中，让学生经常听优秀的音乐作品，能够使他们在情感上产生共鸣，进而培养纯美高洁的品性，培养爱国爱家的感情。

二、音乐欣赏教学的方法要点

（一）引导学生聆听音乐，以探索音乐本质特征为出发点

音乐是声音的艺术，音乐欣赏教学应遵循这一规律。一开始就应引导学生学会聆

听音乐，在聆听音乐过程中去探索、发现音乐的本质特征，逐步增强对音乐要素的认识，而不是靠教师空洞的说教来了解音乐。教师在音乐欣赏教学的过程中，要用音乐本身的艺术魅力去吸引学生、感染学生，将学生置身于美妙的音乐世界中，入情、入境，通过想象、联想来体验音乐、思辨音乐，把握音乐的艺术内涵，丰富学生的审美体验。

（二）创设多种多样的方法和手段，帮助学生进入音乐

音乐欣赏活动是一种音乐实践活动，聆听音乐是这种实践活动的主要方式之一。根据中小学生的生理和心理特点，教师还应创设多种多样的方法和手段，使学生在聆听音乐的同时，充分调动感官"参与"音乐活动，形成一种综合性的生动活泼的音乐欣赏教学活动。比如，创设多种多样的音乐欣赏课型，将音乐与姊妹艺术有机结合起来开展教学。在引导学生听音乐的同时，还要引导他们用歌唱、乐器配奏等多种方式将身体的动作和表演融入音乐活动。归纳起来，中小学参与音乐欣赏的方式大致有自然音源参与、肢体语言参与、打击乐器参与、符号参与、绘画参与、表演参与、人声参与等。在音乐欣赏教学过程中，还可以组织学生讨论等。

（三）应体现音乐"整体感知—主题分析—整体感知"的教学指导思想

音乐欣赏教学的形式和过程是多样的，每一位老师都可以根据学生的特点和教学的内容来设计不同的教学形式。但一般来看，在教学中，首先要让学生整体感知音乐，让学生聆听完整的音乐作品，初步掌握音乐作品的情绪、意境和风格。老师可以做一些简略的提示或简介相关的音乐文化知识，也可以让学生初步讨论，逐步将音乐欣赏教学引向深入。这个时候，可以让学生带着问题来分段赏析音乐，将教学的重点放在引导学生探索、讨论、分析音乐的主题上。音乐的主题是音乐作品的核心，是乐思形成和发展的基础，一般集中体现了音乐作品的情绪、形象、思想、风格和个性。

音乐欣赏教学的三步骤为：熟悉作品，感受作品灵魂；针对学生特点和知识本身严谨备课；进行多方位教学，将体验、模仿、探究、合作等相结合。

三、音乐欣赏教学的内容与方法

音乐欣赏教学有四个方面的内容：音乐的表现要素，音乐的情绪与情感，音乐的体裁与形式，音乐的风格与流派。与这四个方面的内容相对应，我们常用的音乐欣赏教学方法有如下一些。

（一）讲授欣赏法

讲授欣赏法是指老师通过口头语言向学生讲解音乐欣赏基本原理和音乐基本知识，描绘音乐作品的内容、情景表现形式和情感，传递教师本人或音乐评论家对音乐作品的感受、理解和评判的一种方法。可以在音乐欣赏的开始、中间或结尾讲授，讲授的内容一般包括音乐家的生平，乐器及其演奏的方式，音乐作品的背景、体裁、曲式结构、风格流派、表达的思想感情，艺术处理等。虽然这是较为传统的教学方法，但是适当的讲解是十分必要的，因为小学生的知识面相对要窄一些，对音乐的理解和感悟停留在表面，初听一个作品的时候，大部分学生都不明白作品的内涵。老师通过对作品的历史背景、作品在表现手法上的艺术处理等内容的讲解，使学生对作品的内容、形式及其意义有更全面的了解。同时，在欣赏课中还需要注意讲授的内容要遵循课程标准和教材的要求，要结合学生的实际接受能力，选择好讲授的时机——可以先简单地讲解，然后聆听音乐，也可以让学生先聆听音乐，然后讨论，老师最后进行总结。教师讲授时的话语要简练、准确、生动，富有情感，讲解时要尊重学生在课堂中的主体地位，启发学生主动地表达、积极地思考，多让学生发表看法，还可以加入图片、图表、视频等来吸引学生的注意力。当然，老师还可以结合其他欣赏教学方法来进行音乐欣赏教学活动。

（二）比较欣赏法

音乐欣赏教学中的比较欣赏法，是指教师引导学生通过对音乐作品初步感受后，用情感去交流，并通过多种方式比较，进而做出分析、判断，获得对作品的深刻理解，提高音乐的感受能力，形成正确的审美观的一种教学方法。比较的方式多种多样，可以对乐器的音色和表现形式进行比较，感受不同乐器的音色、不同演奏形式和演奏的效果。例如，拉弦乐器二胡，声音柔美抒情，富有歌唱性，善于表现抒情叙事性曲调；唢呐是吹管乐器，音量宏大，音色高亢明亮，善于表现热情奔放和欢快的曲调。可以对不同情感的音乐进行比较，通常选取情感对比鲜明的作品进行比较，如欢快热烈的作品与悲伤的、抒情的作品比较，圆舞曲与进行曲风格的作品比较，庄严的作品与诙谐的作品比较。可以将不同音乐的表现手段进行比较，比较音乐作品速度的快慢、力度的强弱、节奏的疏密、曲调的上下行、大小调和民族调式以及转调等，让学生感受、理解音乐情绪和风格的变化。可以将不同的音乐表现形式进行比较，同一个音乐作品也有多种演唱或演奏方式，如用民族唱法和美声唱法演唱同一首音乐作品、中国民族管弦乐和西洋管弦乐演奏同一首作品，都有很大的差别；同一作品由不同的乐团或歌唱家、演奏家演唱、演奏，效果也是不同的。老师还可以让学生聆听、比较、判断哪一个作品更好、好在什么地方、为什么要这样处理等。

在使用比较欣赏教学法的时候，还需要注意：①比较的作品要以实际使用的音响为主，音质要清晰。也可以加入谱例、图片和视频给学生以更直观的感受。②不同年级的学生比较作品的难度应有所不同，要符合学生的接受程度。③根据教学目标和教材的要求，选择恰当的对比材料和设计适当的对比方法。④引导学生进行讨论，因为每个学生的理解能力和感受能力是不一样的，他们对音乐作品的看法也可能不同，要鼓励他们发表自己不同的观点，老师最后进行总结或者点评。

（三）律动欣赏法

在教学中采用律动欣赏教学方法时，教师应鼓励和引导学生用身体的动作表达出对音乐的感受。体态律动强调的是聆听者对音乐即时的反应。这些动作是自然的流露，是非程式化的，符合音乐的情绪。具体的方法可以使学生跟随音乐的节奏做出轻轻拍手、踏步、摇摆身体等简单的即兴动作；也可以是老师提前规定好一个动作，提示学生在听音乐的同时感受节拍的速度、力度；听到主题变化时做出相应的动作。律动欣赏法不仅可以加深学生对音乐的体验和感受，培养节奏感、想象力和表现力，而且可以活跃课堂气氛，使学生在快乐的情绪中享受音乐。律动欣赏法的课堂组织十分重要，组织不当就会导致教学秩序混乱。所以，老师在使用律动欣赏的时候，要注意欣赏的重点在于聆听音乐。律动只是欣赏的一个辅助手段，动作要简单、幅度要小。而且运用要适时，时间要稍短。律动欣赏并不适合所有的音乐作品。选用律动欣赏法时要选取节奏鲜明的作品，如圆舞曲、进行曲等。对于不同年龄段的学生，可以选用不同程度的律动表现方式，引导学生用肢体动作表现出乐曲中乐器的音色变化、速度力度变化等。

（四）讨论欣赏法

在运用讨论欣赏法教学时，老师要提前安排好讨论选题。欣赏之后，将学生分成几个小组，让学生根据已有的感受和知识展开讨论，并发表各自的见解；然后每组再选一名代表，上台分享他们小组对作品的理解，以及对作品题材、风格、结构的认识。这种讨论的方法有利于培养学生的想象力、联想力和思维能力，能调动他们学习的积极性，让学生更加深入地理解音乐作品的内容、形式与内涵。讨论的主题可以是以下这些：在音乐作品中听到什么？作品是怎么来表现的？作品表达了什么？你是否喜欢这个作品？讨论法不仅有利于发挥教师的主导作用，还有利于发挥学生的主体作用。让学生自己聆听作品、自己感受作品，从而更有效地提高学生的审美能力。

（五）熟悉主题欣赏法

熟悉主题欣赏法，是指在欣赏音乐作品时，老师采用多种形式来加深学生对音乐主题印象的一种教学方法。音乐的主题是一首音乐作品中最主要的乐思，是音乐最核心的部分，是音乐思维的"种子"，多以歌唱性较强的旋律形式出现，有个性鲜明、表现力强、音意比较完整等特点，常常给人留下深刻的印象。在教学中，老师可以先将学生的注意力集中到音乐的主题上，设计多种欣赏主题的教学方法，更好地激发学生欣赏音乐的兴趣，让其体验、领会音乐的艺术内涵，为欣赏整个作品打下良好的基础。熟悉主题欣赏法可采用不同的形式和方法：①老师弹唱或播放音乐的主题，让学生多次反复聆听。②欣赏曲目的主题，把欣赏的作品主题写在黑板上，让学生视唱，唱准音乐主题旋律。③将欣赏教学与识读乐谱相结合；让学生用乐器演奏主题，将器乐教学和欣赏相结合。④让学生听音乐的主题，做出各种身体动作，如随音乐拍手、踏步等各种即兴动作。⑤根据欣赏曲目主题进行竞赛式听辨活动。运用这种方法不仅能够使学生更好地把握乐曲，还能增强学生的听辨能力和记忆能力。

当然，在运用主题欣赏法的时候还需要注意，并不是所有的音乐作品都适合熟悉主题欣赏法，要根据音乐作品的具体情况来进行选择；乐曲的主题选择要选用经典、动听、短小的乐句，或者乐曲最精彩的片段，长度和难度要符合所教学生的接受能力；老师要灵活地掌握熟悉乐曲主题的时机，可在欣赏的前后，也可以穿插在中间，一般多在欣赏之前进行。

（六）联想想象欣赏法

音乐欣赏教学中的联想、想象是指在欣赏教学过程中，教师给予学生一些提示和启发，使学生对作品产生联想和想象的方法。在音乐欣赏的过程中，想象和联想发挥着极为重要的作用。因为音乐对客观世界的描绘直接显示出来的只是一种声音表象，只有通过想象和联想，才能在欣赏者的头脑中把声音转化为一种客观世界的表象和意境。因此，在欣赏教学时，教师可运用多种手段启发学生的想象，促进他们对音乐的感受和理解。例如，在听贝多芬的《命运交响曲》的时候，学生可以感受到紧张严峻、慷慨激昂、勇往直前的曲调氛围。通过老师的提示和讲解，学生可以想象贝多芬面对生活中的苦难、失败和不幸，没有退缩，而是凭借顽强的毅力勇敢地与命运作斗争，进而联想到自己在生活中遇到挫折时，也要像他一样勇敢地面对。我们在运用联想想象欣赏法还需要注意，要在音乐作品基本乐思的基础上，给予学生以适当的提示，但不要过于频繁，不要用自己的理解去代替学生的想象，要让学生自主地理解音乐。

（七）游戏欣赏法

这是指老师把要欣赏的音乐作品，融入学生感兴趣的游戏中，并在游戏过程中完成欣赏任务的方法。在音乐欣赏教学中运用游戏，有利于学生感受不同的音乐形象和音乐情绪。在教学时，老师事先准备学生熟悉的多个人物形象的头饰，如白雪公主、孙悟空、小白兔等，然后让学生围成一个圆圈，一边聆听音乐，一边跟着节拍拍手；乐曲结束的时候，猜一猜这首乐曲表现的是哪个人物，与之相关的学生就站到圈中来。也可以用歌曲闯关的形式，先让学生聆听歌曲，然后老师根据歌曲的难易程度和学生的情况设置关卡。第一关可以放慢歌曲的速度，让孩子们跟着老师唱，把新歌的旋律唱会。第二关可以唱新歌的歌词。第三关，若能按照歌曲的要求完整地表现歌曲，就算闯关成功。这种把游戏的形式融入欣赏教学中的教学方法，不仅能激发学生学习音乐的兴趣，提高欣赏的趣味性，还能丰富学生的审美体验。

（八）乐曲命名欣赏法

音乐欣赏教学中为乐曲命名的欣赏法，是指老师在不告诉学生音乐作品名称的情况下，让学生聆听音乐，然后学生根据自己的感受，给作品取一个合适的名称。这种教学方法可以增加学生的学习兴趣，能促使学生在聆听音乐主题时集中注意力，充分发挥想象力和创造力。乐曲命名欣赏法的具体做法是：老师提出命名的要求，学生聆听音乐作品，大家一起讨论。老师罗列出学生提供的乐曲名称，大家再次聆听音乐，然后选取最适合的曲名发表自己的意见；或者老师公布该曲原名后再进行欣赏。这种方法适合学生不太熟悉的乐曲的教学。

（九）课内外相结合欣赏法

老师在课堂中进行音乐欣赏教学的同时，还要延伸到课外，如组织专题音乐欣赏会、举办音乐知识黑板报、组织音乐兴趣小组等。这种方法能够丰富音乐欣赏教学的手段，增长学生的见识，提高学生的审美能力。

以上音乐欣赏教学方法，既可以单独运用于教学，也可以相互穿插进行，对音乐欣赏教学起着重要的促进作用。

四、音乐欣赏教学应该注意的几个问题

一是以音乐为本，从音响出发，以听为主。二是采用多种教学形式，引导学生积极参与、体验音乐。三是要注意引发学生想象和联想，激发学生的创造能力。四是教师的讲解、提示，力求简明、生动，富有启发性。音乐教学技能训练评价表见表 9-1。

9-1　音乐教学技能训练评价表

项目：　　　　　　　　　　　　　　　　　　　　　　　　　　　　　　　　日期：

评价指标		评价成绩	参考权重
1. 教学目标	能明确教学内容和目标,符合学生年龄特点,具有可操作性和有效性		15
2. 审美感知	能引导学生感受音乐的美感,激发对音乐的兴趣,培养学生的听觉和视觉审美能力		15
3. 艺术表现	能准确表达音乐的情感和形式特点,教学过程生动活泼,吸引学生参与		20
4. 创意实践	能设计多样化的实践活动(如表演、创作等),鼓励学生发挥想象力和创造力		20
5. 文化理解	能结合音乐作品渗透文化背景知识,让学生了解不同民族、地区或时期的音乐特点与文化内涵		15
6. 情感态度	教师情感投入,课堂氛围良好;能够尊重学生个体差异,激发学生的自信心和学习兴趣		15
总评：A：优秀（90分及以上）　B：良好（75～90分）　C：合格（60～75分）D：不合格（60分以下）		总成绩：	
改进意见：			

 本章小结

本章主要学习了《义务教育艺术课程标准·音乐》（2022年版）的内容，讨论了优秀音乐教学法的运用问题，重点介绍了小学音乐教学中的歌唱教学法、音乐欣赏教学法。

匈牙利柯达伊音乐教学体系、德国奥尔夫音乐教学体系、瑞士达尔克洛兹音乐教学体系，是世界著名的三大教育体系。新体系教学法是学校音乐教育新体系教学法的简称，是在引进柯达伊、奥尔夫、达尔克洛兹音乐教育体系等基础上，结合中国音乐课程的现状而产生的教学法。

歌唱教学是学生通过嗓音来塑造音乐形象、表达思想感情的基本方式之一，也是小学基本的音乐活动形式。运用歌唱教学法要为学生创造和保持一种积极开口唱歌的氛围，注重演唱作品的选择与新时代价值引领。激发学生歌唱的兴趣，培养有感情地歌唱的能力，充分发挥教师的示范作用。

音乐欣赏教学是培养学生音乐审美能力的有效途径，常用的音乐欣赏教学方法包括讲授欣赏法、比较欣赏法、律动欣赏法、讨论欣赏法、熟悉主题欣赏法、联想想象欣赏法、游戏欣赏法、乐曲命名欣赏法和课内外相结合欣赏法。

技能实训

微课设计：如何教小学生认识节奏。

任务要求：

（1）设计一节 15 分钟的微课，主题为"认识节奏"，适合小学一至三年级学生。

（2）包括教学目标、教学内容、教学环节（如导入、新授、巩固练习）、教学方法和所需教具（如节奏卡片、打击乐器等）。

（3）在微课结尾设计一个互动活动，让学生能够参与并实践所学内容。

课后思考题

1. 在小学音乐教学中，如何践行《义务教育艺术课程标准·音乐》（2022 年版）的理念？

2. 在低年级音乐教学中，如何通过"游戏化学习"提高课堂教学效果？请结合具体课例说明。

3. 音乐欣赏教学需要注意哪些问题？

第十章 体育与健康课程教学技能

学习目标

1. 理解义务教育体育与健康课程标准的重要性。
2. 学习《义务教育体育与健康课程标准》（2022 年版），并对其进行分析。
3. 尝试将《义务教育体育与健康课程标准》（2022 年版）要求运用到实际教学当中。
4. 认识体育与健康课程标准中教学技能的主要内容，掌握如何对这些技能进行操练并运用到实际课堂中。

学习提示

本章主要通过解读《义务教育体育与健康课程标准》（2022 年版）的内容及要求，介绍体育与健康教学中教师应该注意的事项及如何实施教学。在此基础上，学习体育与健康课程教师应掌握的教学技能的主要内容、教学方式及注意事项。通过对某一技能训练的举例分析，使教师在实际课程中理解并熟练运用体育与健康课程教学技能。

第一节 课程标准解读

本节从落实立德树人根本任务、"健康第一"的教育理念，通过核心素养实现学科育人目的，以及解决体育与健康学科"固有顽疾"等方面，阐述了《义务教育体育与健康课程标准》（2022 年版）的修订背景，并从运动能力、健康行为和体育品德三个方面，论述了体育与健康课程要培养的学生核心素养的内涵，以及课程目标、课程内容等方面设置的逻辑与特点，解读了新修订课程标准在实施中可能遇到的"应用情境"创设、学业质量评估及大单元设计等方面的重点、难点问题。

《义务教育体育与健康课程标准》（2022 年版）（以下简称"2022 年版课标"）体现了思想性、方向性、先进性和科学性。促进学生核心素养的形成是修订 2022 年版课标的根本精神和关键要求，是深化我国义务教育体育与健康课程改革的重要方向，有助于落实立德树人根本任务和"健康第一"的教育理念，突出体育与健康课程的育人功能，促进学生身心健康、体魄强健、全面发展。

一、本次修订的主要价值取向

（一）修订背景

2022 年版课标的修订工作是在中国特色社会主义进入新时代的背景下开展的，重在体现党和国家对人才培养的新要求，重在发现问题、分析问题和解决问题，重在面向未来。主要表现在以下几个方面：

第一，以习近平新时代中国特色社会主义思想为指导，全面贯彻习近平总书记关于教育的重要论述和全国教育大会精神，落实党的教育方针和立德树人根本任务，立足应对当今世界复杂局面的挑战、服务国家义务教育发展战略、着眼培养时代新人的要求，旨在为新时代党和国家事业发展、推进中华民族伟大复兴历史进程提供源源不断的后继力量，具有更高的政治站位。

第二，深刻领会并认真贯彻《中共中央、国务院关于深化教育教学改革 全面提高义务教育质量的意见》《中共中央办公厅、国务院办公厅关于全面加强和改进新时代学校体育工作的意见》《健康中国 2030 规划纲要》等重要文件精神和要求，以"健康第一"的教育理念为指导，注重课程的育人特征和功能，聚焦学生核心素养的培养，为教师教学架桥，为学生健康成长导航，具有更强的目标导向。

第三，紧密结合时代要求和体育与健康学科特点，重视解决教学中存在的实际问题，特别是重点解决学生体质健康水平未有根本性好转、不喜欢上体育课、上了 9 年的体育课未掌握一项运动技能、未养成体育锻炼习惯四大问题，引导体育教师树立改革创新意识，变革教学方式和评价方式，提高体育与健康教育教学质量，具有更强的问题导向。

（二）价值追求

第一，把握正确的政治方向。2022 年版课标坚持正确的政治方向引领，坚持党的领导，充分体现马克思主义思想的指导地位和基本立场，全面贯彻习近平新时代中国特色社会主义思想，有机融入坚持和发展中国特色社会主义、培育和践行社会主义核心价值观的基本内容和要求，继承和弘扬中华优秀传统体育，发展社会主义先进文化，致力于通过体育与健康课程的教学，培养学生良好的政治素质、道德品质、健全人格和强健体魄，帮助学生坚持中国特色社会主义道路自信、理论自信、制度自信、文化自信，引导学生形成正确的世界观、人生观和价值观。

第二，坚持健康第一。2022 年版课标坚持落实"健康第一"的教育理念，强调体育与健康教育的深度融合，主要目的是通过体育与健康教育促进青少年学生身心健康、体魄强健。与党中央、国务院近二十年颁布的一系列相关文件强调树立"健康第一"的教育理念保持高度一致，重点关切我国青少年学生身心健康，特别是体质健康状况依然不容乐观的现实。2022 年版课标以培养学生核心素养为导向，以增进学生身心健康为目标。

第三，适应时代发展的要求。2022 年版课标关注信息化环境下的教学改革，关注学生多样化、个性化的学习和发展需求，促进人才培养模式的转变，反映先进的教育思想和理念，并根据社会经济发展新变化、科学技术进步新成果，及时更新体育与健康课程的内容和方法体系，充分体现新时代"帮助学生在体育锻炼中享受乐趣，增强体质，健全人格，锤炼意志"的现实要求，充分考虑地区和学校差异，积极推进以校为本的实施策略。同时，2022 年版课标注重引导学生感悟中华优秀传统体育的魅力，涵养学生的家国情怀，增强文化自信。

第四，坚持科学论证与继承发展。2022 年版课标遵循学生身心发展规律和体育与健康教育教学规律，贴近学生的思想、学习、生活实际，充分反映学生的成长需要，促进每个学生积极主动、充满活力地健康成长。2022 年版课标对二十余年来义务教育体育与健康课程改革实践做出了系统梳理，总结提炼并继承成功经验，确保课程改革的连续性。同时，发现并切实面对改革过程中存在的问题，有针对性地进行修订与完善。

第五，体现"健身育人"的本质特征。为了改变"学科中心观""技术中心观"，充分发挥体育与健康课程的育人功能，2022 年版课标强调培养学生的核心素养，将以往单一传授体育与健康知识、技能的过程转变成培养核心素养的过程，促进广大体育教师通过多样化的教学手段和方法，在引导学生掌握体育与健康知识和技能的同时，激发运动兴趣，学会学习体育与健康知识、技能的方法，体验运动的乐趣，树立积极的学习态度，养成锻炼身体的习惯和健康的生活方式，形成积极进取、乐观开朗的生活态度。

（三）希望解决的问题

2022 年版课标对长期以来体育与健康课程中存在的主要问题提出了针对性的解决方案。

第一，明确课堂运动负荷要求，让学生充分"动起来"，解决"不出汗"的体育课和"学生体质健康水平未见根本好转"的问题。

2022 年版课标强调在义务教育体育与健康课堂教学中，每节课群体运动密度应不低于 75%，个体运动密度应不低于 50%，每节课应达到中高运动强度，班级所有学生平均心率原则上在 140～160 次/分钟；不仅专门设置了体能学习内容，还提出每节课应有 10分钟左右体现多样性、补偿性、趣味性和整合性的体能练习，以保证每节实践课具有足够的运动负荷，让学生获得充分的运动体验，真正改变"不出汗"的体育课现状，提高学生的运动效果，有效促进学生体质健康状况得到根本性好转。

第二，以"教会、勤练、常赛"为抓手，建构"学、练、赛"一体的课堂教学体系，真正"教会"学生体育与健康知识和技能，摒弃"无运动量、无战术、无比赛"的"三无"体育课，解决"学生学了 9 年体育课，绝大多数学生未能掌握 1 项运动技能"和"学生不喜欢上体育课"的问题。

2022 年版课标强调结构化运动知识与技能的教学，要求学生侧重在应用的情境（如对抗练习、比赛或展示等）中学习知识与技能。提出在尊重不同水平学生的意愿和需求的基础上，针对 3~6 年级学生从六类专项运动技能中各选择至少 1 个运动项目，针对 7~8 年级学生从六类专项运动技能的四类中各选择 1 个运动项目，然后对每一个运动项目实施完整、系统的大单元教学。针对 9 年级学生，则要结合学校实际自主选择运动项目进行学练，帮助学生在初中毕业时学会 1~2 项运动技能，并能够在比赛中加以运用。此外，2022 年版课标强调采用游戏化、多样化的教学手段和方法，通过不同数量、时间、形式、场景，以及个人与小组间的各种挑战赛等，激发学生的学习兴趣和参与热情，使学生在丰富多彩的"学、练、赛"环境中体验运动的乐趣，让学生爱上体育与健康课，能够真正了解体育、参与体育、享受体育。

第三，重视把体育锻炼作为生活中不可或缺的一部分，解决"学生未养成体育锻炼习惯"的问题。2022 年版课标从课程目标、课程内容、教学方法和学习评价等多方面强调要帮助学生养成锻炼习惯，不仅在体育与健康课程要培养的核心素养中特别强调发展学生的体能练习、"运动认知与技战术运用""体育锻炼意识与习惯""健康知识与技能的掌握和运用"等，帮助学生形成坚持锻炼、终身健康所需的正确价值观、必备品格和关键能力，还在学业质量中增加了与锻炼习惯有关的评价指标，如水平四球类运动的学业质量中规定："每学期通过现场或多种媒介观看不少于 8 次所学球类运动项目的比赛，并能够对某场高水平比赛做出分析与评价"，以及"每周运用所学球类运动技能进行 3 次（每次 1 小时左右）课外体育锻炼"等，并通过布置体育与健康家庭作业等方式，引导学生积极参与课外体育锻炼和健康实践活动。

二、2022 年版课标的主要变化与突破

（一）坚持"健康第一"，提炼核心素养

2022 年版课标以落实立德树人根本任务和"健康第一"的教育理念，促进学生身心健康发展为宗旨，将运动能力、健康行为和体育品德提炼为体育与健康课程要培养的学生核心素养的三个方面。运动能力是指学生在参与体育运动过程中所表现出来的综合能力；健康行为是指增进身心健康和积极适应外部环境的综合表现；体育品德是指在体育运动中应当遵循的行为规范、体育伦理，以及应当形成的价值追求和精神风貌。三个方面密切联系、相互影响，在解决复杂情境中的实际问题的过程中整体发挥作用，并在体育与健康教育教学过程中得以全面发展。2022 年版课标强调紧紧围绕核心素养开展教学，促进中小学生核心素养的形成。

（二）基于核心素养，开展课程设计

1. 明晰课程目标

2022 年版课标阐明了体育与健康课程要培养的学生核心素养的内涵，在此基础上提出课程目标：掌握与运用体能和运动技能，提高运动能力；学会运用健康与安全的知识和技能，形成健康的生活方式；积极参与体育活动，养成良好的体育品德。这三点分别对应体育与健康课程要培养的学生核心素养的三个方面，充分体现了课程"健身育人"的本质特征。

2. 设置课程内容

遵循"目标引领内容"的原则，2022 年版课标不仅根据运动技能的形成规律和体育与健康教学规律设置课程内容，还充分考虑学生的生长发育特点、体质状况、运动基础、兴趣和需求等，提高教学内容选择的针对性和有效性，保证义务教育阶段教学的基础性、多样性和系统性，发挥不同运动项目的育人功能，引导学生在体验不同运动项目魅力的基础上掌握专项运动技能。

首先，针对水平一目标，专门设置基本运动技能的课程内容，为体能和专项运动技能学练奠定基础。针对水平二、水平三、水平四目标，分别设置体能和专项运动技能的课程内容，使学生形成比较丰富的运动体验，满足学生多样化的运动需求，在此基础上掌握 1~2 项专项运动技能。

其次，根据学生身心发展规律整体设计健康教育内容，针对水平一、水平二、水平三目标侧重基础的卫生习惯、营养膳食、合理作息、视力保护、安全意识等内容的学习，帮助学生逐步养成健康与安全的认知、意识和行为；针对水平四目标侧重健康与安全知识、技能、方法的学习与运用，促进学生形成健康与安全的生活态度。

3. 倡导新型教学方式

2022 年版课标强调教师结合学校与学生实际，基于体育与健康课程要培养的学生核心素养，制定与细化学习目标，并根据学习目标确定达到不同水平的内容要求与学业要求，设计适宜的教学活动与情境；倡导教学方式多样化，将教师指导与学生自主学习、合作和探究学习有机结合，培养学生的运动兴趣和主动学练意识，以及分析问题和解决问题的能力；注重生活应用情境和真实运动情境的创设，强调用结构化的知识和技能解决真实情景中的复杂问题；运用信息化教育技术和手段，提高课堂教学效果，培养学生的信息化意识和能力。

4. 构建综合性学习评价

体育与健康学习评价主要评估学生通过学习达成核心素养的程度。2022 年版课标构

建了基于核心素养的学业质量，从运动能力、健康行为、体育品德三方面对学生的学业成就表现做出总体描述。学业质量起着连接核心素养和学习评价的桥梁作用。2022 年版课标要求教师对学生实施学习评价时，应从学业质量的描述中提炼出具体的测试内容，并细化为不同的测试指标；强调设计贴近生活、具有较强应用性的情境，观察和评价学生运用结构化的知识与技能解决问题的能力。学业质量让教师在教学中能够更加明确应该教哪些内容、教到什么程度。2022 年版课标强调定量评价与定性评价、过程性评价与结果性评价、相对性评价与绝对性评价相结合等多样化的评价方式，重视增值性评价，健全综合评价。

（三）着力创新改革，完成四个转变

2022 年版课标强调面向未来、改革创新，秉持"健康第一"的教育理念，高度重视以体育人、综合育人理念的渗透，努力实现从"知识导向"向"素养导向"转变、从"单一技术导向"向"结构化知识和技能导向"转变，从"简单情境"向"复杂情境"转变，从单纯的"体育教育"向"体育与健康教育及多学科融合"转变。这四个转变有助于学生从体育与健康教育教学中获得健康的身心、强健的体魄，从而实现全面发展。

2022 年版课标还设置了跨学科主题学习，将体育与健康教育与其他"四育"加以融合，增加了与国防教育和劳动教育的有机融合，创设了运用多学科知识和方法解决体育与健康实践问题的教育教学模式，对培养学生的跨学科思维和综合解决问题的能力大有裨益。

三、课标实施中的重点与难点

（一）广大教师如何迅速理解并转变观念

在推行体育与健康课程改革的过程中，体育教师是关键。只有让广大体育教师学习新课程、理解新课程、实践新课程，2022 年版课标所描绘的全新场景和积极变化才能成为现实。一线教师对于新修订课标的接受、理解需要一个过程。如何让教师迅速领会、深入理解新的理念和方法，充分发挥主观能动性和创造力，是 2022 年版课标贯彻实施过程中的一大难点。要解决这一问题，不仅需要引导体育教师深入学习和理解 2022 年版课标，加强教师的课程意识和教学能力，还需要教师利用实践证明有效的、可操作性强的课程模式和优质课程，有效促进 2022 年版课标的落地实施。此外，2022 年版课标还强调教师培训的重要性，重视培训内容、培训方式、培训人员的构成，提出了立足学校实际完善教研体系等具体要求。

（二）在课堂教学中如何"创设应用情境"落实知识和技能结构化学练

2022年版课标提出要创设应用的情境，开展结构化的知识和技能教学，这对长期习惯单一技术教学的体育教师而言是一个全新的挑战。核心素养的形成不能脱离相应的学习情境，教师在创设体育与健康学习情境时应紧紧围绕运动能力、健康行为、体育品德的培育，根据课程目标选择教学内容，采用有效方法，挖掘教学资源，创设应用情境。不同项目对应用情境的要求不尽相同，球类运动最好的应用情境是比赛，花样跳绳、健美操等项目的应用情境更多指向展示与表演等。体育与健康的知识、技能具有层次性和关联性特征，其层次性指的是知识之间和技能之间由简单到复杂、由易到难的递进关系；关联性指的是知识之间和技能之间的联系及相互促进关系。体育与健康知识之间如何关联、运动技能之间如何组合等问题，是体育教师在贯彻实施2022年版课标过程中需要重点解决的问题。

（三）如何判定不同项目的学业质量

学业质量指的是学生在完成体育与健康课程某一水平学习后的学业成就表现，也就是"学到怎样才算好"，是以核心素养及其表现水平为依据，结合课程内容对学生学业成就表现所做的整体刻画，用以反映课程目标的达成度。这就要求基于核心素养的学习目标和学业质量上下贯通。2022年版课标以部分项目为例，提出了学业质量的内涵和行为表现。如何以核心素养为依托，结合不同学段、不同项目的具体特点，形成可测、可评、可量化的体育与健康学业质量，是2022年版课标贯彻实施过程中的重点任务之一，需要广大专家、学者以及一线教师共同努力探索和实践。

（四）如何设计与实施大单元教学

为了落实"教会、勤练、常赛"，帮助学生掌握所学的运动技能，2022年版课标提倡大单元教学。大单元教学是对某个运动项目或项目组合进行18课时及以上相对集中、系统和完整的教学。同时，要加强课内外的有机结合，促进学生通过较长时间的连续学练，掌握所学的运动技能。要避免把一个完整的运动项目割裂开来、断断续续实施教学，或在一个时间段内教授不同项目，导致运动技能学习的负迁移。大单元教学既能使学生掌握所学项目的运动技能，又能加深学生对该项运动完整的体验和理解。综上所述，2022年版课标全面贯彻党的教育方针，以立德树人为根本任务，以"健康第一"的教育理念为指导，以"学、练、赛"为抓手，提炼出了运动能力、健康行为、体育品德三个方面的核心素养，并以此为课程实施的出发点和落脚点。同时，针对体育与健康课程教学中存在的主要问题，提出了针对性的解决措施。新的课程理念需要新的教学实践落实，因此，广大一线体育教师要在认真学习和深刻理解2022年版课标精神的基础上，在教学实践中积极探索、勇于创新，为促进学生身心健康、体魄强健、全面发展作出更大贡献。

第二节　体育与健康课程教学技能

中小学体育教学技能训练是体育教师教育教学技能类必修课，是在理解体育教育教学原理、学校体育学、体育课程与教学论等专业核心理论课，以及运动技能学习的基础上，以《普通高中体育与健康课程标准》（2017年版，2020年修改）、《义务教育体育与健康课程标准》（2022年版）为依据，识别体育教学技能体系以及体育教学技能的应用与评价，有效提高体育教学实践能力，丰富体育教学技能训练的理论知识与实践方法，促进体育教学综合能力提升，适应中小学体育与健康课程改革与发展，是体育教育工作者的必修课。

中小学体育教学技能训练的内容主要包括微格教学、体育教学设计技能、导入技能、讲解技能、示范技能、口令技能、提问技能、人体语言技能、诊断纠错技能、课堂组织管理技能、结课技能、评课技能、说课技能。结合体育教学理论知识体系和实践应用特征，聚焦当前基础教育教学前沿发展，突出体育教学技能训练实践的应用性与综合性，结合中小学"体育与健康课程"相关教材，帮助大家构建体育教学技能体系，运用体育教学技能进行教学实践，从而塑造符合基础教育发展的优秀体育工作者。

一、体育教师的基本礼仪

体育教师的基本礼仪包括两个方面：一是一般素养，包括教师的基本礼仪、教姿教态、言谈举止等内容；二是专业素养，包括授课人的语言表达能力，是否运用标准的普通话，授课过程中语言的流畅性、节奏感以及专业性等内容。教师礼仪是一名合格教师最基本的行为规范，是授课人整体素质的展示，需要长期培训和积累。

二、体育教师的基本素质与技能

（一）口令的表达

口令是体育教师区别于其他教师的专项技能，也是体育教师的"招牌"式技能。进行授课时，洪亮、准确、优美的口令会让学生眼前一亮。尽管如此，在授课中仍然需要注意以下几个问题：①口令不能太过于响亮，过于洪亮效果反而不好；②口令一定要准确、规范、到位，千万不要喊错了，或者喊得不规范，如口令的预令和动令之间的节奏感不明显，"跑步走"喊成了"齐步跑"，进行横队队列时把"向前看"喊成"向前看齐"等。

（二）动作示范

动作示范是体育教师必备的基本技能。由于中小学阶段体育教学内容包罗万象，体育教师需要掌握诸如田径、三大球、体操、武术，甚至一些韵律操等大量的体育动作。这对授课者的动作协调性以及全面的身体素质都有很高的要求。在授课过程中，一个漂亮、完整的动作示范，会大大增强授课效果。

（三）动作要领的讲解

动作要领的讲解要求授课人注意言简意赅，遵循精讲多练的原则。所以，在讲解时一定要突出重点，语言凝练，切不可讲解过于专业或太复杂，最好将"口诀"用于教学中。授课教师在运用口诀时要尽量简练，最好把每个动作环节提炼成一个字。简单的口诀容易记忆，使用的效果好。如排球的垫球教学口诀就可以归纳为"插、夹、抬"三个字。

三、体育课的设计能力

（一）对教材分析的能力

授课的内容一般都是所教授年级教材的内容。所以，授课之前一定要把教材内容研究透彻。尤其是常见的田径中的跑、跳、投，以及三大球等内容。这些内容无论动作技术结构还是教法步骤安排，都是各自独立的，互相之间没有什么关联性，要想很全面地把握，实非易事。

（二）单元计划与课时计划的设计能力

通常，教学内容都是由若干个课时组成的教学单元构成的，如田径的蹲踞式跳远技术，就要通过七八个甚至更多的课时来完成。这就要求授课人在第一次课的新授课设计过程中不能囫囵吞枣，一次课就把整个蹲踞式跳远的所有内容全部教授完毕，而要把急行跳远中的"腾空步"技术作为主要内容来教授。一次课就把一个复杂的技术动作全部教给学生，这是很多授课人进行课程设计时常见的错误。

（三）教学内容的设计能力

体育教学内容包罗万象，项目众多，且项目之间关联度不大，不同项目的教学设计差异很大。一般而言，田径类教学内容的设计不仅要把技术教学突出来，而且要有相关的素质练习设计。如蹲踞式起跑教学设计，把起跑技术教授完毕以后，还要设计出一些起跑反应的练习，这才是田径课设计的精髓。同理，投掷类也要设计力量练习，跳远和跳高则要设计一些跳跃的素质练习。而球类练习由于其本身的趣味性较强，应该有一些趣味性较强的球性练习贯穿在整个课的设计中。

四、课堂教学组织能力

（一）教学步骤安排的合理性

体育项目的差异性，使得授课的教学步骤安排差异很大。最典型的例子就是田径的跳远教学。很多老师会在第一次课安排助跑技术的教学，实际上跳远教学第一步骤是进行"腾空步"教学。球类教学步骤应先从徒手模仿，过渡到有球的简单动作，再发展到行进间练习，最后到对抗以及比赛。当然，一次课不可能教这么多内容。但合理安排教学步骤是授课人必须要做到的。

（二）教学内容练习方法的设计

教学步骤安排妥当后，要采取合理、多样、趣味性高的练习方法来组织学生练习。如篮球运球练习，在进行示范讲解以后就可以安排高、低运球，体侧前后方向的单手运球，体前的单手左右运球，双手体前左右换手运球，以及左右手互换练习等。这样的设计安排会让学生练起来不感到单调、枯燥，教学效果明显。

（三）教学方法的设计

对年轻而又缺乏教学经验的授课人来说，一些新的教学方法、教学模式，如探究法、发现法、情景法、小组创编法等应该谨慎运用，用不好会适得其反、弄巧成拙。新授课教师只要能熟练运用常规的方法就可以了。

五、完整模拟授课过程设计以及注意事项

（一）课堂常规部分的设计

授课的开始部分，要使用准确洪亮、规范优美的口令。当然，如果是在教室内，因为空间受限，口令声音不宜太大。

（二）准备活动的设计技巧

第一，热身活动一般都以慢跑导入。设计热身跑时，一定要突出新颖性，包括：①跑动路线和方式的新颖性，如圆形、8字形、螺旋形、十字形，以及并队跑、列队跑、分队跑、合队跑等。②跑动姿势的多样性，如小步跑、高抬腿、侧滑步、内踢腿跑、后

踢腿跑、前踢腿跑、足跟跑等，增加学生练习的趣味性。

第二，热身操。注意要新颖，拒绝沿袭传统的"老八拍"（头部运动、扩胸运动之类的），可以自己设计四节新颖活泼的徒手操，包括四肢运动、全身运动、跳跃运动以及整理运动等。徒手操的节拍口令一定要喊得连贯。

（三）基本部分的教学设计方法

基本部分的开始一般都要有导入，可以直接用游戏导入，也可以用项目介绍导入。然后，要做两个完整的示范动作，给学生以最直观的感性认知。接着简明扼要地讲解要领，突出重点，详略得当，可以辅以画龙点睛的口诀。在顺畅完成完整示范动作讲解以后，就要进行分解动作的示范与讲解，然后组织学生进行练习。在这个过程中，切忌拖泥带水，也不要讲得太专业。整个教学以及练习部分的设计至少要有 4~6 个清晰的教学片段。如在快速跑教学设计中，要有跑的分解练习，包括摆臂练习、小步跑步频练习、高抬腿步幅练习，以及完整进行跑练习等。整个主体教学内容的安排要丰富多样、合理清晰。

（四）辅助教材的设计要点

根据全面锻炼身体的原则，一节体育课应该尽量安排两个以上的教学内容（中低年级阶段尤其如此）。同时，辅助教材有助于展示授课人的才艺。对于协调性好、运动专长突出的授课人而言（尤其是健美操、舞蹈专项的女生），可以选择一段自编健美操或者舞蹈作为辅助教材。当然，安排一个趣味性强的游戏，也是不错的。

在课程的结尾，保证课程结构的完整性即可。

（五）模拟授课各环节时间的安排及设计技巧

1. 总体时间（15 分钟授课为例）结构比例

一般而言，开始以及准备时间为 3~4 分钟，这一环节主要展示授课人的基本教师礼仪以及体育口令和身体的协调性。主体部分的教学时间设计时间安排在 8~10 分钟之间，其中基本部分，主教材的时间安排 5~6 分钟，辅助教材内容安排 3~4 分钟。在这一过程中，授课人要展示出自己的动作示范与讲解能力，还要表现出良好的教学组织以及课的设计能力。这也是考查授课人教学基本能力的主要评分依据。结束部分的时间安排不超过 2 分钟。

2. 课程结构的设计技巧

在进行模拟授课的设计过程中，开始和准备部分，辅助教材以及结束部分内容都可以在之前进行预先设计好，进行定型，然后充分练习，熟练掌握。基本部分的主教材内容只能根据现场抽签决定。不过。授课人如果提前把主教材内容研究透彻，反复练习，上课时就可以轻松应对了。

体育模拟授课是一项对授课人教学能力较为全面的一项测试方式，除了对授课人的语言表达、动作示范、实际教学组织等基础性教学能力有全面的考察以外，对教师的礼仪、教学设计、体育新课程的理解等能力与素质也有较高要求。

第三节　体育与健康课程教学技能案例分析

《跨越式跳高》教学设计案例

一、指导思想

本案例以新课标为依据，围绕（水平二）四年级跨越式跳高进行教学设计，以"立德树人""健康第一"为指导思想，以学生发展为中心，注重以学定教、学科育人、体育品德。根据学生的身体状况、生理与心理特点、兴趣爱好、技能水平和认知能力，进行多元化一体教学，做到学、练、赛、评有效结合，让学生在学练过程中能体验运动乐趣和成功的喜悦，培养学生对跨越式跳高的学习兴趣，激发学生的学习热情，自强自信，培养克服困难、坚忍不拔的意志品质，培养团结协作的精神，使学生身心得到全面发展。

二、教材分析

本课跨越式跳高是水平二（跳跃）单元教学中的第一课时，是在原来水平一各种跳跃与游戏基础上的巩固与提升。跨越式跳高做起来灵活、轻巧、连贯，符合小学生的身心特点，易于教师的教，学生也乐于学。通过教学，能发展学生柔韧、灵敏、协调素质和基本活动能力，提高学生控制身体的平衡能力，对于培养学生勇敢、顽强、团结拼搏的优良品质具有促进作用。

三、学情分析

本节课教学对象为四年级学生，他们正处在生长加速期，朝气蓬勃、富于想象，有很强的求知欲和表现欲，组织纪律性强，学习积极性高。学生的独立性强，要进一步培养其耐受挫折的能力。在教学中，要给学生充分展示自己的机会，发挥学生的主动性。

四、重点与难点

重点：单脚起跳有力。
难点：起跳与摆动腿的协调配合。

五、教学方式学练赛评

学：学习上一步跨越式跳高的动作。
练：小组学习跨越方法，发展跳跃能力。
赛：小组最佳配合团队，小组代表比赛完成任务。
评：是否合理选择起跳点，踏跳是否有力，动作是否协调，能否坚持到底。

六、教学流程

1. 课堂常规（导入小小侦察兵）。
2. 热身活动：侦察兵巡逻。
3. 练习一：小组尝试不同方式跨越障碍物。
练习二：引出跨越式跳高并学习。
练习三：上一步跨越式跳高学习。
练习四：侦察兵大赛。
4. 身体素质练习。
5. 放松拉伸，总结点评，布置课后练习。

七、设计思路

本节课以生定教，根据场地实际情况进行分组，采用班级小组比赛的形式，由小组长带领，通过组内自主、合作、探究的学习方式，边练边讲达成学练目标。当学生出现跨越困难时，鼓励学生坚持，让队员相互加油，突破跨越式跳高教学的难点。

根据学生自己的能力选择不同难度的任务，尊重学生的个体差异。在体育课堂中融入军事教育，激发学生的学习欲望，提高学生参与运动的兴趣和自信心，达到以体育德、以体育智、以体育心的核心素养目标。

八、安全防范

（1）课前检查场地、器材，课中提出安全要求。

（2）充分做好跨越式跳高专项准备活动，尤其是踝腕关节、膝关节等。

（3）进行练习时，运动强度由低到高，遵循运动规律。

（4）分组练习时按指定位置错开练习，防止相撞等现象出现。

体育教学技能训练评价表见表 10-1。

10-1　体育教学技能训练评价表

项目：　　　　　　　　　　　　　　　　　　　　　　　　　　　　　日期：

评价指标		评价成绩	参考权重
教学目标	1. 目标明确，符合课程标准和学生实际情况； 2. 目标分解合理，可操作性强		15
课前准备	1. 教材、教具准备充分，教学内容清晰； 2. 场地布置合理，安全措施到位		10
教学组织	1. 课堂结构紧凑，时间分配合理； 2. 师生互动良好，学生参与度高		15
教学方法	1. 方法多样，适合小学生特点； 2. 方法运用得当，教学效果显著		10
运动负荷	1. 运动量适中，符合学生年龄和体质水平； 2. 合理分配运动时间与休息时间		10
学习效果	1. 学生掌握程度高，能达到教学目标要求； 2. 学生学习兴趣浓厚，课堂氛围活跃		15
锻炼效果	1. 学生身体素质有所提升； 2. 学生在活动中表现出良好的协作精神和意志品质		15
情感态度	1. 教师态度热情，语言亲切，尊重学生； 2. 学生在课堂中表现积极，情绪愉悦		10
总评：A：优秀（90分及以上）　B：良好（75~90分） C：合格（60~75分）　D：不合格（60分以下）		总成绩：	
改进意见：			

 本章小结

本章聚焦于《义务教育体育与健康课程标准》（2022 年版）的内容解读，剖析其中所明确的教学内容与具体要求。介绍体育与健康教学中教师应该注意的事项以及如何实施教学。

体育教师作为教学活动的主导者，其基本素质与专业技能是保障教学质量的重要基石。一般而言，应具备口令表达、动作示范和动作要领的讲解能力。

在体育课的设计方面，教师应具备多维度、综合性的能力。对教材的分析能力是基础，要求教师精准把握教材的核心内容与教学目标；单元计划与课时计划的设计能力是关键，决定了教学活动的系统性与连贯性；教学内容的设计能力则要求教师结合学生实际，灵活且科学地安排教学内容，以满足不同学生的学习需求。

课堂教学组织能力是教师将教学设计转化为实际教学效果的重要保障，一般包括教学步骤安排的合理性、教学内容练习方法的设计、教学方法的设计。

技能实训

1. 设计一份小学体育课教案

任务要求：

（1）选择一个适合小学生的运动项目（如跑步、跳绳、篮球基础动作等）。

（2）根据《义务教育体育与健康课程标准》（2022 年版），设计一份完整的体育课教案。

2. 教学口令与动作示范专项训练

录制一段 3 分钟教学视频，涵盖以下内容：

（1）口令表达：设计并展示 3 组不同运动场景（如队列变换、分组练习、游戏开始）的口令指令，要求口令清晰、节奏合理、具有指令性。

（2）动作示范：选取 2 个体育动作（如篮球三步上篮、足球脚内侧传球），分别进行正面、侧面、背面多角度示范，并标注动作要领。

课后思考题

1. 结合 2022 年版新课标，如何根据"运动能力、健康行为、体育品德"三个方面设计单元教学计划？

2. 小学体育教学可以运用哪些具体的方法？

第十一章 美术教学技能

学习目标

1. 学习了解《义务教育艺术课程标准·美术》（2022年版）的基本内容。
2. 掌握美术欣赏及美术创作课程的教学技能。
3. 能够利用美术课程标准进行课程案例解读及课程设计。

学习提示

本章主要解读《义务教育艺术课程标准》（2022年版）中的美术部分，重点讲述美术课程中经常涉及的美术欣赏、美术创作、美术评价的教学法，介绍如何运用新的课程标准进行课程案例分析以及课程设计。

案例破冰

在一年级《影子的游戏》这一节美术课上，教师让学生到太阳底下"玩影子""画影子"。在游戏中，引导学生理解光源的作用、影子产生的原理，以及影子在绘画中的重要性，在此基础上运用画或者剪的方式来呈现影子的外形，在轻松愉快的游戏中完成教学目的。

点评： 在这个案例中，教师将跨学科、游戏、绘画相结合，充满趣味。学生在轻松愉快的氛围中明白光源的作用和影子产生的原理，调动多种感官学习跨领域知识，激发学生学习的兴趣及主动探索的欲望。

第一节　课程标准解读

一、课程标准修订的背景及意义

2015 年，国务院办公厅发布《关于全面加强和改进学校美育工作的意见》。2020 年，中共中央办公厅、国务院办公厅印发了《关于全面加强和改进新时代学校美育工作的意见》。2022 年 4 月，《义务教育艺术课程标准》（2022 年版）（以下简称 2022 年版课标）正式颁布，课标的颁布无疑具有重大意义。

2022 年版课标在 2011 年美术课标的基础上，融入新时代先进教育理念和时代特色。美术课程标准不再是单独陈列，而是与音乐、舞蹈、戏剧、影视相融合，统称艺术课程。这些课程关注学生个性，发挥协同育人的作用，使学生了解我国优秀传统文化并拓宽国际视野，提高审美能力。跨学科跨领域的相互交融，有助于学生的情感体验与表达；优化了评价机制，使美术课程不仅仅培养技能，还要将学生培养成有个性、有审美、有道德、有理想、有文化、有创造力的人才。

二、艺术课程的学段划分

2022 年版课标根据学生的身心发展状况与美术学科特点，将艺术课程从形式上分为四个学段。1～2 年级为第一学段，体现幼小衔接，注重启蒙教育的培养。3～5 年级为第二学段，延续此前教育并融入跨学科教学。6～7 年级为第三学段，承接上一阶段并注重下一阶段（即初中阶段学生）的衔接。8～9 年级为第四学段，注重技能的掌握与知识的深入学习。学段的深入划分注重幼儿园、小学、初中、高中的衔接，更具有连续性与特殊性，不仅注重学生心理与能力的发展变化，而且更好地诠释了美术课程学习的递进式方法。

艺术课程从性质上分为艺术综合、艺术、艺术选项三个阶段。艺术综合以美术为主干，融入其他领域（如现代技术），使其形式更加丰富。艺术阶段则更加强调美术的主体地位。艺术选项阶段，则是学生从美术、音乐、舞蹈、戏剧、影视五科中选取自己感兴趣的两门学科继续学习。这样的划分在学生尝试各科学习的基础上，注重学生兴趣、特长的发展，使艺术教育更具有专业性与针对性（见图 11-1）。

三、艺术课程核心素养的内涵

2022 年版课标凝练出四项艺术核心素养，分别是审美感知、艺术表现、创意实践和文化理解。我们借鉴首都师范大学美术学院尹少淳教授的观点，从素养的内涵、素养的具体指向、素养培养的价值三个层面对这四项核心素养的内涵进行解读。

审美感知是对自然世界、社会生活和艺术作品中美的特征及其意义与作用的发现感受、认识和反应能力（素养的内涵）。审美感知具体指向审美对象富有意味的表现特征，以及艺术活动与作品中的艺术语言、艺术形象、风格意蕴、情感表达等（素养的具体指向）。审美感知的培育，有助于学生发现美、感知美，丰富审美体验，提升审美情趣（素养培养的价值）。

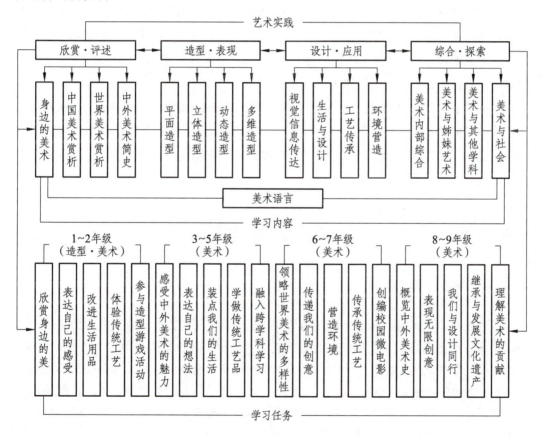

图 11-1　美术课程结构图①

艺术表现是在艺术活动中创造艺术形象、表达思想感情、展现艺术美感的实践能力（素养的内涵）。艺术表现包括艺术活动中联想和想象的发挥，表现手段与方法的选择，

---

① 来源于《义务教育艺术课程标准》（2022 年版）中的美术学科课程内容框架。

媒介、技术和艺术语言的运用，以及情感的沟通和思想的交流（素养的具体指向）。艺术表现的培育，有助于学生掌握艺术表现的技能，认识艺术与生活的广泛联系，提高形象思维能力，涵养热爱生命和生活的态度（素养培养的价值）。

创意实践是综合运用多学科知识，紧密联系现实生活，进行艺术创新和实际应用的能力（素养的内涵）。创意实践包括营造氛围、激发灵感，对创作的过程和方法进行探究与实验，生成独特的想法并转化为艺术成果（素养的具体指向）。创意实践的培育，有助于学生形成创新意识，提高艺术实践能力和创造能力，培育团队精神（素养培养的价值）。

文化理解是对特定文化情境中艺术作品人文内涵的感悟、领会、阐释能力（素养的内涵）。文化理解包括感悟艺术活动、艺术作品所反映的文化内涵，领会艺术对文化发展的贡献和价值，阐释艺术与文化之间的关系（素养的具体指向）。文化理解的培育，有助于学生在艺术活动中形成正确的历史观、民族观、国家观、文化观，尊重文化多样性，增强文化自信（素养培养的价值）。[1]

四项核心素养相辅相成，相互联系。审美感知、文化理解偏向美术欣赏，艺术表现、创意实践偏向美术创作；审美感知是学习美术的基础；艺术表现是学生参与美术活动的必备技能；创意实践是学生创新意识和创造能力的集中体现；文化理解以正确的文化价值观引领其他三项艺术核心素养。

第二节　美术课程主要教学技能

一、美术欣赏教学法

美术欣赏不仅指我们通常所认知的美术作品欣赏，还包括欣赏我们身边的事物，像花草树木、鱼虫鸟兽、人文建筑、传统工艺等，能够感知他们的形状之美、色彩之美、造型之美、肌理之美、技艺之美等。对美术作品的欣赏则更加开阔，包括了解不同的美术门类，如绘画、雕塑、摄影、建筑、动画、书法、篆刻等。对于我国优秀的民间美术，也要知其来历与特点，像泥塑、剪纸、刺绣、编织、扎染、年画等。而且，能够欣赏身边小朋友的美术作品，善于发现其优点，并能够交流分享，进行简单的评述。

（一）创设良好的美术欣赏教学情境

由于小学生的认知能力、理解能力较弱，在美术欣赏课中，要想让学生更好地感受

---

① 尹少淳.义务教育艺术课程标准中美术课程的样貌[J].全球教育展望，2022（7）.

美术作品，可从儿童视角出发，创设轻松有趣的教学情境，让小朋友身临其境，激发学习兴趣，主动探索，强化对作品的理解和感知。比如在名画欣赏时，教师可以为学生创设化装舞会的教学情境，鼓励学生分小组合作，模仿自己喜欢的名画作品进行创作。在这个过程中，学生相互帮助，自己绘制妆容，制作服装、配饰、道具，并进行拍摄，最大限度地还原作品。在角色扮演的过程中，学生不仅能够加深对美术作品的记忆、认知和理解，提高审美能力和鉴赏能力，还能在色彩运用、造型设计、剪切技巧、粘贴艺术、缝制工艺和光影效果等方面得到全面的锻炼与提升。

（二）将媒体艺术融入美术欣赏课程中

2022 年版新课标提出优化课程内容结构，"设立跨学科主题学习活动，加强学科间相互关联，带动课程综合化实施，强化实践性要求"。当代教育要求我们的课堂教育应结合小学生的兴趣加以创新。由于小学生的注意力容易分散，因此可在美术欣赏课中引入小学生喜欢的动画电影形式，培养小学生的视觉感知力和艺术表现力。如小学美术欣赏课《画家梵高》，可在课堂中播放动画电影《挚爱梵高》，在动画电影中学习、了解梵高的生平，感知他的绘画作品的风格，感悟他的艺术表现情绪。用动画电影的叙事方式引导学生学习梵高对艺术的追求、热爱态度，以及执着、勤奋、创新的精神。在美术欣赏课中加入动画电影，从多角度、多维度提高小学生的审美能力、认知能力、欣赏能力，实现新课标中提出的"跨领域""跨学科"学习目标。

（三）将自然引入课堂

美术欣赏课可走出教室，走到户外。我们的欣赏可从小入手，一朵云、一片叶子、一只蚂蚁都可以成为小学生欣赏、感知的事物。进行户外美术教育，可以驱车前往公园或景点，可从欣赏校园里的一朵小花开始，从一颗奇形怪状的小石头开始，从我们的乡村麦田开始，通过一草一木唤醒小学生对家乡的爱。比如《生活中的线条》这一节，教师可以带小学生来到校园，引导学生寻找校园里有什么样的线条，看下蜗牛壳，看下蜘蛛网，看下蕨类植物的枝茎，区分叶脉的线条和叶子轮廓的线条。通过这种方式，实现2022 年版新课标指出的"帮助学生感知身边的美，认识美存在于我们周边，初步形成发现、感知、欣赏美的意识"要求。

美术欣赏是一种视觉艺术，不仅可以帮助小学生积累美术知识，而且可以使小学生进一步感知事物，使其逐步形成独立的审美判断能力、审美感知能力。

二、美术创作教学法

美术创作是人的审美创造活动，体现了人的审美创造价值，是从审美认识到审美表现、从艺术构思到艺术传达的过程，是落实美术核心素养的关键所在。作者借助美术核心观念、思维和美术语言，运用相应材料、工具和实践方式，描绘客观世界、表达主观情感、美化环境与生活，并在其中融入自己的个性、情感和思想，创造具有审美价值的作品。美术创作是作者眼、脑、手高度协作的过程。新的美术教育观强调通过美术培养学生的创造力。

（一）融入跨学科、跨领域教学

当前的小学美术教育，教学形式单一，以单科思维为主导，学生学习兴趣不浓，不利于学生发散思维的培养。2022 年版课标强调要培养学生创意实践的能力："创意实践是综合运用多学科知识，紧密联系现实生活，进行艺术创新和实践应用的能力。"在美术创作教学中，可融入其他领域知识，冲破学科界限，打破旧有模式，增强教学的开放度，实现多学科相互串联，培养学生的综合素养与创造能力。

法国著名抽象画家康定斯基的绘画多数融入了音乐元素。他认为形与色彩本身组成足够表达感情语言的因素，正如音乐声音直接影响灵魂一样。毕加索认为每一件真正的艺术品都蕴藏着独特的音乐感。在美术教学中融入音乐元素，最简单的方式可将音乐作为调节课堂氛围的手段。以音乐的形式导入课堂，帮助学生以轻松愉快的状态进入课堂，从而更好地投入美术创作中。此外，可将音乐与美术相结合，进行绘画实验，开阔学生的视野，提高表现力与感受力。例如，播放钢琴曲，让学生用线条的粗细、曲直、断续变化表现音乐的起伏；用色彩去感受音乐的情绪，如紧张的节奏、舒缓的节奏分别用什么色彩表达。将视觉与听觉联系起来，提高教学的趣味性。

（二）开展游戏情境教学

将游戏引入教学，能够调动学生的积极兴趣，发展学生的创新思维，陶冶其情操，这与现代教育的要求和标准相符。传统美术教学模式常以临摹为主，忽视学生创造性思维的培养。教师在美术教学过程中，创设游戏情境，使课堂气氛更加活跃、轻松。例如，在国画人物教学中，教师提前制订教学情境计划，学生进行角色扮演，在游戏的过程中对人物性格进行揣摩，加深对人物形象的理解，以利于更好地进行人物创作。游戏的融入，使课程更加体现教学的综合性，强调课堂学习与生活经验的联系。尤其对 1～2 年级幼小衔接阶段的学生更加适合。但要注意，游戏仅仅是方法和辅助，不能占用课堂大部分时间。

（三）将乡土资源融入美术教学

将乡土资源融入美术教学活动中，可以让学生感受身边的美、发现身边的美、表现身边的美，不仅可以丰富课堂教学，调动学生学习的积极性，激发学生的创作欲望，还可以传承丰富多彩的乡村文化，激发学生对家乡的热爱之情。

三、美术评价教学法

美术评价是教学的重要环节，有效的教学评价可以使学生更加积极主动地投入学习，可以帮助学生树立自信，培养健全的人格。

（一）每一根线条都值得被肯定

学生的作品被老师肯定，学生自然会变得更加自信，大大提高绘画的兴趣。每位学生、每幅作品都有其优点，一根线条、一个点都值得被肯定。当然，这里说的肯定不是盲目地夸赞，需要教师真正发现学生的优点。肯定的不仅仅是绘画技能，也可以是学习态度，如赞同学生的认真，承认学生的努力，看到学生的进步。这些肯定能使学生坚定自信，积极进取。

（二）建立多元评价体系

在常规的教学评价中，教师评价是主导，学生评价往往被忽略。每个人的思维模式、看问题的角度、解决问题的方法都存在差异，让学生参与评价，以自评、互评、小组评价的方式，从儿童的视角去看待问题，发现不同的美，既可以给学生提供参考学习的机会，又能锻炼学生相互欣赏、相互促进的能力。

基于 2022 年版课标，小学美术教学要寻求新的突破和发展，必须结合自身特点，按照儿童的身心发展特征，从小学生的生活出发，以小学生的兴趣为突破口。为学生营造轻松、愉悦、舒适的教学环境，引导学生热爱大自然、热爱生活，善于发现美、表达美，培养、提高小学生的审美能力和艺术表达能力，进而使学生建立健全人格，坚定文化自信。美育是教师引导学生对内心不断发现、发展、开阔、丰富的过程，可以帮助学生提高审美感知、审美判断能力。

小学美术教育要想顺利推进与不断发展，离不开教师的综合素养。教师要不断丰富自身的知识体系，进行跨学科、跨领域学习，加强文化交流，丰富美育资源、美育方式。

第三节　美术课程教学技能案例分析

一、《下雨了》案例分析

《下雨了》是一节针对一年级小学生开设的充满生活情趣的美术课程，属于"造型与表现"学习内容。在本课中，教师通过听—看—忆—赏—想—画等教学手段，激起学生对各种雨景的回忆，了解下雨时大自然的情景和人物动态，体验下雨给人与动物带来的不同感受以及自然界的美妙变化，从而培养学生认真观察事物、留心生活的好习惯以及热爱大自然的情感。

生活是美术创作的源泉。只有关注生活，感受和体验生活，善于用美术的眼光来观察世界、发现美，才能真正表现出作者的思想和情感，创作出好的作品。对于一年级的学生来说，强调体验、丰富感受，鼓励他们大胆、自由地表现所见所闻、所感、所想，比教会他们绘画技法获益更多，影响也更深远。

孩子们对下雨并不陌生，也有特殊的情感。雨对他们来说不仅仅是一种自然现象，还意味着难以言说的快乐，不论是穿着小雨靴在雨中踩水，还是拿着小雨伞在雨中嬉戏，都是一件很有意思的事情。因此，本课很容易引起孩子们的兴趣，这正是学习本课的有利因素。但是，大部分孩子对雨的形态和相关场景缺少系统的观察。因此，在进行《下雨了》这一课的教学之前，教师给学生布置了一个任务：观察各种形态的雨以及雨中的情景。这个任务不仅可以培养学生对生活的观察能力，加深他们对雨的印象，而且为教学做了一个很好的铺垫。课堂上，为了让学生体会雨的美，教师以歌曲《小雨沙沙》作为导入，使学生熟悉优美的韵律，让学生潜移默化融入雨的意境之中，自然而然地进入课题。在接下来的教学环节中，教师通过生动精彩的课件展示下雨时的各种场景，激发学生对各种雨景的回忆，而学生的情感也逐渐伴随清晰的表象和正确的理解不断深化，从而很好地表达自己的所思所想。此时。教师再通过课件展示画雨景的一些窍门要点以及优秀作品，给学生以借鉴和启示，从而创造性地表现不同的雨和雨中情景，顺利地完成课堂作业，体验绘画的乐趣，达到预期的教学目的。

【教学反思】

本节课的教学设计思路流畅，课堂气氛活跃，学生完成作业情况良好。大部分学生都能利用不同疏密的点、线和生动的人物动态，大胆表达自己的生活感受。不足之处在于，问题的设计还不够简练，针对性不够强，缺乏实效性，教学语言牵强，不够自然流畅。有些学生缺乏对生活的深入观察，人物动态表现不够生动、缺乏想象力。原因在于他们在探索表现时，没有进行想象。此外，对于雨的大小的表现，还应该给学生一些深入的引导，对学生的口头评价应精确。[①]

[①] 案例来源于快思网。

【分析评价】

这是一节非常生动有趣且与生活结合十分紧密的综合性美术课程。在教师的引导下，学生用多种感官参与教学，通过听、看、忆、赏、想、画等，采用跨学科学习的方式完成课堂学习。教师用音乐作为课程导入，营造下雨天的氛围，激活学生的听觉感受，让学生观看下雨的场景、回忆下雨的景象，引导学生赏析绘画作品。进行实操练习时，学生大胆、自由地表现所见所闻、所感所想，体验造型活动带来的乐趣。

跨学科教学，是指教师以教学目标为中心，结合其他领域构建横向关系，相互交融、融会贯通，共同完成教学任务。这种教学方法有利于拓宽学生的视野，增强学生对教学内容的理解，提高学生的综合能力。跨学科教学也是新时代教育改革对教师提出的新要求。

在新课标背景下，教师将音乐融入美术课堂中，可充分展示不同领域的差异性与融合性，使课堂教学更加充实具体。在这节课中，教师将音乐融入课程，创设情境，营造下雨的氛围；学生通过聆听，在轻松愉快的气氛中快速融入教学内容，产生浓厚的学习兴趣，极大地丰富了情感体验。

二、《摸一摸画一画》案例分析

在一年级《摸一摸画一画》的教学中，教学目的是指导学生选用各种工具、材料表现身体的触觉；引导学生体验色彩、点、线条、肌理等造型语言；引导学生运用造型语言来表达自己对触觉的独特感受，发展视觉表达能力。教学难点是引导学生通过知觉，运用主观能动性，表现感知觉。这样深层次的理解，对于一年级的孩子十分艰难，所以教师决定融入游戏进行讲课，用两个黑色严实的袋子装上两种不同质地的物品，并用十分神秘的话语吸引孩子迫切地希望能体验这样的感觉。教师提出参与的条件，用点、线、面在黑板上画出自己手中的触觉。孩子将小手伸进袋子那瞬间的表情，有恐惧、有好奇、有微笑、有疑惑。这一系列的表现，使未参与的学生激情高涨，将课堂一次次推向高潮。通过这样的课堂教学，孩子创造了许多表现感知觉的绘画表现形式和成果，很好地发展了自己的视觉表达能力。①

【分析评价】

该案例是一节充满趣味的美术课程。在新课标的要求下，游戏性教学符合我们"寓教于乐"的学习理念，也体现了学生身心发展的特征，遵循小学生的学习规律，有利于小学生综合探索能力与学习迁移能力的发展。

游戏化教学非常适合幼小衔接阶段的美术教学，可以使课堂氛围更加轻松、生动有趣。在目前的小学美术教学中，教学方法相对单一，很多小朋友到了小学阶段，慢慢失

---

① 案例来源于快思网。

去了对绘画的兴趣，导致教学效果不是十分理想。游戏化教学在小学美术课堂中的融入，可为学生创设轻松愉快的教学情境，增强课堂的趣味性，激发学生对美术的学习兴趣，增强其主动性。教师如果能在课堂中运用游戏开展教学，学生的注意力就会很快集中，并轻松掌握美术学习的难点。

在游戏教学中教师还要注意，游戏仅仅起辅助作用，游戏设计要结合教学内容进行。对于难以掌握或枯燥的内容，或必须掌握的知识点、技能，教师可以运用游戏教学法开展教学。在实施教学的过程中，教师要注意教师是游戏的设计者，主要参与游戏的是小学生。游戏的设计、实施要符合小学生的年龄特点，要做到以学生为中心。在开展的过程中要保持良好的课堂纪律，主要以学生体验为主。美术教学技能训练评价表见表 11-1。

11-1　美术教学技能训练评价表

项目：　　　　　　　　　　　　　　　　　　　　　　　　　　日期：

评价指标		评价成绩	参考权重
1. 教学目标	明确教学目标，符合《义务教育艺术课程标准·美术》（2022 年版）的要求，能够有效落实知识、技能和情感目标		15
2. 审美感知	学生能观察并感受美的事物，理解艺术作品的形式、色彩、造型等基本元素		20
3. 艺术表现	学生能运用绘画、手工、雕塑等形式表达自己的想法和情感，掌握基本的艺术技巧		20
4. 创意实践	学生能发挥想象力和创造力，设计并完成个性化的艺术作品		20
5. 文化理解	学生能理解美术与文化、历史的联系，增强对不同文化的理解和尊重		10
6. 情感态度	学生能积极参与课堂活动，表现出对美术学习的兴趣和热爱，培养耐心和合作精神		15
总评：A：优秀（90 分及以上）　B：良好（75～90 分）　C：合格（60～75 分）　D：不合格（60 分以下）		总成绩：	
改进意见：			

📕 本章小结

本章结合 2022 年版课标的内容，重点讲述了美术课程中涉及的美术欣赏、美术创作、美术评价的教学法。随着时代的发展、社会的进步，美术教育也变得越来越重要。

如何改善小学美术教学现状，用什么样的教学方法让学生在学习美术的同时，提高审美能力、创作能力，唤起学生对大自然、对社会、对人类、对艺术的热爱之情，培养积极向上的生活态度，培养健全人格、陶冶情操，是美术教师要认真思考的问题。

进行小学美术教育，要结合地域特点，不断观察、实践、探索、反思，逐渐改进小学美术教育，发展具有时代特色的小学美术教育，这是新课标对美术教育提出的新要求。

📕 技能实训

自选主题，设计一份小学美术课程方案。

任务要求：

（1）选择一个适合小学生的美术主题（如"四季的色彩""民族传统艺术""身边的小物品大创意"等）。

（2）根据《义务教育艺术课程标准·美术》（2022 年版）的要求，设计一份完整的美术课程方案。

（3）包括教学目标、教学准备、教学重难点、教学过程、教学反思等环节。

📕 课后思考题

1. 请结合实际案例，谈谈对 2022 年版课程标准中审美感知、艺术表现、创意实践和文化理解四个核心素养的理解。

2. 简述美术创作教学法在课堂教学中的运用。

3. 如何运用优秀传统文化培养小学生的文化理解能力？

参考文献

[1] 刘桂影. 卓越教师培养研究——以小学全科教师为例[M]. 北京：中国社会科学出版社，2018.

[2] 江净帆，田振华，等. 小学全科教师人才培养研究[M]. 北京：科学出版社，2019.

[3] 咸富莲. 农村小学全科教学有效性研究[M]. 北京：科学出版社，2020.

[4] 张凌洋，张学敏，谢欧. 课堂教学技能[M]. 重庆：西南大学出版社，2021.

[5] 刘文华. 课堂教学技能训练[M]. 北京：经济科学出版社，2020.

[6] 薛彦华，白枚. 小学教师专业技能训练[M]. 北京：北京师范大学出版社，2016.

[7] 郑金洲. 新编教学工作技能训练[M]. 上海：华东师范大学出版社，2020.

[8] 郭英，张雳. 教学技能训练教程[M]. 北京：科学出版社，2013.

[9] 陈旭远. 教学技能[M]. 北京：北京师范大学出版社，2017.

[10] 李继秀. 基于标准的教学技能训练与测评[M]. 合肥：安徽大学出版社，2016.

[11] 郭友. 新课程下的教师教学技能与培训[M]. 北京：首都师范大学出版社，2004.

[12] 彭小明，郑东辉. 课堂教学技能训练[M]. 北京：高等教育出版社，2012.

[13] 罗明东，等. 课堂教学技能：基础教育教学技能训练与测评[M]. 昆明：云南大学出版社，2012.

[14] 邵光华. 小学课堂教学技能训练[M]. 北京：高等教育出版社，2011.

[15] 范丹红. 教师专业技能训练与教育实习[M]. 北京：北京师范大学出版社，2013.

[16] 钟启泉. 现代教学论发展[M]. 北京：教育科学出版社，1988.

[17] [瑞]胡森（T.Husen）. 国际教育百科全书：第 6 卷[M]. 贵阳：贵州教育出版社，1990.

[18] 田慧生，李如密. 教学论[M]. 石家庄：河北教育出版社，1996.

[19] 施良方，等. 教学原理：课堂教学的原理、策略与研究[M]. 上海：华东师范大学出版社，1999.

[20] 李耀新. 课堂教学的组织与管理[M]. 广州：暨南大学出版社，2005.

[21] 戚业国. 课堂管理与沟通[M]. 北京：北京师范大学出版社，2005.

[22] [美]约翰·杜威. 我们怎样思维经验与教育[M]. 姜文闵，译. 北京：人民教育出版社，2005.

[23] [美]阿哈（Arhar,J.M.），等. 教师行动研究——教师发现之旅[M]. 黄宇，陈晓霞，

阎宝华，等，译. 北京：中国轻工业出版社，2002.

[24] [美]詹姆斯·M.库珀（James M. Cooper）. 如何成为反思型教师 课堂教学必备技能：第九版[M]. 赵萍，郑丹丹，译. 北京：中国人民大学出版社，2018.

[25] 申继亮. 教学反思与行动研究——教师发展之路[M]. 北京：北京师范大学出版社，2006.

[26] 赵明仁. 教学反思与教师专业发展——新课程改革中的案例研究[M]. 北京：北京师范大学出版社，2009.

[27] 中华人民共和国教育部. 义务教育语文课程标准（2022 年版）[M]. 北京：北京师范大学出版社，2022.

[28] 徐鹏. 义务教育课程标准（2022 版）课例式解读·小学语文[M].北京：教育科学出版社，2022.

[29] 李涛，邸磊. 教师教学技能培养系列教程[M]. 北京：中国轻工业出版社，2019.

[30] 唐德喜，高实. 统编教材改了什么，课怎么上？[M].北京：九洲音像出版公司，2020.

[31] 叶黎明，陈隆升. 语文教师教学技能实训教程[M]. 北京：科学教育出版社，2016.

[32] 孙晓天. 张丹. 义务教育课程标准（2022 年版）课例式解读小学数学[M]. 北京：教育科学出版社，2022.

[33] 陈雪梅. 高红志.小学数学课程与教学论[M]. 北京：北京师范大学出版社，2016.

[34] 李国强. 小学数学教学技能实训[M]. 北京：中国人民大学出版社，2017.

[35] 金成梁. 小学数学课程与教学[M]. 南京：南京大学出版社，2014.

[36] 章飞，凌晓牧. 小学数学研究与教学指引[M]. 南京：南京大学出版社，2016.

[37] 鲁子问. 小学英语教学设计[M]. 上海：华东师范大学出版社，2020.

[38] 沈嘉祺. 小学英语教学技能训练教程[M]. 北京：高等教育出版社，2019.

[39] 肖惜，李恒平. 英语教师职业技能训练简明教程[M]. 北京：高等教育出版社，2016.

[40] 尹红. 音乐教学论[M]. 重庆：西南师范大学出版社，2007.

[41] 杨和平，王斌，毛矗. 小学音乐课程与教学[M]. 重庆：西南大学出版社，2019.

[42] 胡知凡. 核心素养与世界中小学美术课程[M]. 上海：上海教育出版社，2020.